신앙의 변화

포스트모던 시대의 삶에서 만나게 되는 사적·공적 도전들

제임스 파울러 지음
사미자 옮김

Faithful Change

한국장로교출판사

Faithful
Change

신앙의 변화

포스트모던 시대의 삶에서
만나게 되는 사적·공적 도전들

FAITHFUL CHANGE

The Personal and Public Challenges of Postmodern Life

by

James W. Fowler

Translated by

Mija Sa

English Edition © 1996 by James W. Fowler Published by Abingdon Press.
Korean Edition © 2016 by Publishing House The Presbyterian Church of Korea

All rights reserved. No part of this book may be reproduced or transmitted in any form or by any means, electronic or mechanical, including photocopying, recording, or by any information storage or retrieval system, without permission in writing from the publisher. For information, address Abingdon Press, 201 Eighth Ave., South, Nashville, Tennessee 37203.

Publishing House
The Presbyterian Church of Korea
Seoul, Korea

이 책은 우리 딸들과 사위들을 위해 쓰여졌다

조운과 래리(Joan & Larry)

마가레트와 제프(Margaret & Jeff)

Faithful
Change

역자의 말

　　파울러의 신앙 발달 이론이 하나의 이론 체계로서 정식으로 소개된 것은 1981년이었고, 한국에 번역서로 소개된 것은 80년대 중반이었으니 우리가 그의 이론을 다룬 지도 어언 30여 년의 세월이 흘렀다. 그러나 파울러의 신앙 발달 이론은 미국의 신학대학원이나, 교계에서는 그보다 훨씬 먼저 다루어 왔음을 이해한다면 거의 40년의 시간이 지나간 셈이다. 그동안 그의 이론은 많은 칭송과 비판의 와중에서 꾸준히 관심의 대상이 되어 왔다고 할 수 있고, 지금은 신학계에서부터 기독교교육 분야에 이르기까지 그의 이론이 중요한 위치에 있음을 부인하지 못할 것이다. 특히 요즘 신학계에서 많은 관심을 기울이고 있는 공적신학이나 공적교회에 대한 이해에서 결코 그를 제외할 수는 없을 것이다.

　　1990년대에 들어오면서 그는 자신의 이론을 보다 발전시킨 몇 개의 저서를 출간하였고, 본서는 그런 저서 중 하나이다. 이 책이 나온 때가 새로운 세기를 앞두고 포스트모던주의에 대한 각종 연구들이 활발하게 진행되고 있던 시기였기 때문에 그 주제가 책의 상당 부분을 차지하고 있으나, 지금 우리가 보고, 또한 경험하고 있는 현상들을 목도하면서 그의 주장들이 결코 낡은 것이 아님을 인식하게 된다.

　　이 책에서 저자는 신앙의 시작이 우리가 생각하는 것보다 훨씬 더 일찍 그 뿌리를 두고 있음을 신생아와 영아의 연구 자료들을 제시하면서 주장한다. 신앙의 인지적 차원을 지나치게 강조한다는 비판에 대한 변증도 포함하면서 어린 시절의 건강하고 건전한 양육환경과 양육자의 양육 태도가 한 개인의 전인적인 차원에서의 건강을 담보하고, 건전하고 건강한 신앙의 형성에 중요하다는 발달적 관심을 보여 준다. 더 나아가, 파울러의 이론에서 지속적으로 제기되는 문제였던 신앙 단계의 변화에 보다 구체적이고 상세한 설명을 포함하고 있어서 신앙의 성장에 관심을 가진 개인이나 지도자들에게 훌륭한 안내자의 역할을 할 것으로 보인다. 그리고 특히 관심을 끄는 부분은 그의 수치심에 대한 연구이다. 수치심은 인간의 심리적인 삶에서 매우 중요한 기능을 하고 있지만 그 주제에 대한 연구나 관심은 소홀했다고 볼 수 있다. 저자가 비교적 깊이 있게 소개한 수치심에 대한 내용은 무엇보다 양육과 훈육, 그리고 치유 분야에서 유용한 기초 자료들이 될 것으로 보인다.

포스트모던주의에 관련된 상세한 연구들은 비록 현재는 시의(時宜)성을 상실했다고 해도 그 내용의 충실성과 신앙 이론과의 비교 부분은 보다 성숙한 신앙을 지향하는 삶을 살아야 할 우리에게 호소력을 지닌다고 생각한다.

마지막 부분에서 그는 '하나님의 프락시스'라는 주제에 기초를 둔 자신이 주창하는 실천신학의 내용을 소개하면서 공적신학과 공적교회의 필연성을 강조하고 있다. 그리고 종교의 지원을 받는 학교에서 하나님의 프락시스 신학에 근거한 교육의 회복과 기독교교육의 역할을 위한 매우 구체적인 목적과 그러한 목적의 성취를 위한 방법들을 제시해 주었다. 그의 제안들은 오늘 한국의 기독교학교들이 안고 있는 문제에 대한, 보다 깊은 성찰을 할 수 있는 기회가 될 것이고, 교육 현장에서 수용할 수 있을 것으로 보인다.

저자는 저술 당시 미국 사회가 직면한 각종 폭력과 총기 소유로 인해 나타나는 사회현상에 대한 깊은 염려를 보여 주고 있는데, 그의 염려는 오늘 미국 사회가 총기 문제로 심각한 상황에 처해 있음을 예견한 것일 수도 있을 것이다. 그런 폭력적인 환경에서 성장하고 있는 어린이들과 청소년들에 대한 그의 깊은 애정과 관심은 책을 읽는 사람에게 감동을 준다. 그런 애정과 관심은 우리 모두가 가져야 할 태도일 것이다.

저자로부터 번역을 부탁받은 후 오랜 시간이 흘렀으나, 이제라도 번역서가 나올 수 있게 되어 다행이라고 생각한다. 번역서의 출간을 맡아 주신 한국장로교출판사의 채형욱 사장과 출판에 필요한 사무적인 일을 처리해 주신 정현선 편집부장님께 감사의 마음을 전한다.

2016년 4월
서울 둔촌동에서
사미자

Faithful Change

역자의 말 06
서문 12

Ⅰ부 : 변화와 신앙의 역동성 24
제1장. 시작(Beginnings) 28
제2장. 신앙의 단계와 정서(들) 77
제3장. 한 번 태어난 사람/두 번 태어난 사람 : 신앙과 변형 107

Ⅱ부 : 신앙과 수치심의 단층지대 126
제4장. 수치심과 상처 받은 마음 : 단층지대와 문화 130
제5장. 신체와 수치심 139
제6장. 수치심, 죄책감, 양심 149
제7장. 수치심 범위의 교차점 161
제8장. 수치심과 은총 : 창세기, 니체, 예수 190

차 례
Contents

Ⅲ부 : 신앙과 포스트모던 시대의 삶이 주는 도전들 210

   제 9장. 현대성에의 자각 : 계몽주의와 해방시키는 신앙 216

   제10장. 문화전쟁을 넘어서 234

   제11장. 신학과 포스트모던적 경험 : 네 가지 응답 259

   제12장. 하나님의 프락시스의 포스트모던 신학을 향하여 276

   제13장. 하나님과 우리의 후손들과 함께 신앙을 지키는 길 292

   제14장. 미개한 사회에서의 도덕과 신앙의 형성 319

                                 참고문헌 342

Faithful
Change

서 문

 어떤 시대에서나, 사람들은 자신들이 지금껏 경험하지 못하던 시대에 살고 있다는 느낌을 받았을 것이다. 역사는 끊임없는 확장과 진보를 담보하고 앞으로 발전해 간다는 생각에 바탕을 둔 진보의 교리가 겨우 17세기에 와서야 시작되었음에도 불구하고, 이러한 생각은 사람들의 마음을 지배해 온 것이다. 새로 오는 모든 시대에서는, 인간은 처음으로 마주하는 한계가 없는 도전들을 경험하게 될 것이다. 그러한 경험들이 이야기로 전해질 때 우리는 교육이나 우리 스스로의 관찰이나, 또는 다른 사람들의 경험에 의존하게 된다. 그러나 변화는 지속적이고, 우리가 해야만 하는 많은 선택들은 새로운 도전의 시작일 뿐임을 이해해야 한다.
 우리의 삶이 변화되어야 한다는 요구는 적어도 세 개의 근거를 가진다. 첫 번째 근거는, 우리는 필연적으로 발달적 변화를 경험하게 된다. 우리는 육체를 가진 존재이다. 육체는 유전적으로 계획된 청사진에 따라 수정란으로부터 그 형태가 시작된다. 태아가 자궁 밖으로 나왔을 때부터 아기는 신체적 · 정서적 · 인지적 · 영적인 성장과 변화의 여정을 시작하게 된다. 우리의 몸은 인간의 잠재된 능력을 한껏 실현시킬 수 있는 신경생물학적인 잠재력을 포함한다. 우리 몸은 점진적으로 성숙해 가면서 성인의 몸을 갖추게 되고, 그 후로는 죽음을 향한 피할 수 없는 과정으로 들어가는 것이다. 마치 달이 차고 기울어지듯이, 살아가면서 우리 몸이 거치는 이러한 과정과 변화들은 우리의 영적인 삶에 없어서는 안 되는 것들이다. 용기와 신앙은 성장과 변화, 분투(奮鬪)와 발달의 여정에서 절대적으로 필요한 요소들이다. 모든 인간에게 보편적인 이 첫 번째 근거와 변화의 유형을 '발달적 변화'라고 부르기로 한다.

두 번째 근거는, 인간은 초기의 성장 과정에서 만나는 도전에 취약한 존재라는 것에서 찾을 수 있다. 인간과는 달리 다른 동물계의 종(種)들은 백만 년 이상 본능과 안내체계를 갖추도록 진화되어 왔다. 인간은 개별적으로 더 분명한 마음과 정서의 양식을 구축했다. 인간은 인간 드라마가 시작되는 단계들에서 만나는 인물들과 상호작용의 양식에 의해 조성되어 가는 그런 존재인 것이다. 이 세상에서 우리가 하게 되는 경험들을 통하여 만들어 내는 구조는 우리가 사용하는 모국어의 독특한 흔적을 갖고 있다. 우리의 문화와 종교적 전통에서 찾을 수 있는 이야기들과 상징들, 그리고 의식(儀式)들은 우리의 정서와 확신적 틀(convictional moorings)을 형성해 준다.

그에 더하여, 우리 삶의 방향을 결정해 주는 사회적 과정도 무시할 수 없는 영역이다. 사회적 과정은 성인기로 들어가면서 어느 정도의 피할 수 없는 정서적 상처와 왜곡을 가져다준다. 무의식적으로 우리는 그런 상처들을 우리 자신으로부터 숨기는 것을 학습하게 되는데, 정신분석학은 이를 '방어'라고 우리에게 알려 주었다. 이러한 방어기제들은 우리 자신으로부터, 그리고 어느 정도는 타인들에게 우리의 상처들을 가리도록, 또는 부인할 수 있도록 해 주었다. 삶의 단계가 진행되면서 변천과 상실, 혹은 곤혹스러움과 성공을 경험하는 시기가 찾아오며, 이때 그동안 힘들게 유지해 오던 마음과 영적인 영역의 균형은 깨어지게 된다. 직업을 잃거나, 다른 곳으로 옮겨야 할 일이 생기거나, 아이가 죽거나, 결혼이 파탄이 날 수도 있다. 그뿐 아니라 어떤 모험적인 사업에서 꽤 큰 성공을 거두어 그 성공이 우리와 가까운 사람이나 경쟁적인 관계에 있는 사람들에게 영향을 미치는 결과를 가져올 수도 있을 것이다. 또는 우리가 30대, 40대 혹은 50대에 비록 우리 자신을 위하여 선택하지는 않았지만 어떤 종류의 성공이나 만족을 가져오는 길을 추구하는 자신을 발견하기도 할 것이다. 우리는 삶에서 중립지대에 들어서서 행복을 찾고 따르려는 심오한 열망을 찾기 위한 노력을 시작할 수도 있다. 그러한 시간들을 좌절 혹은 도약의 시기라고 생각할 수 있는데, 이때는 정서적이고 관계적인 삶에 깊이 뿌리 내린 양식을 치유하고 바꾸어야 하는 시기라고 볼 수 있다. 이 두 번째의 근거와 변화의 유형을 여기서는 '치유적 혹은 재구성적 변화'라고 부르기로 한다.

세 번째 근거는, 우리가 살고 있는 사회에서 사회적·경제적, 그리고 정치적 과정에 폭넓게 참여함으로써 발생되는 변화를 경험하는 것과 관계가 있다. 전쟁과 경제적 불황으로 인해 찾아오는 심각한 혼란과 상실감으로부터, 일터나 사회에서 새로운 기술적 역량을 갖추어야 한다는 요구에 이르기까지 우리 모두는 주기적으로 지금까지 사용하던 양식과 기대하던 지평을 포기하고 새로운 것을 개발해야 하는 상황에 직면하게 된다. 편리하고 익숙한 지난날의 습관이나 가정(假定)들은 버려야 한다. 새로운 기술과 지각과 태도들은 양육되어야 할 것들이다. 우리가 지니고 있던 확신들과 가치와 신념체계의 가장 심오한 요소들조차도 다시 검토하고 바꾸어야 할지도 모르는 시점에 있다. 변화의 시기에 신실(信實)하기 위하여 우리는 희망과 신뢰의 근거를 찾아야만 하는데, 이는 우리가 소유하고 있는 확신을 유지하고, 그것에 근거한 삶을 살아가는 방법을 바꾸어야 한다는 요구를 받아들이는 것을 의미한다. 마치 "새로운 직업은 새로운 의무를 가르친다."고 한 현대 찬송가의 한 구절과 같다고 하겠다. 이와 같이 우리는 새로운 기술을 배워야만 하며 의식과 지각의 새로운 틀을 형성해야만 하는 명령 앞에 서 있다. 세 번째 변화의 근거를 '지금까지 우리의 삶을 조성해 주었던 체계의 붕괴와 수정으로 인한 변화'라고 부르기로 한다.

본서는 우리가 경험하는 이 세 영역과 유형에 관한 내용을 담았다. I부에서는, 신앙 발달의 연구와 이론의 틀을 이용하여 신앙의 변화와 역동성을 탐색하게 된다. I부는 세 장으로 구성되어 있는데, 여기서는 초기 발달 단계에서부터 노년에 이르기까지, 영아의 신앙으로부터 세계를 변형시키는 신비주의자들과 공격적인 광신도들의 신앙에 이르기까지의 내용을 다루고 있으며, 각 장에서 나는 이렇듯 지속적으로 발달하고 변화하는 신앙의 단계들을 살펴보았다. 1장에서는 성인들의 신앙 태도에 중요한 영향을 미친다고 알려진 어린 시절의 경험과 발달의 역할에 대한 흥미로운 비밀을 공개하려고 한다. 영아의 발달에 대한 다니엘 스턴(Daniel Stern)의 수정된 이론은, 신앙과 영(spirit)의 경험을 방해하는 요인이 그 시기의 발달 경험과 연결될 수 있음을 암시해 주었다. 2장에서는 신앙 발달의 정서적 역동성에 초점을 맞추었다. 이는 신앙 발달과 자아심리학(Ego Psychology)과 자기심리학(Self Psychology)이 주장하는 인간 발달에 대한 관점이 활발하게 상호작용하는 문제를 연구하도록 이끌어 주었다. 그것은 개인의 삶에서의 변화의 시점과 구조로 우리를 이끌어 주는 연구의 양상으로 결론을 맺게 해 주었다. 3장은 신앙의 발달적 성장에서 비교적 예측 가능한 경험들과 신비적 무아경이나 회심에서 대부분이 경험하는 극적인 변형의 경험과의 관계를 살펴보았다. 그 시점에서 신앙 발달의 연구는 윌리엄 제임스(William James)의 고전적 종교심리학과 대화를 하게 된다. 신앙과의 관계에서 인간의 정서적 삶에 대한 새로운 주의를 환기시켜 줌으로써, I부 전체는 그것이 신앙의 변화들이 가져오는 도전들을 감싸 안을 수 있도록 도움을 주는 근원적인 역할을 하고 있음을 알려 주었다. 이에 더하여 I부에서는 신앙의 양식과 내용 그 자체들도 필연적으로 진화하고 변화한다는 점을 분명히 하였다.

    II부에서는, 20세기 서양사회에서 가장 무시되었던 인간 정서 중의 하나인 수치심을 탐색하고 이해하기 위한 노력을 기울였다. 우리가 직면하고 있는 새로운 변화의 시기에, 수치심은 우리가 인정하고 표현할 수 있도록 배워야 할 정서로 재부상하였다. 인류학자 루스 베네딕트(Ruth Benedict)의 고전 「국화와 칼」(The Chrysanthemum and the Sword)은 30년 이상 의심의 여지가 없는 판에 박은 생각으로 지배해 온 논제를 형성해 주었다. 저자는 주로 일본과 중국 및 한국을 의미하는 동양사회는 수치심 지향의 문화이고, 유럽과 미국을 지칭하는 서양은 죄책감 지향의 사회라고 하였다. 동양사회는 서양에 비해 수치심에 대하여, 수치심을 경험하는 조건들, 그리고 수치심에 직면하고 구제받을 수 있는 방책들을 정교하게 설명해 준다. 그리고 그 방책에는 할복자살의 의식까지를 포함한다. 수치심 지향의 사회에서 개인은 그가 한 잘못된 행동이나 무책임한 행동이 가족이나 주변 사람들에게 가져다준 나쁜 영향 때문에 그들로부터 존중을 받을 수 없게 되었다는 이유로 고통을 경험하게 된다. 수치심은 창피한 일을 당해 받는 고통의 모든 집합성을 통해 노출되는 고통스러운 감각을 의미한다. 죄책감 지향의 사회에서는 잘못된 행동으로 인해 받는 고통은 개인이 스스로 규범적이라고 인정한 법이나 원칙에 어긋나는 행동을 했다고 인정하는 것으로부터 온다. 죄책감은 가족이나 부족 전체보다는 개인이 스스로에게 내리는 부정적인 판단으로 느껴지는 것이다. 죄책감은 개인이 한 어떤 행동을 심판하는 내면의 소리로서 경험되는 반면, 수치심은 결점이나 결함으로서 노출되고 보여지는 느낌과 관련이 있다. Ⅱ부에서의 논점은 비록 20세기 서양사회, 특히 미국에서 수치심은 눈에 보이지 않는 것으로 비추어졌지만, 그것은 우리 사회에서 우리의 개인적·집단적인 삶에 상당히 자기 파괴적이고 공격적인 양식으로 잠재되어 있다. 더 나아가, 수치심은 높은 비율의 우울증과 약물 사용 및 남용의 중심적인 역할을 하고 있다.

    다섯 장으로 되어 있는 Ⅱ부는 수치심을 이해하기 위해 신체적이고 신경생물학적인 관점을 살펴보게 될 것이다. 우선 수치심을 선천적으로 유전되는 감정 혹은 정서체계로 보는 것으로 시작하려고 하는데, 그것은 인간이 살아가는 데 있어서 가장 중요한 요인이라고 할 수 있는 관계를 유지하는 것에 도움을 주는 것으로 볼 수 있다. 수치심은 양심의 형성에서 없어서는 안 되는 역할을 해 주며, 그렇기 때문에 윤리적 민감성과 판단에서도 같은 기능을 하게 된다. 그러나 관계의 추방과 상실의 위협에 민감하도록 만들어 주는 동일한 신경생물학적 감정체계가 인간을 지나치게 순응적으로 만들어 줄 수도 있다. 근원적인 가족이나 공동체가 만들어 놓은 정해진 가치에 알맞게 살아야 한다는 가장 깊은 무의식의 욕구에서 우리는 우리 자신의 마음과 욕망, 그리고 경험과 소명의 참 모습을 보지 못할 수도 있다. 우리는 '거짓된 자아'를 창조하고, 유지하는 데 에너지를 소모할 수도 있는 것이다.

그렇기 때문에 각 장은 이 사회와 우리 자신이 수치심에 눈을 뜨게 만드는 것을 목적으로 하고 있다. 우선 우리는 수치심의 경험을 강도와 깊이와 왜곡시키는 힘의 차이에 따라 그 범위를 보게 될 것이다. 가장 의미 있는 관계와 양심의 기초가 되고, 수호자라고 할 수 있는 '건강한 수치심'을 고찰하게 된다. 어린아이가 사회화 과정에서 지나치게 강요된 조건을 충족시키는 것에 따라 자아 존중감을 얻게 된다는 이유로 고통받게 되는 왜곡된 수치심인 '완벽주의적 수치심'도 다루게 된다. 소수민족이라는 이유로 강요된 수치심은 다른 유형의 수치심을 넘어서는 것으로, 그것은 한 개인을 편견과 종속의 대상이 되는 집단의 구성원으로서 무가치하다는 느낌을 갖게 한다. 마지막으로, '중독된 수치심'과 '파렴치한 상태'를 분석하게 될 것이다. 이상 다섯 가지의 수치심은 그런 종류의 수치심에 빠졌던 사람들의 이야기를 실례를 들어 알아보려고 한다.

Ⅱ부는 창세기 3장의 창조와 타락의 이야기를 다시 살펴보는 것으로 끝을 맺게 된다. 창조와 타락의 이야기의 해석을 통하여 우리는 우리 조상들의 죄를 죄책감보다는 수치심과 소외의 관점에서 바라보게 한다. 그러한 노력은 개인적이고, 사회적 수치심의 입장에서 성장의 도전들을 받아들이는 데 있어서 은혜의 본질적인 역할에 초점을 맞추게 하였다.

Ⅲ부에서는, 본서의 부제인 "포스트모던 시대의 삶에서 만나게 되는 사적 · 공적 도전들"(The Personal and Public Challenges of Postmodern Life)이 암시하듯이, 책의 주제를 분명하게 설명하게 된다. '포스트모던'

이라는 단어는 논쟁을 불러일으키는 개념이다. 이 어휘는 학문적으로 다루어지고 있으며, 최근에 와서는 독일어로 싸운다는 의미의 생각이나, 개념인 '논쟁'(Streitbegriff)으로 불리는 매우 인기 있는 토론의 대상이 되어 왔다. 지난 20년간 이 단어는 대체로 세 가지의 의미를 갖게 되었다. 첫째로, 어느 정도 종말의 의미를 지니는 단어로 사용되었는데, 그 이유는 그 단어가 지금 우리가 살고 있는 문화와 역사에서 변화의 시간이라는 의미를 갖고 있기 때문이다. 둘째로, 심미적 기술자(記述者)로 사용된다. 이는 물질적 관심과 상업적 왜곡, 그리고 지각을 재형성하려는 의도의 자기의식에 스며들어 있는 현대 예술과 대리자의 유형을 의미하는 것이다. 셋째로, 보편적 이성(universal reason)의 가능성에 대한 믿음과 인간의 진보와 윤리적 원리 혹은 규범을 위한 보편적 근거에 대한 믿음인 메타-내러티브(meta-narratives)에 초점을 맞춘 계몽주의에 대한 심오한 비판에서 시작된 현대 사상에서 폭넓게 발달한 어휘로 보는 입장이다.

이제 우리는 위에 열거한 세 가지 중에 기본적으로 세 번째 의미를 다루어 보려고 한다. 그 의미는 18세기 계몽주의가 지니고 있던 과학과 인간의 합리성에 관한 가장 기초적이고, 근본적인 관념들의 지적 근거를 제공해 준다는 가정들과 사고들이 그 힘을 상실했음을 감지한다는 것이다. 또한 윤리, 법률 철학들이 지닌 철학적 근거에 대해 우리가 갖고 있던 관념과 인간 본성 자체에 대한 가정들도 그 영향력이 상실되었음을 감지한다는 것이다. 포스트모던주의자들은 보편적 합리성의 개념은 합리성의 한 형태 혹은 유형일 뿐이며, 계몽주의가 생각한 대로 그것이 자연세계에 대하여 합리적으로 확실한 지식을 명료화시켜 줄 가능성의 기초가 되는 것은 아니라고 주장한다. 포스트모던주의자들은 계몽주의가 주장한 계몽주의의 이상적인 이성에서 비롯된 정의와 권리도 역시 당시

사회의 지배 계급의 이익에 부응하고, 초기 근대국가들의 필요에 따르기 위해 만들어진 불완전하고 특수한 견해라고 주장한다. 더 나아가, 다원화된 사회에서 그런 관념들은 더 이상 설 자리가 없으며, 또한 계급이나 국가 간의 차이들은 판단할 수 없는 것임을 분명히 한다.

그런 논쟁은 언제나 사회학적 양상을 가진다. 그것은 20세기의 기술 발달에 미친 누적된 영향(들)에 대한 증거가 된다. 그런 기술 발달에는 빠른 운송, 원거리 통신, 그리고 대양들과 대륙들을 건너서 혹은 옆에 있는 건물들을 가로질러 개인과 집단들을 밀착시키는 동시적인 교류가 가능한 전용 라인의 활발한 망(webs)을 가능하게 하는 컴퓨터 기술 등이 포함된다. 이런 기술들이 가져다준 새로운 국제적인 산업들에 의해 이루어진 풍요와 함께 사람들은 새로운 형태의 의식을 구성하고, 새로운 패러다임과 구조에 대해 생각하는 바를 학습한다. 우리는 앎에 대한 새로운 형태와 '진리'에 대한 새로운 개념들을 형성한다.

이상하게도, 그러나 중요하게도 포스트모던주의가 보편적 진리에 대한 통일된 개념으로부터 우리의 관심을 바꾸어 놓는 접근을 하면서, 그들은 보다 특수하고 한정된 지역의 전통과 앎에 대한 새로운 방식이 지니고 있는 가치를 회복하는 길을 열어 놓으려 했다. 계몽주의 철학들이 보편적 이성에 호소함으로써 도덕과 종교를 정당화하려고 한 반면에, 포스트모던주의가 따르는 관점들은 구체적인 종교적 전통들, 민간으로 전해 오는 지혜의 전통들과 윤리에 대한 상식적인 접근이 지닌 가치에 대하여 새롭게 인정하는 것을 허용한다. 포스트모던 사고는 그 자신이 실천적이 되도록 허용할 때 지역, 전통, 지혜를 회복시키며, 그것들은 상징, 신화, 은유의 기초가 된다.

Ⅲ부에서는 계속해서 오늘의 세상을 살아가는 평범한 개인이 포스

트모던적 경험의 이론을 갖는지의 여부에 대한 논제를 형성하기 위해 어쩔 수 없이 인간은 실천적 포스트모던 의식(practical postmodern consciousness)을 가지고 살며, 동시에 그 의식의 발달적 형식(developing forms)을 개발하게 될 것임을 주장하게 된다. 9장에서는, 우리가 근대라고 부르는 초기 계몽주의와 그것이 가져온 해방의 영향력에 초점을 맞추려고 한다. I부에서 우리가 탐색한 신앙 발달 이론을 사용한 결과, 계몽주의는 인류역사에 나타난 하나의 운동으로서 그것은 집단적인 의식의 진화이고, 신앙을 알고 유지하는 형식의 심각한 방향 전환을 가져온 것으로 볼 수 있었다. 9장의 결론에서 20세기 말에 살고 있는 우리는 18세기 계몽주의와 너무도 같은 의식과 신앙 형식의 또 다른 진화적 변화에 관여하고 있다는 논제를 제시하게 된다. 그러나 오늘의 변화는 그때에 비해 전 세계적이고 속도도 훨씬 더 빠르다.

문화적 의식에서 변화의 시기는 소요와 혼란으로 특징지어진다. 10장에서는 어떤 해설가가 '문화전쟁'이라고 말하는 정치적·사회적 혼란을 명료화하기 위해 신앙 발달 이론을 도입하게 된다. 이 장에서 근대 이전, 근대, 그리고 포스트모던 의식의 모델들을 제시한다. 그 모델들에 기초하여 패러다임이 변화하는 시기에 일어난 사회적·정치적, 그리고 종교적 긴장을 조명해 보려 한다. 우리가 경험하는 그 긴장들은 너무도 첨예하여 근대 이전(以前)적, 근대적 의식의 형태로는 21세기에 만나게 될 도전들을 이해하고 책임 있게 대응하는 데 실패할 것으로 보인다.

11장과 12장에서는, 기독교 신학이 어떻게 포스트모던적 경험이 가져오는 도전들을 받아들이려는 노력을 형성하고 인도할 수 있는 참신한 자원이 될 수 있는가를 고찰하게 된다. 여기서 우리는 포스트모던적 경험의 변화된 틀 안에서, 하나님의 현존과 영향, 즉 하나님의 섭리를 어떻게 이해할 것인가에 특별한 주의를 기울일 것이다. 11장에서는, 포스트모던 시대에 부상되는 경험들을 설명해 줄 네 가지의 신학적 접근들을 살펴보게 될 것이다. 12장에서는, "포스트모던 시대에 출현한 의식(意識)에서 사망한 신은 누구인가?"를 묻게 된다. 그 물음에 이어서 실제적인 포스트모던적 경험과 하나님의 섭리가 대화하는 것을 상상하는 건설적인 접근을 제시할 것이다. 하나님의 섭리를 '하나님의 프락시스'(praxis of God)라고 부르면서, 이 장에서, 우리는 어떻게 인간이 성경적 신앙에서 말하는 하나님의 양식과 우리가 살고 있는 조직적 세계를 구별할 수 있는가의 문제, 또한 이 시대에 우리가 어떻게 우리의 개인적이고 직업적인 삶과 소명을 마치 하나님의 사역의 한 부분과 같이 조성해 갈 수 있는가의 물음을 하게 된다.

Ⅲ부의 마지막 두 장은 문자 그대로 지엽적이고, 실제적인 문제들을 다루게 된다. 이 부분에서는 점점 더 폭력적이고 도덕적으로 부패되어 가는 다원화된 사회에서, 도덕교육과 종교적 발달(formation)이 직면한 도전들을 살펴보게 된다. 13장은, 우리의 모든 자녀들이 신앙을 지니고 포스트모던 시대에서의 삶을 준비하는 데 따르는 도전들에 관심을 집중할 것이다. 이때 우리는 심각한 문제를 제기하는 도심 빈민가가 직면하고 있는 교육의 도전들에 특히 주의를 기울이려고 한다. 14장은 인류 역사의 과정에서 포스트모던적이고 세속화된, 그러나 종교적으로 열정적인 이 세대의 맥락에서, 신앙심이 깊은 사람들을 위한 기독교교육이 만나고 있는 도전들을 보다 광범위하게 고찰한다.

이런 시대에 살고 있다는 것은 참으로 대단한 일이 아닐 수 없다! 우리가 건강 보험 제도를 수정하는 데 만나게 되는 도전들을 설명하고, 모든 사람들을 위한 일시적인 사회적·경제적 안전망을 유지하는 길과 교육에 대한 접근을 어떻게 바꾸어야 하는가의 문제와 씨름하는 이 모든 것은 격렬한 논쟁을 불러일으킨다. 전 세계적인 소통, 경제적 교류, 그리고 환경오염의 위협 가운데서 이들을 적절히 관리하는 방법과 윤리적 응답의 틀을 만드는 최선의 노력은 복합성이 요구된다. 종교적 공동체와 도덕적인 차원에 관심을 가진 공동체는, 지금 우리가 직면하고 있는 복합성은 단순한 특효약이나 눈속임식의 슬로건으로는 해결될 수 없음을 인식해야 한다. 우리는 제도적 도전들을 생각하고, 점점 더 빨라지고 왜곡되는 변화를 설명하고 관리할 수 있는 새로우면서도 응답적인 형태의 조직을 개발해야 한다는 사실을 받아들여야만 한다. 이러한 변화의 시기에 신앙이 변화되어야 한다는 것은 필수적인 일이다. 이 책에서 우리는 창조하고, 지탱하고, 심판하고, 또한 창조세계를 구원하고 완성하시려고 사랑을 쏟아붓는 하나님의 섭리의 운동과 능력의 역동적인 관계를 받아들이는 것을 목적으로 하는 소명에 우리 자신을 헌신하려 한다. 하나님의 거룩한 이미지로 형성된 사람들인 우리가 역동적이고 더욱 위험해지는 이 지구를 돌보는 일에 새로운 방식으로 하나님과 파트너가 될 수 있기를 기원한다.

Faithful
Change

I부.

변화와 신앙의 역동성

제1장. 시작(Beginnings)
제2장. 신앙의 단계와 정서(들)
제3장. 한 번 태어난 사람/두 번 태어난 사람 : 신앙과 변형

신앙 발달에 대한 연구는 사람들이 어떻게 하나님과 가장 심오한 개인적인 관계를 맺고, 어떻게 그들의 삶에서 가장 근원적인 의미를 형성하는가를 연구하는 것이었다. 이 책의 처음 세 장에서는 초기 아동기에 일깨워지는 신앙의 이미지와 정서들을 탐색하게 된다. 아직 언어 사용을 시작하기 전의 아기들이 그들과 가까운 사람들과 의미를 공유하는 상호성의 형성에 관심을 가지려 한다. 아기들이 하나님에 대한 가장 초기의 이미지를 어떻게 형성하고, 그들이 듣는 이야기를 만나면서, 그들이 참여하는 의식(儀式)과 의미를 만들어 가는 적극적인 과정에서 어떻게 최초의 영성을 형성하는지에 주의를 기울이게 된다.

또한 우리는 아동기를 넘어 인생주기가 확대되어 가면서, 신앙의 단계가 형성되고 변화하는 것을 고찰하려고 한다. 비록 개인적이지만 이러한 여정은 결코 외로운 것은 아니다. 신앙 발달을 이해하려면 우리는 우리에게 중심이 되는 의미의 형성을 자극하고 지탱해 주는 관계와 역할, 그리고 가까이 있는 사회적이고 문화적인 자료(요인)들을 염두에 두어야 하며, 우리는 신앙의 여정에서 그 변화의 과정들과 의미에 대하여 설명하고 해석할 수 있어야 한다. 발달적 변화는 2장의 중심 관심사가 된다. 변형적·회심적 변화는 3장의 앞부분에서 다루게 된다. I부에서 각 장의 목적은, 신앙의 역동성의 구조를 깨닫게 하고, 그 양식과 과정들을 명료화하며, 독자들이 새로운 방식으로 자신들의 신앙 여정을 성찰해 보고 상기할 수 있도록 하는 것에 있다.

제1장

시작
(Beginnings)

서곡(Prelude)

여정의 시작

고요함 속에서
고요함 속에서
어둡고 따뜻한 물이 주는 평안함 속에서
－콩닥, 콩닥, 콩닥－ 심장이 쉼 없이 뛰는 소리를 감지한다
그리고 조용히 숨 쉬는 소리
기본적인 흔들림의 리듬
기분과 움직임의 급히 변화되는 아르페지오(Arpeggios)

신체적이고 생화학적인 반복
그녀의 목소리가 갖고 있는 부드러움으로부터 오는
진동과의 하모니

씨앗은 침묵 가운데서 자라고
변연계의 넓은 웅덩이에서
정해진 시간이 오면서
태아의 곡예가
불안한 탐색의 발차기가 되고

수축 때문에 불안함은 여전하고
아차! 미끄러져 앞으로 밀려나도록 밀쳐낸다
사랑이 이토록 강하게 압박한 적이 있었던가?
혹은 삶이 그런 상처를 요구하는가?

머리는 옥수수 모양으로 조이고,
작은 코는 납작하게 눌리고,
감은 눈은 낯선 빛을 곁눈질한다
액체를 튀기는 쥐어짜는 울음
그리고 처음으로 지구의 공기를 허파에
가득 채운다

만지고 손을 대고
타월과 부드러움

> 그리고는 부드럽게 팔을 뻗어
> 엄마의 배 위에 놓이고
> 곧 젖이나 우유를 빨고
> 환영하는, 황홀한 미소들이
> 축하를 보낸다

여정의 시작

인생의 어떤 시기도 생후 2년 동안 일어나는 급격하고 폭발적인 발달적 변화를 겪는 시기는 없다. 생후 9개월 동안 인간은 다른 종(種)들에 비해 부모나 양육자들에게 훨씬 더 의존적이다. 동시에 생후 1년 동안 신체의 크기와 몸무게가 두세 배나 늘어난다. 다니엘 스턴(Daniel Stern)은 이 장(章)에서 영아기를 설명하는 중심적인 학자 중 하나인데, 만일 그가 옳다면 아기가 12개월에 도달하기 전에 이미 존재로서의 경험의 서로 다른 차원으로 들어갔다고 할 수 있으며, 또한 언어적 존재에 가까워진다. 신앙과 변화를 받아들이고 다루기 위해 처음 5년 동안 일어나는 아동의 성장 급등과 형성은 특별한 중요성을 가진다. 따라서 1장은 초기의 여정을 살펴볼 수 있도록 독자들을 초대하며, 그 여정의 길들과 변화들, 그리고 그 특성을 기억해 볼 수 있기를 기대해 본다.

신앙과 자아 됨(Selfhood)

핵심적인 어휘를 정의하는 것으로부터 시작해 보자 : '자아 됨'은 관계 안에서 한 개인으로 형성되어 가는 과정에서 전개되는 주관적 경험들을 의미하며, '점진적 변화'(evolving)는 전개, 변화, 지속적으로 겪게 되는 성장과 발달을 의미한다. '주관적'(subjective)이라는 말은 관계 안에서 존재하고, 형성되어 가기 위해 전개되는 과정에서 각 단계를 거치는 주체(인간)의 경험을 설명하는 개념이다. 인간은 부인할 수 없는 사회적 존재이다. 오직 깊숙한 엄마의 자궁 속에서의 사회적 경험과 새로운 특성을 가진 관계성의 부상만이 한 인간으로 형성되는 여정을 시작할 수 있도록 하는 것이다. 성숙과 다른 사람들과의 상호작용을 통하여 마침내 자아 됨에 도달하고, 관계적 인간이라고 할 수 있는 반성적 자아(reflective selves)가 되는 것이다.

그다음으로는 '신앙'(faith)이 있는데, 이는 또 다른 신비이다. 자아 됨과 같이, 신앙도 다른 사람들과의 관계가 발달해 간다는 감각의 형성과 관련이 있다. 그러나 신앙은 또한 우리가 '영'(spirit)이라고 부르는 것의 발달에 따라 구성된다. 영은 우리의 삶에 의미를 주고 일관성을 가져다준다. 그것을 통하여 우리는 궁극적 환경[1]에 참여하게 된다. 다양한 문화권에서 사람들은 하나님에 근거하여 혹은 하나님과의 관계에서 자신들의 삶을 바라봄으로써 궁극적 환경에 대한 감각을 상징적 표상으로 표현하는 방법을 발견한다. '하나님'이라는 단어는 궁극적 존재와 그리고 우리가 관계 맺고 있는 궁극적 실재의 이미지를 일깨워 주는 상징들의 틀을 가져다준다. 하나님의 사랑 안에서, 우리는 궁극적 환경의 권능과 영, 우리가 세상과 이웃과 우리 자신과 맺는 관계성에 연결되어 경외감과 도덕적 가치가 그 모양을 갖추게 된다. 궁극적 존재와의 관계의 빛에 비추어 맺게 되는 자신과 타인과 세상과의 관계 모형을 '신앙'이라고 부른다.

---

[1] 역자주 : 하나님의 나라

그러므로 신앙은 인간이 자신의 영혼으로 그 삶의 의미를 만들고, 찾는 것이라고 할 수 있다(참고. Fowler 1995, 1-36).

신앙관계는 삼각형적 모형(triadic pattern)을 취하는데, 그것을 계약적 모형이라고도 한다. '삼각형적'이라는 말은 곧, 신앙이 우리 자신이 다른 사람들과 신뢰와 충성, 의지함과 보살핌으로 연결된 상호적 관계에 있음을 의미한다 ; 그러나 '나'와 '이웃'은 우리에게 궁극적 존재가 될 만한 의미를 가진 가치와 힘의 중심인 제삼의 대상과 공통적으로 맺는 관계에 근거한다. 그 중심과 영적으로 관련된 우리의 관계성은 우리가 삶에서 맺고 있는 모든 관계에 영향을 미친다. 우리의 삶에서 우리가 그 중심을 상징화하는 방식이나, 초월적 가치와 힘의 중심은 우리가 다른 사람들과 공유하고, 또한 우리를 신앙 공동체의 회원으로 만들어 주는 상징들과 이야기들과 의식들과 그리고 신념들과 항상 관련되어 있다.

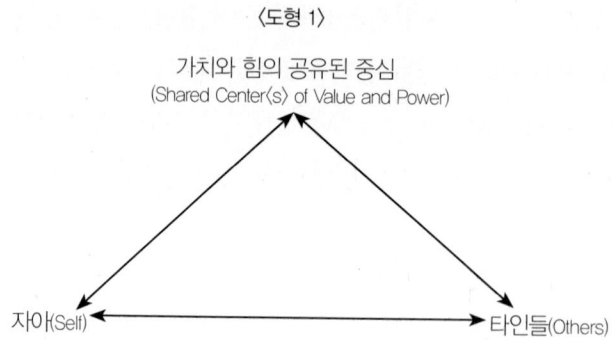

〈도형 1〉
가치와 힘의 공유된 중심
(Shared Center(s) of Value and Power)

자아(Self) ↔ 타인들(Others)

우리의 자아는 삼각형적 구조 혹은 양식을 가지며, 신앙 안에서 우리의 존재도 삼각형적 양식을 가진다. 자아와 타인들은 상호신뢰와 의미와 가치, 그리고 힘의 공유된 중심에 대한 충성 안에서 서로 연결되어 있으며, 이것들은 신앙의 영적인 역동성이라고 할 수 있다.

다음 장에서는 우리의 삶과 타인의 삶에서 자아와 신앙의 근거와 발달을 탐색하게 될 것이다. 이를 위해 초기 단계에 대하여 연구하고 저술한 학자들의 기초적인 연구 자료들을 살펴볼 것이며, 영과 관계된 창문을 열 수 있는 방식으로 그 역동성을 추적하게 될 것이다. 그렇게 함으로써 그 자료들이 신앙의 역동성을 이해하는 데 기여하게 될 것이다.

초기 아동기 : 중심이 되는 세 개의 관점

에릭 에릭슨(Erik H. Erikson)의 발생적 심리사회적 발달 이론은 생후 1년에서 1년 6개월 동안 불안과 기본적 불신감(basic mistrust)에 맞서 투쟁하면서, 기본적 신뢰감(basic trust)을 형성하는 과정을 관찰하는 데 도움을 주었다(참고. Erikson 1963, 1982, 1987). 만일 이 시기에 대체로 불신감에 비해 신뢰감이 더 많이 발달하여 균형을 이룬다면, 자아와 신앙의 기초적인 힘으로 작용하는 '희망'(hope)이 자리 잡게 된다. 이렇게 형성되는 기초적인 자아의 심리적인 힘을 에릭슨은 '덕목'(virtue)이라고 불렀다. 에릭슨이 말하는 희망을 철학자 산타야나(Santayana)는 '동물적 신앙'이라고 하였다. 동물적 신앙이란 이 세상에서 마치 집에 있는 듯한 안정감을 갖게 하는 근본적인 신뢰감과 같은 것이어서, 인간으로 하여금 그의 삶의 미래가 있을 뿐만 아니라 삶의 권리가 있다는 것을 일깨워 주는 역할을 한다. 우리는 근본적인 희망에 대한 감각을 가지고 삶을 시작한다.

에릭슨은 18개월에서 36개월 사이에, 삶에서 또 다른 중추적인 위기를 만나게 된다고 하였다. 이제 아기는 비록 비틀거리기는 하지만 두 발로 설 수 있게 되고, 자율성, 즉 분리된 자아라는 감각을 획득하려고 애쓰게 된다. 동시에 아기는 지나치게 무력감을 느끼거나 지배감을 피하기 위해 충분한 연결점을 유지하려고 노력한다. 충분한 자율성을 획득했을 때, 아기는 에릭슨이 말하는 '수치심과 회의감'(Shame and Doubt)에 빠지지 않게 된다. '수치심과 회의감'이 지배적이 되면, 무가치함, 무능함, 부적절감이 자리 잡게 된다. 아기는 환경의 평가와 요구에 너무나 취약하기 때문에, 그를 둘러싼 환경이 그와 유기체적으로 연결되어 근본적인 결핍감을 갖게 할 수도 있다. 비록 수치심과 회의감은 완전히 사라질 수 없고, 또 그래서도 안 되겠지만, 자율성이 수치심과 회의감을 지배할 정도로 발달하면 자아와 신앙의 힘 혹은 덕목인 '의지'(will)가 부상한다. 의지는 자신을 주장하고, 자신이 존재하는 공간을 확보하고, 마땅히 받아야 할 존중을 요구할 수 있는 능력이다. 자율성에 의해 아기는 확신을 가지고 '나'라고 말하는 것을 학습하게 되며, 동시에 '나의'(my)와 '나의 것'(mine)이라는 어휘를 가지고 자신을 주장할 수 있다.

에릭슨은 '주도성 대 죄책감'(Initiative/Guilt)을 만나게 되는 대략 3~5세까지를 중심적인 위기의 시기라고 지적한다. 이 시기의 유아는 온몸을 움직이고 통제하며, 목적들과 생각을 갖게 된다. 이제는 자기 또래들과 경쟁하고 형제들과 다투기도 하며, 미래의 역할에 대한 상상과 놀이의 세계의 드라마에 들어가게 된다. 동시에, 이때 유아는 이성 부모가 변함없는, 그리고 유일한 동반자가 아니라는 사실을 확실하게 결정하거나, 인정해야만 한다.[2] 이것은 이 시기에 갖게 되는 심각한 욕구들 때문에 느끼는 죄책감을 다룬다는 의미이다. 이는 이때 대체로 자유와 주

---

2) 역자주 : 오이디푸스 콤플렉스를 극복하는 일을 말한다.

도성을 형성하고, 그것이 '목적'(purpose)이라는 덕목 혹은 자아의 힘을 자리 잡게 해 준다는 의미이다. 이 단계에서는 한 개인이 속한 공동체에서 중요하게 여기는 규범들과 가치들을 내면화하는 일과 관련된 양심의 차원이 나타난다.

장 피아제(Jean Piaget)는 아동의 마음과 추리력(reasoning)의 초기 발달을 말해 주는 인지 발달을 이해할 수 있도록 도움을 주었다(Piaget 1962, 1967, 1970, 1976 ; Piaget & Inhelder 1969). 피아제가 '감각운동기'(sensory-motor period)라고 부르는 1년에서 1년 6개월 사이의 유아는 세상을 주로 신체적 경험을 통하여 자신의 경험을 정리한다. 초기 단계에서의 앎은 아기가 주변에 있는 대상들과 사람들과의 물리적 상호작용을 하는 과정에서 일어난다. 그것은 아기가 객관적 세상에 대한 영구성을 구성하는 능력을 활성화시켜 준다. 이렇게 세상에 존재하는 사람들과 대상들을 정리하고 정렬하는 방식은 언어 이전에 등장하는 것이다.

대략 18개월 정도에 이르면 세상에서 경험을 형성하고 소통하는 데 언어가 중요해지는 혁명적인 시기가 시작된다. 이때부터 대상과 사람, 감정과 상태를 표현할 수 있는 상징들을 사용하기 시작한다. 이제 유아는 피아제가 '전조작기'(pre-operational period)라고 부르는 단계로 들어간다. 유아의 상상력은 자유롭고, 자신의 전체 경험의 범위를 뛰어넘게 된다. 이 단계에서, 그들은 매일 신기한 것들을 만나고 삽화적 구성과 의미 있는 세상을 파악하려는 노력을 결합하려고 한다. 이때 느낌과 지각이 앎과 믿음의 방식을 지배하게 된다. 유아는 환상과 위장을 매일의 생활에서 만나게 되는 실제와 같은 것으로 생각한다. 이러한 초기 인지 발달의 드라마에 대한 피아제의 설명은 영적 발달, 즉 자아와 신앙의 발달에 흥미로운 배경을 제공해 준다.

우리가 초점을 맞추고 있는 사안의 마지막 시점에서, 나는 나와 나의 동료들이 연구하여 후에 '신앙 발달'이라고 알려진 연구에 관하여 말할 필요를 느낀다(Fowler and Keen 1980 ; Fowler 1987, 1991, 1995). 어떻게 보면, 에릭슨과 피아제와 유사하다고 할 수 있겠는데, 우리는 자아와 신앙의 발달에서 두 개의 초기 단계를 만들었다. 그 첫 단계는 '원시적 신앙'(Primal Faith)으로서, 이 단계에서는 아기가 자신을 돌보는 사람과 유대관계를 맺게 되는데, 이는 대체로 그 둘 사이에 상호성을 만들어 주는 역할을 한다. 상호성은 아기가 자기와 가까운 사람과 사랑 안에서 신뢰감을 형성하고, 초보적인 관계를 배우는 가운데 형성되는 것이다. 신체적이고 상호작용적(형식적인 것과 비형식적인 것을 포함한 공유된 의식들⟨rituals⟩)인 방법으로 아기는 세상에서 자신들을 기쁘게 받아들이고, 또한 자신들과 교류하는 사람들이 지니고 있는 의미들과 가치들에 참여하고 공유하기 시작한다.

그다음 단계는 18개월경에 시작되며 이 시기가 되면 언어를 획득하고 사용하는 변화가 시작된다. 이 단계를 '직관적-투사적 신앙'(Intuitive-Projective Faith) 단계라고 부른다. 이 단계에서 3~5세의 유아들은 그들이 경험하는 세상의 형태를 만들고 에워싸는 매우 깊으면서 또한 오랫동안 남을 영적 이미지와 힘의 이미지를 형성하게 된다. 이때 죽음에 대해 만나고, 삶을 에워싸고 있는, 그리고 때로는 삶에 침투하는 신비의 그림자에 대한 일깨움을 얻기도 한다. 신뢰하는 어른들과 자기들보다 나이를 더 먹은 아동들의 특징과 가치들에 대한 동일시는 자아의 형성에 의미심장한 기여를 할 수 있다. 이야기들을 말로 하거나 연극이나 의식(儀式)으로 표현하는 것은, 최초로 자신의 세계와 영적인 신비함, 그리고 의미들을 구성하는 중요한 시기에 의미의 지평을 열어 준다.

지금까지 우리는 초기 아동기의 세 단계를 심리적인 관점과 자아와 신앙이 형성되는 과정의 배경에서 살펴보았다. 이제부터 우리는 이 장(章)에서 다루어야 할 보다 깊은 도전을 맞이해야 한다. 지금까지 고찰한 초기 아동기의 다양하고 전체적인 설명과 함께 그 낯익은 관점들 뒤에 숨어 있는 의미들을 파헤쳐 봄으로써, 이 시기, 특히 영아기에 대한 보다 분명하고 세밀한 이해를 시도해 보려고 한다. 그런 노력의 일환으로 초기 아동 발달 이론가 다니엘 스턴의 이론에 우리의 관심을 기울이려고 한다. 우리가 사용할 자료는 스턴의 「영아의 상호 인간적 세계」(The Interpersonal World of the Infant)이다. 먼저 스턴의 이 책이 나의 관점에 매우 특별한 자리를 차지하는 이유를 말해야 할 것 같다. 세 가지의 이유를 제시할 수 있을 것 같다.

첫째로, 스턴이 정신분석 치료가이자 정신과 의사이기 때문이다. 그는 의학교육을 받았으며, 동시에 성인 환자들을 치료한 경험의 관점에서 영아의 경험을 재구성하려고 노력하는 정신분석학 전통에 서 있는 학자이다. 정신분석학의 이러한 접근은 성인 환자를 치료하는 과정에서 그들이 회상한 기억을 바탕으로 하여 환자들의 영아기 경험을 재구성하려고 노력하는 입장을 가지고 있다. 에릭 에릭슨이 쓴 잘 알려진 청년 시절 루터에 관한 책에서 "우리는 때때로 임상적 통찰력을 가지고 아동의 초기 경험이라고 알려진 것에 관하여 설명해야만 할 필요가 있다."(Erikson 1963, 50)고 하였다. 어떤 점에서 보면 정신분석학의 이론들은 아마도 성인들이 생존할 수 있도록 성인의 성격 양식에 근거하여 영아기를 재구성하는 것이라 할 수 있다.

둘째로, 스턴은 실제로 영아가 다른 사람들, 그리고 그들을 둘러싸고 있는 환경과 상호작용하는 과정에 관한 발달심리학적 연구에 주의를 기울이고, 또한 그 분야에 공헌하였다. 그는 영아들을 대상으로 한 실험실에서의 연구와 관찰의 방법으로 그들이 인간이 되어 가고, 의미를 만들어 가는 행위를 이해한 학자이다. 다니엘 스턴의 연구는 영아기에 대한 이 두 개의 관점을 하나로 통합해 주었고, 동시에 이 둘은 상호 수정하고 긴장을 유지하게 해 주었다. 그로 인해 우리는 영아기를 3차원적으로 바라볼 수 있게 되었으며, 그것은 결과적으로 영아기를 더 풍요롭고 암시적으로 볼 수 있게 해 주었다.

셋째로, 스턴의 연구는 우리가 갖고 있는 자아와 신앙에 대한 관심에 도움을 주고 있는데, 그 이유는 그가 한편으로는 자아와 관계에 대하여, 또 한편으로는 신앙과 영에 대하여 내가 '내재적 전 잠재성'(innate pre-potentiation)이라고 부르는 것의 강력한 증거를 보여 주고 있기 때문이다. 내재적 전 잠재성은 비록 쉽게 이해되기는 어렵지만 중요한 개념이다 : '내재적'이라는 말은 영아에게 유전적으로 주어져서 나타나는 것으로 일부는 신생아의 진화적 준비라고 할 수 있다. '전 잠재성'은 관계성이 미리 준비(pre-ready)된 상태를 의미한다. 다시 말하면, 공유된 의미들을 구성해 가는 과정에서 환경을 만날 수 있는 미리 준비된 상태를 말한다. 그렇다고 이러한 발달이 자동적이거나 유전적으로 결정되었다는 뜻은 아니다. 그것은 오히려 환경이 그것을 활성화하고 상호적으로 자극을 주고 적극적으로 응답하는 방식에 근거하여 준비된다는 사실이 강조되어야 한다. 이는 씨앗들과 앎을 조작하고 다른 사람들, 자아, 그리고 세계를 상상하는 양식은 아기들이 기본적으로 지니는 것이라는 말로 설명될 수 있을 것이다.

인간은 자신의 감정들이 영과의 연결을 활성화시킬 수 있는 준비가 가능한 능력을 지니고 태어난다. 관계의 상호성이 존재하고, 그것의 일관성이 보장되는 경우 아기는 결속을 형성하고, 성인의 사랑과 보살핌을 받아들이며, 건강한 관계를 향해 성장한다. 아기들은 밀착된, 그리고 삶을 보존해 주는 신앙과 의미의 감각을 구성하면서 성장할 수 있는 잠재성을 갖고 태어나는 것이다.

자아의 부상과 신앙의 발생(Genesis)

스턴이 우리에게 보여 준 것을 다시 정리해 보자. 그는 아기가 자아가 되어 가는 첫 경험을 구성하는 자아의 부상에 대한 네 개의 그림을 보여 주었다. 먼저, 자아의 '감각'(sense)이라는 단어에 관하여 설명해 보기로 한다. 나는 앞에서 자아 됨을 '관계 안에서 하나의 인간이 되어 가는 주관적 경험'으로 특징지었다. 스턴은 아기의 최초의 몇 개월 사이에 일어나는 삶의 경험으로 우리를 인도해 주려고 노력했으며, 그러한 노력은 성인이 회상하는 어린 시절의 기억을 통하여 얻는 것이 아니라, 실제로 아기가 경험하는 것을 볼 수 있도록 해 주었다. 사실 우리는 너무나 쉽게 성인의 경험에 근거하여 어린이의 느낌이나 의미를 조명한다. 우리는 종종 영아의 경험을 성인의 눈과 성인의 경험의 렌즈를 통하여 바라본다. 스턴은 가능한 한 우리의 기억의 장막과 투사에 가까이 다가가려고 노력했으며, 또한 우리가 어린이의 세계에 가까이 들어갈 수 있도록 도움을 주었다. 그와 그의 자료들이 자아와 신앙에서 영아의 성장 경험이 우리에게 무엇을 알려 줄 수 있는가를 분석할 때, 독자들은 〈도형 2〉를 정규적으로 참조할 것을 권한다.

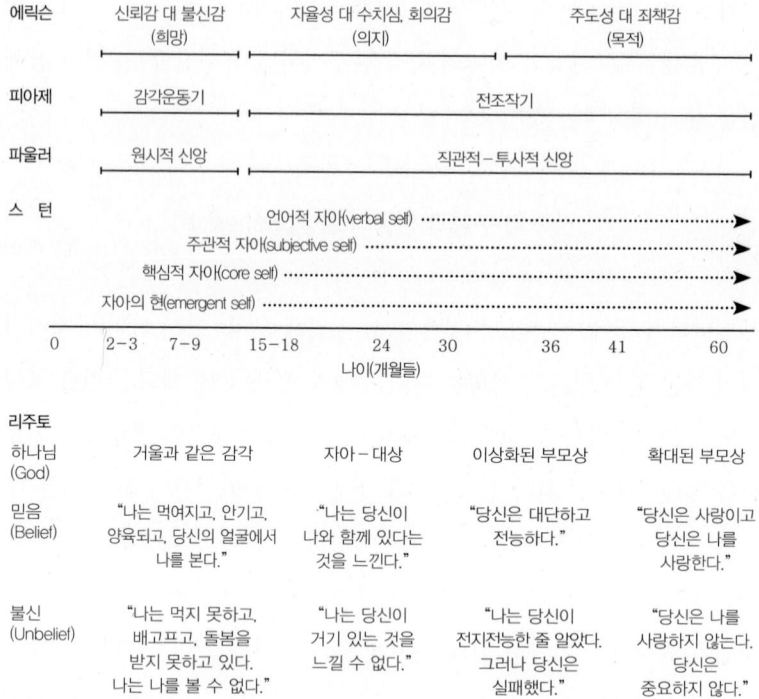

〈도형 2〉의 중간 부분에서 그 명칭을 발견할 수 있는 영아기의 초기 자아의 감각 네 가지를 간단하게 살펴보기로 하자. 나는 좀 더 자세하게 그 부분을 알아보기 위하여 잠깐씩 처음으로 되돌아가기도 할 것이다. 먼저 우리는, 스턴은 이런 초기의 감각들은 분리적이거나 혹은 별개의 미래를 지니고 있다고 믿었던 사실을 이해해야 한다. 다시 말하면, 이런 서로 다른 감각들은 동질적이거나 하나로 혼합되는 것이 아니다. 오히려, 각각의 감각은 다른 것들과 상호관계를 맺게 해 줄 통합의 요소로서의 자신들만의 미래를 갖고 있다. 그 자아의 감각들을 살펴보기로 한다.

첫째로, 출생에서 2개월 사이에(Stern 1985, chap. 1) '부상하는 자아'(emergent self)의 감각이 있다. 나는 이를 앞으로 계속 자랄 나무줄기로 생각하려고 한다. 이때 아기는 처음으로 자신과 다른 세계를 구성하기 시작하는 것이다. 또한 아기는 다른 사람들은 자신과 다르다는 것을 경험한다. 그리고 이미 영구적이고 안정된 '타자성'(otherness)을 창조하여 그것을 발휘할 수 있는 능력을 보여 주는 방식으로 반응한다. 이런 반응은 그것이 사람과 사람들과의 타자성과 연결 짓는지, 아니면 대상의 타자성과 연결 짓는지를 분명하게 해 준다. 잠시 후 우리는 이미 두 달 된 아기가 사람들의 타자성에 특별한 관심을 보여 주는 것을 보게 될 것이다.

다음으로, 스턴은 '핵심적 자아'(core self)의 감각에 초점을 맞춘다. 이를 이해할 수 있는 한 가지 방법은, 그것을 '신체적 자아'(body self)로 보는 것이다. 아기는 자신의 신체를 통합적이고 일관성 있는 것으로 경험하게 되는데, 이러한 경험은 대체로 생후 2개월에서 6개월 사이에 하게 된다.

세 번째 감각은 '주관적 자아'(subjective self), 때로는 '내적 – 주관적 자아'(inter – subjective self)라고도 부른다. 이 감각은 대략 7개월에서 15개월 사이에 나타난다. 이 시기에 우리는 아기와 타인 사이에 정서의 인식, 느낌에 대한 인식이 시작되는 것을 알 수 있으며, 동시에 자신과 타인의 감정을 조율(attune)하려는 노력도 시작된다. 이는 정서적 친밀감의 경험을 주도하고, 그것에 참여하는 영아의 능력이 첫 발을 내디뎠음을 보여 주는 것이다.

마지막으로, '언어적 자아'(verbal self)가 있다. 에릭슨과 피아제가 그랬듯이, 스턴도 이 시기의 아기가 타인들과 자신과 그리고 세계와의 관계에서 언어를 사용하기 시작하면서 나타나는 혁명적인 상황에 주의를 기울인다. 언어의 획득은 경험과 의미를 소통하고 기억할 준비를 해준다.

위에서 제시한 감각들은 각각 독특한 미래를 가지고 있다. 스턴은 정신과 환자들을 치료할 때, 환자가 단순히 표현하는 언어적 자아에만 주의 깊게 귀를 기울이지 않고, 침묵을 포함하여, 비록 성인이지만 신체적 자아의 단계에서 치료가 필요하다고 보여지는 주제들에 이르기까지 주의를 기울였다. 그런 치료는 처음에는 언어적 자아의 수준을 치료해야 하는 것으로 보였으나, 실제로는 내적-주관적 자아가 치료를 필요로 하는 영역임을 이해하게 되었다. 그렇듯 이 시기에 부상되는 각 자아의 감각은 그 자체의 미래를 갖고 있으며, 각자는 앎과 자아 됨, 관계 맺음, 그리고 성인의 신앙에 중요한 부분으로서 지속적으로 그 역할을 담당하게 된다.

부상하는 자아와 상상력의 출현

영적 반응과 신앙에 대한 아동의 성장을 이해하기 위하여 네 개의 자아감각을 더 주의 깊게 살펴볼 필요가 있다. 우선 부상하는 자아(Stern 1985, chap. 3)를 보기로 하자. 이를 알아보기 위해서는 먼저 피아제와 에릭슨이 영아를 환경과 미분화된 실체로 묘사한 것에 비해, 스턴은 영아를 그들과는 중요한 차원에서 다른 관점으로 보았다는 것으로부터 시작해야 할 것 같다. 피아제와 에릭슨은, 영아는 마치 어머니, 아버지, 양육자들, 그 외에 세상에 존재하는 대상들과의 관계에 매몰되어서 자아가 그것들과 분리되어 있다는 사실에 주의를 기울이지 않았다. 이것은 피아제의 이원론적인 자아-타인의 관계에 근거한다. 그런데 우리가 오랫동안 생각해 왔던 것과는 달리, 스턴은 전혀 그렇지 않다고 주장한다.

처음부터 스턴은 아기는 다른 사람들이나 대상들로부터 자신이 분리되어 있음과 자신의 타자성에 대한 원시적 감각을 갖고 있다고 말한다. 그 증거를 그는 아기가 자기를 돌보는 사람들이 지니고 있는 변함없는 성격적 측면을 알아본다는 사실에서 발견하였다. 예를 들어, 신생아들은 웃는 얼굴과 놀란 얼굴을 구분할 수 있다. 실험해 본 결과 아기가 웃는 얼굴에 익숙해진 후, 놀란 얼굴이 보여 주는 흥미롭고, 기쁘고, 기분 나쁜 표정을 본 다음에 보인 반응은 앞의 것과는 현격히 다르다는 것이 드러났다. 이러한 실험 결과는 아기들이 그런 얼굴 표정이 품고 있는 모양들을 기억에 보존하고 있음을 보여 주는 증거이다. 아기들은 미소가 가진 어떤 특징들을 알아보기는 하지만, 그들은 얼굴 표정에 대한 타고난 선호도가 있는 것으로 보인다. 2개월 이전의 신생아들은 이전의 경험양식을 따르거나 혹은 불일치점에 따라 사회적 세계를 평가한다. 그러므로 인간은 처음부터 환경에서 어떤 것이 규칙적인 것이고 의지할 만한 것인가에 대한 어느 정도의 감각을 구성하는 것으로 보이며, 또한 기대하고 있는 것으로부터 자신을 놀라게 하는 것과 기대를 벗어나게 하는 것을 알아차린다.

더 나아가, 아기들에게 사람의 모양은 일종의 중립적인 의미의 영속적인 정렬, 그 이상이라는 탁월한 증거들이 있다. 아주 초기의 아기는 인간이 아닌 모양을 선호한다. 그러나 1개월이 되었을 때는 기하학적인 것들보다 살아 있는 사람의 얼굴을 선호한다. 아기들은 전 세계적으로 특정한 얼굴 모양보다는 만화, 복잡한 것, 그리고 얼굴 형상들에 더 반응하는 것으로 보인다. 기하학적이거나 평평한 외양에 의존하지 않고, 단지 미소만으로는 아기의 반응을 이끌어 낼 수 없는 것이다. 이는 다시 강조하지만 얼굴 모양에 대한 타고난 선호도가 있는 것을 보여 주는 것이다. 이에 더하여, 2개월 이전의 영아들은 다른 어머니의 모유와 자기 어머니의 모유냄새를 구분할 수 있다. 또한 자기 어머니의 목소리와 다른 목소리를 구분할 수 있을 뿐 아니라, 선천적으로 사람들 속에서 자기 어머니를 구별할 수 있다.

최근에 어린 아기들을 돌보는 일을 하고 있는 어떤 젊은 사람이 인큐베이터에서 오랫동안 돌봄을 받았던 초 미숙아에 관한 이야기를 해 주었다. 인큐베이터에 오래 있었다는 것은 이 아기가 엄마와 오래 떨어져 있었다는 의미이다. 이 일은 신생아를 위한 응급실의 한 의사에게 일어난 일이었다. 이 아기를 돌본 여의사는 이 미숙아의 어머니가 가진 목소리와 매우 유사한 음색과 음질을 가지고 있었다. 그곳의 의료진들은 이 여성이 근무하는 시간이 되면 아기의 산소와 그 외의 생명유지 장치에 대한 필요가 눈에 띄게 감소된다는 사실을 알게 되었다. 아기는 이 의사의 목소리만 들려도 건강해졌다. 그러나 근무가 끝나 그 의사가 그곳을 떠나면, 아기는 곧 상태가 나빠지고 생명유지 장치에 의존해야만 하는 상황이 되곤 하였다. 이처럼 인간은 이 초기의 단계에서 이미 애착의 기초 양식을 형성하며, 사람과 특별한 타인들의 얼굴에 대한 타고난 선호도를 나타낸다.

스턴의 신생아 행동에 대한 연구는 동일한 타인성의 구성에 관한 더 발전된 증거를 우리에게 말해 주고 있다. 신생아의 경험은 '감각-통합적'(cross-modal) 앎과 관련이 있다. 감각-통합적 앎이란 다른 감각들로부터 오는 자료들을 통하여 지각적 통일을 이루지만, 그것이 하나의 감각으로부터 얻은 지각을 다른 감각으로부터 얻은 지각과 자동적으로 상호 관련짓는다는 것을 의미하는 어휘이다. 인간은 이렇게 복잡한 활동을 어떻게 학습하는가? 이 탁월한 능력은 선천적으로 주어진 것으로 보인다. 이 주목할 만한 능력을 살펴볼 때 우리가 상상력의 출현에 가깝게 다가온 것이 아닐까라는 생각을 하게 하는데, 그것은 공통점이 없는 감각적 경험의 요소들을 다른 것과 창의적으로 연결 짓는 행위이다. 만일 신앙이 일치되고 의미 있는 세계를 구성하고 초월적인 타자와의 관계 감각과 관련이 있다면, 상상력은 중요할 뿐만 아니라 그것은 신앙과 영적인 관계성의 근본적인 부분일 것이다. 신생아의 가장 초기에 우리는 상상력의 기초적 징후를 볼 수 있는데, 이를 통해 우리는 어느 하나의 양식으로부터 투입된 감각을 다른 양식으로부터 투입된 감각과 연결시키는 능력은 지각에서 주어지지 않는다는 것을 이해할 수 있다.

그렇다면 우리는 어떻게 아기들이 감각-통합적 앎을 지니고 있음을 알 수 있는가? 스턴은 놀랄 만큼 단순한 방법으로 그 점을 설명하기 위해 하나의 실험을 하였다. 그 하나는 눈을 가린 아기들에게 부드럽지도 않고 도톨도톨하지도 않은 하나의 젖꼭지와 또 다른 젖꼭지를 주는 실험이었다. 아기들은 주어진 독특한 젖꼭지를 눈으로 보지 않고 빨았다. 그러고 난 후 그들에게 젖꼭지들을 보여 주었을 때 각각의 아기는 자신들이 빨았던 독특한 젖꼭지를 선호하였다. 아기들은 어떻게 이것을 알 수 있었을까? 그것은 입술과 혀의 촉감과 눈에 보이는 젖꼭지의 모양을 통하여 형성된 느껴진 감각이 감각-통합적 전환을 이룬 것과 관계가 있다.

두 번째 실험에서는 6주 된 신생아들은 말하는 것과 입 속의 움직임의 불일치를 알아차린다는 것을 알게 해 주었다. 우리 모두는 화면에 비친 영화에서 목소리가 입의 움직임보다 조금 늦다는 것을 보아 왔다. 6주밖에 되지 않은 신생아들은 이 동시성의 결여를 알고 있고, 그것은 아주 혼란스러운 것이다. 아기들은 이미 입술이 내는 소리와 움직임의 상관성을 예상하고 있는 것이다.

핵심(Body)적 자아와 의식화(Ritualization)의 출현

이제 우리는 자아 됨의 두 번째 단계로 들어가는데, 그 단계는 핵심적 자아가 부상되는 때이다(Stern 1985, chap. 4). 이는 신체적 자아의 시작이다. 신체적 자아가 신앙과 영성에 기여하는 공헌을 나는 의식화(儀式化)의 출현과 연결 지으려고 한다. 이는 의미의 사회적 구조에 있어서 신체적인 참여가 시작된다는 것과 연결된다. 2개월과 8개월 사이의 어느 시점에서 아기는 자신의 몸을 통제하고 움직일 수 있는 능력을 처음으로 경험하게 된다. 그렇게 하면서 아기는 자신이 타인과 다르다는 자아의 감각을 얻게 된다. 그러나 이 시기에는 비쳐진 대상으로서의 자아감각은 갖지 못한다. 타인과의 차별성이 자아의 반성적 인식은 아니다. 그보다는 오히려 그것은 타인으로부터 분리되어 있음과 타인의 타자성에 대한 경험이라고 할 수 있다. 아기들은 통합된 신체를 경험하고, 그들의 행동을 통제할 수 있고, 느낌을 가질 수 있고, 타인과의 관계에서 자신의 자아가 연속된다는 감각을 가질 수 있다.

스턴은 신체적 자아감이 기본적으로 네 개의 측면을 가진다고 생각한다 : (a) 우선 자아-작용(self-agency)이 있다. 아기는 딸랑이를 정기적으로 잡으려 하고 건드릴 수 있으며, 그 행동을 의미 있게 반복할 수 있다. 아기는 그런 행동을 할 수 있게 됨으로써 몸을 통제하고 조절할 수 있는 감각을 갖게 된다. 이 능력은 그다음의 측면인 (b) 자아-결합(self-coherence)의 경험을 제공한다. 자아-결합은 일종의 통합된 상태로서 통일된 신체를 가리킨다. 가동(可動)적이거나, 움직이지 않거나, 아기는 분열되지 않은 신체적 온전함의 감각과 한계 혹은 경계에 대한 감각을 가지며, 자아와 연결된 활동의 연속적인 위치를 경험할 수 있다. (c) 또한 아기는 곧 자아-정서, 자아-감정(self-affectivity, self-feeling)에 초점을 맞추기 시작하고, 이들을 의식하게 된다. 아기는 자아의 경험과 연결된 느낌과 정서의 양식들을 알아보기 시작한다. (d) 그리고는 아주 초보적이지만 중요한 방법으로 아기는 시간의 연속성(temporal continuity)에 대한 감각을 갖기 시작한다. 이는 일들이 반복될 것이고, 사물에는 질서가 있으며, 앞으로 올 미래가 있다는 것을 기대하는 것을 의미한다.

이 모든 것들은 독특한 형태로서 혹은 타인으로부터 구별되는 모양으로 자아 형성이 이루어진다는 것을 보여 준다. 이것은 핵심적 자아가 나타나는 그 첫 시기를 구성하는데, 그 시기는 생후 6~7개월에 해당된다.

자아 됨의 두 번째 수준인 핵심적 자아는 타인들과의 관계에서 하게 되는 자아의 첫 경험과 관련이 있다(Stern 1985, chap. 5). 스턴은 2~6개월 된 아기의 경험은 잠자는 것을 제외하고는 오직 사회적임을 우리에게 알려 주었다. 아마도 기동력의 부재와 스스로 움직일 수 없는 상태가 이 시기의 아기에게 기본적으로 중요하기 때문에 타인들의 사회적 현존을 특별히 의미심장하게 받아들이도록 할지도 모른다. 사교성의 방향을 보면 아기는 높은 톤의 목소리와 가장 근접한 거리에서 의사소통하는 대상을 선호하는 것으로 보인다. 이러한 선호도는 아기들로 하여금 부모가 아기같이 말하고, 재미있는 얼굴을 만들고, 신체적으로 안아 주고 사랑해 주는 일에 적극적으로 참여할 수 있도록 도움을 준다.

이러한 자아의 관계성은 스턴이 아기들의 경험에서 식별해 낸 두 가지의 매우 흥미 있는 발달이 일어나게 해 준다. 첫째로, 스턴이 일반화된 상호작용의 대표(Representations of Interactions that have been Generalized⟨RIGs⟩)라고 부르는 현상에 대하여 이해하게 된다. 앞에서 나는 핵심적 자아를 의식화의 시작과 연결시킨 바 있다. 여기서 우리는 아기가 정기적인 사회적 상호작용들을 익숙함과 기대감의 일반화된 양식으로 바꾼다는 것을 알 수 있다. 아기는 이러한 행위들은 반복될 것임을 예상하게 되고, 그것에 어떻게 참여할 수 있는가를 배우게 된다. 우리는 여기서 의식화의 시작을 보는 것이다.

우리가 잘 아는 '까꿍놀이'의 본질적인 구조는, 인간이 신생아기 초기에 형성하는 일반화된 상호작용의 대표(RIGs) 중 하나이다. '까꿍놀이'에 대한 굉장한 놀라움은 그 놀이의 기본적인 형태가 혁신적으로 연장되면서 어떻게 확대되는가에 있다. 이런 종류의 의식적 상호작용(ritual interaction)은 여러 가지 다른 방법으로 변형될 수 있다. 그러나 그에 더하여, 아기가 정기적으로 상호교류를 하는 부모나 타인들과 함께 획득한 반복적인 행동유형의 경험에서 '일반화된 상호작용의 대표'(RIGs)를 구성한다는 증거가 있다. 이러한 구성들은 부모나 중요한 타인들의 형상에 대한 기능적 모델들이라고 부를 수 있을 것 같다. 이런 기능적 모델들은 역동적이다. 그런 형상들은 아기가 새로운 경험들을 하고, 부모와의 관계에서 새로운 주도성을 제시하면서 계속 발달하고 변화하게 된다.

타인들에 대한 기능적 모델들을 구성하는 것은 스턴이 말하는 '불러낸 동반자들'(evoked companions)을 형성해 주는 결과를 가져온다. '불러낸 동반자'는 다른 사람이 곁에 없어도 그들과 함께 있다는 아기의 감각을 의미한다. 아기는 비록 혼자 있어도 타인이 실재한다는 것, 타인이 그와 같이 있다는 것에 안도감을 느낀다. '불러낸 동반자'는 아기로 하여금 자신을 전체로서 편안하게 확인하도록 해 주는 눈에 보이지 않는 자기-타인의 실재감을 가져다준다. 그러한 관계들은 특별한 일이나 상호작용적인 의식에서 일반화되어 깊이 파묻혀 있다. 피아제가 7~8개월 이전에 이미 대상 실재가 완전하게 자리한다고 말했듯이 불러낸 동반자의 형성은 이 시기에 가능할 것으로 보인다. 자기-타인 모델은 아직 중간대상(transitional object)은 아니다. 그렇게 되려면 보다 더 의식적인 상징적 활동이 요구된다. 그러나 그것은 확실한 실재의 형성이며, 이는 영적 연결을 가능하게 해 준다.

아동 심리학자인 켄 브로큰브로(Ken Brockenbrough)는 신성하고, 초월적이고 확신을 주는 실재의 현존감을 의미하는 누미노스(numinous)의 뿌리를 '불러낸 동반자'의 경험에서 찾을 수 있음을 시사해 주었다. 이런 생각은 젖을 먹이고 양육하는 긴 기간 동안 아기의 얼굴과 눈이 어머니나 아버지 혹은 그들을 대신하는 사람들의 움직이는 눈과 얼굴의 반사된 현존과 만난다고 주장한 에릭 에릭슨의 생각과 연결된다. 분명하게 확인된 이 유사한 현존은 아기가 혼자 있을 때 느끼게 되는 불안에 대한 해독제로서 혹은 아기가 적극적으로 환경에 참여할 때 활력이 넘치는 관찰자로서 불러내게 될 것이다.

주관적 자아와 영혼(soul)의 탄생

다음은, 자아 됨 출현의 세 번째 수준인 주관적 자아(Stern 1985, chap. 6)이다. 이때 우리는 '영혼의 탄생'이라고 부르는 현실을 만난다. 근대에 들어서부터 최근까지 '영혼'이라는 말은 적어도 개신교 문화에서는 제대로 된 대접을 받지 못해 왔다. '영원한 영혼의 구원'에 대하여 말하는 사람들 외에는 그 단어를 별로 사용하지 않았다. 이 단어는 그 자체로서도 중요하지만, 감정, 직관, 하나님을 이해할 수 있는 능력, 인간의 마음 깊숙이 있는 것들이 자리한 곳으로 보던 과거에 이해하던 영혼의 의미를 다시 살려낸 것은 좋은 일이 아닐 수 없다. 카를 융(Carl Jung)과 융

심리학자인 제임스 힐만(James Hillman), 그리고 토마스 무어(Thomas Moore)는 영혼의 개념 회복에 크게 기여하였다. 만일 우리가 영혼의 개념에 대한 과거의 이해를 심각하게 받아들인다면, 주관적 자아의 출현을 영혼의 탄생이라고 불러도 적절할 것 같다. '영혼'의 희랍어 어원은 '정신'(psyche)이라는 것을 여러분은 잘 알고 있을 것이다. 그런 의미에서 우리는 정신의 상태, 또는 영혼의 상태라고 말할 수 있을 것이다.

주관적 자아란 무엇인가? 여기서 우리는 공유된 구조들과 환상들에 관한 상호 인간적 관계의 부상을 보게 된다. 대략 7~9개월 즈음, 아기와 아기를 돌보는 사람들 사이에 정신적 공간(psychic space)에 대한 최초의 신중한 나눔이 시작된다. 그렇다면 이때 어떻게 일종의 상호주관성이 그 형태를 이루게 된다고 추론할 수 있는가의 물음이 제기된다. 우리는 아기와 어머니가 제삼의 대상이나 삼자의 경험에 공유된 주의력을 보인다는 것을 관찰할 수 있었기 때문에 상호적 구조화와 감정의 공유를 인정하게 된 것이다. 어머니가 옆방의 귀찮은 일을 돌아보면, 9개월 된 아기는 곧 불안한 표정으로 주의 깊게 어머니의 시선을 따라간다. 이런 현상을 우리는 어머니와 아기가 그들의 공유된 의도를 언어 이전의 표현을 사용하여 영적 친밀감을 일깨우는 것으로 추측할 수 있다. 더 나아가, 우리는 아기가 어머니에게, 그리고 어머니가 아기에게 서로 주고받는 공유된 정서의 분명한 증거들을 볼 수 있다. 그리고 이러한 것들은 분명히 즐거운 방법으로 서로 나눌 수 있다.

이러한 현상을 좀 더 자세하게 살펴보기로 하자. 주의와 의도와 감정들을 이해하고 나누기 위해서는 공유된 의미의 틀과 몸짓, 태도, 얼굴표정과 같은 공유된 소통의 수단을 필요로 한다. 이것이 바로 아기의 삶에서 공유된 의미의 구조와 정신적 친밀감의 진정한 가능성을 지니게 되는 시점인 것이다. 동시에, 아기는 그가 추구하는 것을 어느 정도 공개할 것인가의 범위를 결정하기 시작한다. 아기는 자신의 감정을 얼마나 표현하고 나눌 것인가에 대한 어느 정도의 조절을 하기 시작한다. 다시 강조하지만, 이것은 의식적인 성찰이나 선택에 의한 것은 아니다. 이것은 오히려 신체적이고 정신적인 반응에 가까우며, 분별이 없는 상태에서 경험하는 것이라고 보아야 한다.

그렇다면 이러한 주장들이 스턴의 강조점과 주장을 어떤 점에서 지지해 주는가의 문제가 있다. 첫째로, 아기가 자신을 돌보는 사람들과 공유된 주의력의 경험으로 들어간다는 증거를 들 수 있다. 머피(Murphy)와 메서(Messer)는 9개월 된 아기가 어머니나 다른 사람들이 손가락으로 가리키는 상상의 선을 가리키고 따라갈 수 있으며, 또한 그 가리키는 곳을 바라볼 수 있음을 발견했다(Stern 1985, 129에서 인용). 9개월 이전에도 아기는 어머니가 머리를 돌릴 때 어머니가 보여 주는 행동의 선을 따라갈 수 있다는 것 또한 발견했다. 더 중요한 것은, 9개월 된 영아는 어머니를 돌아보면서 그들의 시선이 정확하다는 것을 확인한다는 것이다. 그런 의미에서 아기와 어머니, 그리고 그들이 상호적인 관심과 관계를 가진 대상 사이에 삼각형적인 분할이 있다고 할 수 있다.

둘째로, 스턴은 공유된 의도를 지적한다. 언어 이전 시기의 아기는 친숙한 태도나 몸짓을 통하여 끊임없이 신호를 보내는데, 이는 아기가 갖고 있는 의도를 다른 사람들에게 이해받기 위한 수단인 것이다. 이에 대한 가장 기본적인 형태는 아기가 자신이 가리키는 대상을 향해 "어, 어, 어."라고 말하는 것이다. 이는 언어의 진정한 시작이라고 할 수 있을 것 같다. 아기들은 또한 말 타기와 동요를 부르며 노는 놀이와 같은 친숙한 게임의 시작을 알리는 신호를 보낸다. 1년 된 아기들은 손위 형제들과 웃으면서 어떤 일을 반복적으로 함께 나누는 것을 볼 수 있는데, 이렇게 유쾌한 풍경을 바라보는 어른들은 그 이유를 알지 못한다. 이런 상황에는 어른들이 금방 눈치채지 못하는 일종의 농담과 같은 것이 있을 수 있는데, 이는 형제들 사이에 유사한 정신적이고 정서적인 상태가 공존한다는 것을 의미한다.

그다음에는, 공유된 감정과 느낌이라는 중요한 문제가 있다. 12개월 된 아이가 새로운 장난감이나 벽 콘센트, 비탈진 계단과 같은 불확실한 상황에 직면했을 때 어떻게 해야 할지를 결정하기 위해 어머니나 양육자를 바라보는 경우가 많다. 만일 양육자의 표정이 불안하거나 걱정스러우면 아기는 그 새로운 상황에서 물러서게 될 것이다. 완전히 새로운 상황에서도 마찬가지인데, 이러한 행동을 단순히 모방과 유사한 것으로만 볼 수는 없다. 스턴의 연구에서 발표된 자료들에 의하면 9개월 된 아기는 다른 사람의 얼굴 표현과 자신들의 정서적 상태 사이의 일치점이나 조화를 알아본다는 사실을 암시해 주었다. 다른 실험에서는 어머니와 헤어지는 것 때문에 힘든 경험을 한 아이들은 행복한 얼굴보다는 슬픈 얼굴을 바라보는 것을 선호하는 것으로 나타났다. 이러한 현상은 많은 아기들이 거울에 비추어진 자신들의 얼굴 표정을 보았거나 그것에 익숙해지기 전에 나타났다. 이와 같은 증거는 아기가 기분과 감정을 시각적으로 조화시킨다는 징후인데, 이는 통합–감각적 전망의 한 부분이 아기에게 있음을 보여 주는 것이다. 정서적 교환은 상호주관적인 자아가 부상되는 이 시기 동안 세 개의 공유된 상태의 가장 강력하고 침투력이 강한 것이라고 스턴은 우리에게 말해 주고 있다.

이 관점이 우리를 스턴이 말하는 '정서 조율'(affect attunement)로 안내한다(Stern 1985, chap. 7). 그가 신앙과 자아 됨의 연구에 끼친 가장 중요한 공헌은 아기의 정서적 상태를 부모에 의해 인정되고, 재설명된 것으로서의 정서 조율로 설명한 것이라 할 수 있다. 이것은 매우 복잡한 작업이며, 몇 가지 중요한 요인을 필요로 한다. 첫째로, 부모나 다른 양육자에 의해 아기의 행동을 정확하게 해석할 수 있어야 한다. 둘째로, 그것은 아기의 감정들에 대한 자세한 역사(歷史)를 필요로 하며, 이는 그런 감정들에 참여할 수 있는 능력의 바탕이 된다. 셋째로, 서로 다르고 모방하지 않는 반응을 필요로 하는데, 그것은 아기로 하여금 양육자가 자신의 정서적인 상태를 이해했다는 신호를 보여 주는 분명한 행동이다. 이러한 태도는 다른 양식으로 반응을 보여 준다는 의미인데, 이는 "나는 너의 원하는 바를 알고 있고, 너의 느낌을 박자로, 양식으로, 울림으로, 그리고 너와 동시에 느끼고 있다."고 말해 주는 것과 같다. 마지막으로, 아기에게 정서적 조율이 나타나기 위해 아기는 그 반응을 읽을 수 있고 이해할 수 있어야 한다.

 이런 유형의 조율은 진정한 공감이 부족하다. 이는 양육자로부터 정서적 상태를 정신적으로 분리하는 인지적 과정에 의해 의식적으로 전달되는 것은 아니다. 그럼에도 불구하고, 이런 종류의 정서 조율이 우리의 삶에서 계속된다는 것이 얼마나 중요한 것인가를 생각해 볼 필요가 있다. 그것은 사람들 사이에 언어적 소통이 가능한 때에도 마찬가지로 중요한 일이다. 그리고 우리의 언어적 의사소통이 명료하지 않거나 왜곡될 때 우리가 갖는 정서 조율이 오히려 통찰을 가져다준다는 것을 생각해 볼 필요가 있다. 스턴과 다른 학자들이, 아기들이 그들의 일차 양육자와 그런 정서적 조율을 이루는 방법을 이해하기 위해 연구한 실례들을 보면서 나는 크게 놀라곤 한다. 여기에 몇 개의 예를 들어 보기로 한다 : 우리가 아기들에게 그들과 같이 느끼고, 그들에게 동조한다는 것을 알리기 위해 사용하는 중요한 방법 중의 하나는 아기들의 집중적인 행동에 우리가 집중적으로 반응하는 것이다. 그 좋은 예로, 돌연한 아기의 팔의 움직임의 힘과 엄마가 내는 소리의 반응이 필적하는 것을 들 수 있다. 스턴의 설명을 들어 보기로 하자 :

> 10개월 된 아기가 드디어 조각그림 맞추기의 조각 하나를 갖게 되었다. 그 여자 아기는 엄마를 바라보며 공중에 자신의 고개를 번쩍 쳐들고 힘 있고 활기 있게 자신의 팔을 흔들며 일어나 반쯤 공중에 뛰어올랐다. 엄마는 "그래, 우리 아기."라고 말했다. "그래."라는 말을 강조하는 것이었다. 그러한 엄마의 반응은 아기의 몸짓과 자세가 돌진하도록 해 주는 폭발적인 상승을 가져온다(Stern 1985, 141).

엄마의 반응은 "나는 너를 본다! 나는 너와 함께 기뻐한다! 나는 너와 그 기쁨을 나눈다!"는 의미를 전달한다. 그 반응의 외형을 따라가 보면, 시간이 흐르면서 아기가 보여 주는 집중력의 변화와 반응을 보여 주는 다른 사람의 집중력의 변화가 조화를 이루고 있음을 보게 된다. 또 다른 예를 살펴보기로 하자 :

> 10개월 된 여자 아기가 엄마와 재미있는 일을 만들고는 엄마를 바라본다. 아기는 입을 크게 벌리고 눈을 크게 뜨고, 눈썹을 추켜세우고는 다시 정상으로 되돌렸다. 그것은 외형이 부드러운 아치로 대표되는 변화의 연속이었다. 엄마는 소리를 크고, 작게 내면서 "그래?"라고 반응했다(Stern 1985, 140).

혹은 정기적인 맥박의 박동과 부모의 반응이 조화되는 경우를 보자 :

> 9개월 된 남자 아기가 부드러운 장난감을 손으로 치고 있는데, 처음에는 화가 조금 나서 그랬지만 점차적으로 즐겁고, 기쁘고, 유머를 가지고 그 행동을 하게 된다. 아기는 한결같은 리듬을 유지한다. 엄마는 그 리듬에 빠져들면서, "카-아 밤, 카-아 밤."이라고 말했다. '밤'은 어르는 것을 시작하고, '카-아'는 준비된 들어 올리기와 떨어지기 전에 팔을 높이 들어 올리려는 스릴 넘치는 잡기이다(Stern 1985, 140).

이러한 예들은 돌보는 사람과 아기 사이의 감정의 조율을 보여 주는 신호이며, 동시에 감정의 상호성을 형성하는 일종의 감각-통합적 반응을 가리키는 것이다. 조율은 분리된 일화들의 집합이나 혹은 범주적인 감정이라기보다는 역동적이고 지속되는 과정이다. 이러한 행동의 의식화(儀式化)에서 우리는 언어-이전적, 상징-이전적, 그러나 아직은 원형적인 상징 행동을 보고 있는 것이다. 여기서 우리는 같은 종류의 언어(analog)의 사용과 상징적인 몸짓과 움직임을 통해 의사소통을 하고 있음을 보고 있는 것이다. 우리는 아기와 돌보는 사람 사이에서 일어나고 있는 더욱 의식(意識)적이고 협조적인 의식화(儀式化)를 보는 것이다.

스턴은 아래의 인용구에서 정서 조율에 대한 그의 논의를 통하여 가장 흥미로운 가능성들 중 하나를 공개하고 있다. 조율과 관련하여 프랑스와 스위스 학자들의 창의적인 연구들을 제시하면서, 스턴은 신앙과 영에 대한 특별한 의미가 있는 것으로 보이는 이 현상의 범위에 관하여 말하고 있다 :

그 학자들은 어머니의 '의미'를 그들이 관찰하는 현재 아기의 모습에만 비추어 보는 것이 아니라, 아기는 누구이며 어떤 사람이 될 것인가에 관한 그들의 환상에도 기초하여 바라보았다. 그들에게 상호주관성은 궁극적으로 상호 환상(interfantasy)이다. 이 일단의 학자들은, 양육자가 가지고 있는 환상들이 아기의 행동과 궁극적으로는 아기 자신의 환상을 형성하는 데 어떻게 영향을 미치는가를 묻는다. 이런 상호 환상의 상호작용은 은밀한 수준에서 일어나는 상호 인간적 의미의 형식을 가진다. 이러한 의미들의 창조는 '환상적 상호작용'이라고 불린다(Stern 1985, 134).

어머니의 환상이 아기의 조율을 가능하게 해 주는 것은 누가복음 2 : 18~19의 말씀에 특별한 의미를 준다. 이 구절은 목자들이 새로 태어난 아기와 어머니를 방문한 후의 말씀이다 : "듣는 자가 다 목자들이 그들에게 말한 것들을 놀랍게 여기되 마리아는 이 모든 말을 마음에 새기어 생각하니라"(개역개정 4판).

신앙의 세 개의 구조는 바로 이 자아 됨의 상호주관적 단계와 함께 부상된다. 아기와 양육자 사이에 세 번째 실재들이 나타나는데, 거기에는 그들 사이에 존재하는 세 번째 실재로서의 공유된 환상이 포함된다. 그리고 그 '세 번째들'과 연결되는 것으로, 언어 이전의 공유된 의미들이 있다. 우리가 앞에서 언급했던 핵심적 자아 수준에서 나타나는 현존의 재확인감인 '불러낸 동반자'가 이렇게 복잡한 정서의 조율과 상징화 작업에 기여한다는 사실은 흥미 있는 일이다.

언어적 자아와 상징화의 탄생

우리는 이제 자아 됨의 네 번째 수준인 언어적 자아(Stern 1985, chap. 8)에 도달했다. 언어적 자아의 경험이 시작되면서 상징화의 탄생이 신앙에 어떻게 공헌하는가에 대하여 알아보기로 한다. 15개월 된 나의 큰 딸 조운(Joan)은, 내가 대학원에 재학 중이던 시절 (이런 일은 물론 프로이트 학파가 경고한 일이었지만) 아기의 침실이 없는 작은 학생 아파트에서 부모와 같은 방을 쓰면서 살았다. 그 아이는 대학원 학생이 늦게까지 공부해야 하는 현실과는 상관없이, 아침 6시에 일어나 세상을 깨우곤 했다. 그리고는 이름을 붙이면서 세상을 재구성해 나가곤 했다. 자기 침대 위에 서서는 전등을 가리키며 "던등!"(Yite)이라고 소리치고는, 아직 잠이 깨지 않은 엄마와 아빠가 "그래, 그게 전등이야."라는 말을 하도록 강요하곤 했다. 그 아이는 그 방의 물건 중에 자기가 알고 있는 15~18개의 이름을 부르곤 했다. 이러한 즐거운 의식(儀式)을 끝내고 난 후에야 그 아이의 하루는 비로소 시작되곤 했다. 세상은 재구성되고, 이름을 부르고, 모든 것은 그 자리에 있었다. 우리는 이러한 확인 의식을 나눈 후에야 하루의 일과를 시작하였다. 아이가 이름을 가진 물건들과 그 물건을 잡거나 가리키는 것만으로 황홀한 발견을 하는 것을 우리는 보았다. 인간은 이름을 가지며, 우리 앞에 없는 물건이나 일들에 대해, 그리고 생각이나 감정에 관한 것까지 말한다. 인간의 삶에서 언어의 시작과 의식적인 상징화를 사용하는 일은 진정 유쾌하게 새로운 발자국을 떼는 것이라고 할 수 있다.

〈도형 2〉에 인용한 모든 학자들이 지적한 대로, 언어적 자아의 탄생은 중대한 시기와 교류한다. 에릭슨은 언어적 자아의 출현을 기본적 신뢰감

대 불신감의 시기에서, 자율성 대 수치심과 회의감의 시기로 옮겨 가는 결정적 시기로 보고 있다. 한편 피아제는 감각운동적 앎에서 전조작적 앎의 시기로 넘어가는 지점으로 보고 있으며, 신앙 발달 이론에서는 이 시기를 원시적 신앙에서 직관적-투사적 신앙의 단계로 옮겨 가는 입구로 보고 있다. 그렇다면 언어와 상징과 이미지, 그리고 대상(object)의 시작이 그토록 중요한 이유는 어디에 있는지 살펴볼 필요가 있을 것이다.

언어적 상징의 시작과 사용은 유쾌하고, 자유로우며, 소외와 의사소통에서 충만한 잠재성을 가지고 있다. 이때가 되면 더 이상 무엇을 가리키거나, 몸짓을 하거나 혹은 얼굴 표정을 짓는 데 제한을 받지 않게 된다. 더 이상 현재 구체적으로 존재하고 있는 대상과 의사소통하는 데 제한이 없다. 멀리 떨어져 있는 대상이나 사람에 대한 이야기를 할 수 있게 되며, 느낌들이나 실체가 없는 경험의 영역에 대하여 말하기 시작하게 된다. 사람이나 관계에 대하여 이름을 붙이거나, 특징에 대한 표현을 하기 시작한다. 물론 이 모든 것은 기초적인 방식으로 시작되며, 또한 매우 구체적으로 시작된다. 그러나 우리가 목격한 자아 됨의 각 수준에서 부상한 능력들은 의사소통에서 감정의 중요성을 배경에 깔고 있다. 위의 학자들은 또한 상징적인 의사소통과 표현의 자연적인 전조(前兆)에 대해서도 지적한다. 우리는 언어 이전의 어린이가 경험을 형성하는 과정에서 이러한 감각-통합적 능력을 예견하는 것을 보았다. 우리는 그것을 구성하는 능력과 불러낸 동반자에 의해 위로받는 것에서 보았으며, 사건들을 일반화시키고, 사람들과 의식들을 작업 모델로 만드는 능력에서 그것을 보았다. 더 나아가, 우리는 그것을 정서 조율에서도 보았다. 이 모든 특징들은 기호와 상징, 은유와 같은 종류의 말, 설화와 운율을 사용하여 능력들을 만들어 내는 증거이다.

언어와 상징화는 놀라운 새 가능성을 창조한다. 그것은 대상들과 사람들과 느낌들과 공유된 이해들에 관하여 소통할 수 있는 능력을 가져다준다. 언어와 상징화는 인간이 경험한 세계에 대한 관점의 공유된 고찰을 가능하게 해 준다. 그들은 우리에게 인간 경험의 목적으로서 세계를 멈추게 하고, 심문할 수 있는 능력도 준다. 점차적으로 인간은 그가 고찰한 정도까지 혹은 다른 사람들과의 공통된 고려의 경지까지 경험의 영역을 유지할 수 있게 된다. 그러나 경험에 이름을 짓고 상징화하는 일은, 결코 충분히 적절하거나 완전하게 완성되는 것은 아니다. 인간이 자신의 경험과 지식과 감정과 소통하려는 노력은 언제나 한편으로는 인간이 무엇을 보았고 느꼈는지의 문제와 또 한편으로 그것에 대해 어떻게 무엇을 말해야 하는가의 문제에 직면하게 되는 것이다.

마이클 폴라니(Michael Polanyi)는 그의 책, 「암묵적 영역」(*The Tacit Dimension*)에서 이것에 대해 간결하게 서술해 주고 있다 : "우리는 우리가 말할 수 있는 것보다 더 많이 알고 있다"(Polanyi 1967, 4). 그는 우리가 알고 있는 것과 행동하는 것의 대부분은 우리의 의식에서나, 그리고 소통할 수 있는 능력 밖에서 일어나고 있음을 일깨워 주었다. 우리의 앎에서 이토록 중요한 측면을 '암묵적 영역'이라고 부른다. 인간의 자아감은 핵심적 자아와 주관적 자아의 수준에서는 언어 이전 상태인 심오하고 연속적인 부분을 가지고 있다. 인간의 어떤 측면들과 의미들은 언어로 표현할 수 있지만, 그것은 언제나 의미심장한 왜곡과 의미 축소라는 희생을 동반한다. 18개월에서 초기 유아기에 이르기까지, 인간은 언어와 상징들을 확보하여 다른 사람들과 의사소통할 수 있는 놀랄 만한 발달을 이룬다. 그럼에도 불구하고, 이 시기에 그것은 시작의 과정일 뿐이다. 인간은 평생을 통하여 우리가 중요하게 생각하는 앎과 경험을 표현하기 위해 노력한다. 단어들과 상징들은 점점 더 중요해지고 도움이 되지만, 자신과 의미들에 대한 언어적이고 상징적인 표현은 언제나 인간의 경험이 지니고 있는 풍요롭고 충만함을 단어로 만들어 내는 데 한계를 갖게 되는 위험을 안고 있으며, 때로 그것은 피할 수 없는 일로 보인다.

언어와 자아 됨 : 거짓 자아에 대한 위험

스턴이 언어 이전에 도래한다고 주장한 주관적 자아는 영아가 자신을 타인과 분리할 때 경험하는 것이다. 그러나 그런 자아 됨의 감각은 아직 자아인식의 대상은 아니다. 언어와 상징의 출현과 함께 영아는 자신과 넓은 세상에 대하여 객관화하고, 왜곡하고, 초월할 수 있는 경험을 마음대로 할 수 있는 도구들을 갖게 되었다. 출생부터 일 년 반 사이의 언어 이전의 영아가 경험하는 소외와 왜곡은 무엇인가? 스턴은 이를 최초의 관계 안에서 경험된 '나르시스적 상처'라는 모호한 말로 설명하면서, '원초적 고통들'이라고 불렀다. 이런 고통들은 이름이 없는 것으로서, 인간이 언어로써 그것들에 대하여 말하거나, 그것에 대해 생각하고 '나는 고통스럽다'고 표현할 수 있는 능력을 갖기 이전에 겪는 것이다. 인간은 말로 표현할 수 없는 고통을 주고, 그 고통들에 관하여 반성적으로 소통할 수 있는 방법이 없는 원초적인 고통들을 지니고 있다. 어떤 면에서는, 이 단계에서 인간은 단순히 고통 앞에 놓여 있다고 할 수 있다. 그럼에도 불구하고 스턴은 신경증적 불안의 경험과 왜곡된 방어기제의 형성은 언어의 사용을 통해 자아가 대상으로서 경험된 이후에야 발생한다는 주장을 하는 것으로 보인다. 그는 아기가 핵심적, 상호주관적 관계성에서 분열을 경험할 수 있음을 시사하고 있지만, 불안은 '존재의 끝에 대한 두려움' 혹은 설명과 객관화를 통하여 자신의 위치를 확인하는 데 필요한 '사랑의 끝'에 대한 두려움, 당장 찾아올 미래의 대상으로서의 두려움이라고 주장한다. 그러므로 스턴은 진정한 불안의 경험은 언어 이후의 문제라고 보는 것이다. 실제적인 불안은 인간이 언어적 자아의 감각을 획득한 이후에 오는 것이다. 지금까지 내가 이해한 스턴의 입장에 근거해 볼 때, 내 견해는 그와 차이가 있다고 생각한다. 나는 자아 됨의 출현이 나타나는 각 수준에서, 상호성, 가치, 공유된 의미와 유기체적 안녕이 아기에게 위험하거나 위태로운 환경을 의미하는 것으로 생각한다. 인간은 이 모든 단계에서 취약하다. 아기의 자아-인식이 이러한 경험들을 파악하는 동안, 언어의 시작 이후까지는 형태를 취하지 않을 것이다. 자아 됨의 각 단계에서 학대를 받거나 심각하게 거부를 당하는 경험을 했을 경우, 이는 자아 형성에 깊고도 영구적인 영향을 미칠 것이다.

어떤 경우에도, 소외와 수치와 회의감을 경험할 수 있는 새로운 가능성은 언어의 시작과 함께 시작된다는 것이다. 거울에 비친 자신을 보며 자기 자신도 모르게 코에 붉은 점이 생긴 것을 발견한 18개월 된 아이는 그의 얼굴에 있는 붉은 점을 가리킨다. 얼마 지나지 않아 아이는 '나', '내게', '내 것'이라는 말을 적절하게 사용한다. 이 시기에 있는 아이들은 또한 가족들을 모사(模寫)하기 시작하는데, 이때 대개 인형을 가족들과 짝을 짓는다. 그리고 가족사진에 관심을 갖는다. 아이는 신체적 자아를 자아로 인식하기 시작하며, 자아와 의미 있는 타인들의 대상을 기억에 담기 시작한다(Stern 1985, 165-167). 아이는 지금 그의 짧은 생애 중 처음으로 상호성을 추구하는 데 있어서 부모와 정신적으로 투명한 관계를 맺거나 혹은 소외되거나를 결정짓기 위해 줄다리기를 하는 위치에 서게 되었다. 아이는 이제 그가 드러낼 것인가, 드러내지 않을 것인가에 대하여 생각하며 선택하는 시기가 되었으며, 그 선택의 근거는 드러냈을 때 그것이 자신에게 안전할 것인가 아닌가에 있다.

내적이거나 외적인 위협의 경험에 직면했을 때, 인간은 자신의 통전성을 유지하는 일을 왜곡된 방어기제가 될 가능성이 있는 억압, 부인, 거부와 같은 것을 통하여 시도할 수 있다. 이런 종류의 왜곡된 방어기제가 나타나는 각각의 경우에 경험과 감정 사이의 길, 감정과 언어 사이, 언어와 경험 사이는 차단되거나 파괴된다. 방어기제들은 이렇게 경험과 감정, 그리고 언어 사이의 연결을 파괴시킨다. 그리고 우리는 의식적으로, 무의식적으로, 소규모로 혹은 대규모로 다른 사람들과 우리 자신을 기만하게 된다. 이러한 문제들은 몇몇 학자들이 말하는 '거짓 자아'(예컨대, D. W. Winnicott and Alice Miller 등을 들 수 있다.)의 구조를 생성시킨다. 다시 말하면, 자아와 타인에 대한 자아표상은 약하거나, 아주 심각하게 착취당하고, 왜곡되거나 학대당하는 관계적 상황의 와중에서 생존이 가능하고 견딜 수 있게 해 준다. 거짓 자아는 아이가 사랑과 보호를 받기 위해 의존했던 사람들에 의해 가치 있는 것으로 인정받은 자아의 이상적인 이미지들에게 필요한 과잉 동일시로 인해 만들어질 수 있다. 이러한 상황이 심각해지면 개인의 욕구나 바람을 표현하는 것을 극단적으로 심하게 막거나 금기시하는 자아에 대한 순응을 가져올 수 있다. 거짓 자아는 전형적인 이중 구속의 상황에 처했을 때, 아이가 상호적으로 모순된 요구를 받는 가족관계에서 필요해져 사용하는 뒤틀린 태도이다.

거짓 자아는 관계적 모형이 심각하게 위협받는 경우에 생존을 위한 하나의 전략이라고 볼 수 있다. 그것은 아이 자신이 언어 이전의 경험에서 맺는 관계와 그 경험에 의존하게 하는 것을 돕는 역할을 한다. 그리고 그것이 지니고 있는 방어 전략들은 아이가 진정한 자아를 형성하는 것에 반하여, 무능한 가족의 관계 맺는 방법인 부인과 거짓말로 일관하는 구조를 필요로 한다. 이러한 상황은 주관적 자아의 과거 경험들과 객관적 자아의 현재 경험들 간에 비현실성과 심각한 단절을 야기한다. 이런 종류의 방어기제가 계속된다면 거짓 자아는 강화될 가능성이 높다. 이는 언어 이전 자아가 입은 상처와 진정한 자아의 부족한 것을 보호해 줄 수는 있겠지만, 어떤 면에서는 앞으로 아이의 계속적인 성장을 보장하는 자아됨의 초기 발달의 원초적 경험들로부터 분리되고 단절되는 결과를 가져올 수도 있을 것이다. 더 나아가, 아이는 진정한 자아와 자아의 내면에 자리하게 될 의지할 만한 타인들의 현존으로부터, 그리고 상호적 미래로 나아가는 통합의 길에서 낙오할 수 있다(참고. Stern 1985, 209-210, 227-228).

언어, 의식화, 의미

언어적 자아의 발생과 함께 의미는 언어와 상징으로 소통된다. 의미는 아이와 타인들 사이에 새로운 상호성의 수준을 만들어 준다. 이는 마틴 부버(Martin Buber)가 주장하는 인간의 관계 사이에서 발생되고, 중재되는 영적인 연결이다. 관계에서 나-너(I-Thou)의 특성이라고 할 수 있는 이것은 상징적·언어적 상호성의 본질이다. 언어가 거리를 두고 분리하는 도구인 것과 같이, 그것은 또한 소통의 도구이기도 하다. 차이가 나는 마음과 경험 세계를 표현해 주는 매체인 말은 영적인 연합과 공유된 의미의 삽화에서 연합될 수 있다. 캐더린 넬슨(Katherine Nelson), 제롬 브루너(Jerome Brunner)와 그의 동료들은 남자 동생이 태어난 두 살짜리 여자아이가 잠자리에서 아버지를 자기 옆에 두기 위해 온갖 방법을 사용하는 에피소드를 묘사해 주고 있다. 아버지가 결국 떠나게 되면 아이는 계속적인 독백으로 아버지의 음성과 습관적 행동을 흉내 낸다. 아버지의 언어습관을 연습하는 것 외에도, 이 여자아이는 아버지의 전체적인 현존을 내면화한 것을 실행하는 것이기도 하다. 만일 이와 같은 일에 성공한다면, 이 아이는 아버지의 현존을 유지할 수 있는 대리자(일종의 심리적인 아버지)를 얻게 된다고 할 수 있다. 이렇게 하여 아이는 자율성을 얻게 되고, 아버지가 신체적으로 옆에 없어도 된다는 것을 인식하게 된다. 아이는 이 단순한 잠자리에서 행하는 의식을 통해 아버지의 상징체계와 습관에 참여하게 되었기 때문에 아버지와 친교를 하게 된 것이다(Stern 1985, 172-174에서 인용). 그러므로 이것은 소외와 반대되는 것이다. 우선 아이가 거짓 자아를 형성하지 않도록 한다. 내면으로부터 오는 성장에서 발산되는 힘은 미래에 올 언어와 의식(儀式)의 초월적인 혹은 성스러운 힘과 만나게 되며, 상대적으로 진정한 자아는 이러한 초기의 상호 인간적인 관계에서 단단하게 다져지게 된다.

　그 어떤 사회 과학자에 비해 에릭슨이야말로 인간이 발달하는 각 단계에서의 삶이 어떻게 온전한 성인으로서 의식화시키고 의식의 집행자로서의 능력을 갖게 되었는가를 말해 준 학자라는 점에서 타의 추종을 불허한다고 할 수 있을 것이다(Erikson, 1977). 신생아기에 인간은 자신이 전적으로 의존할 수 있는 현존 안에 있으며, 또한 강력한 힘을 가진 사람의 돌봄 아래 있음을 처음으로 인식하게 된다. 아기는 먹여 주고, 달래고, 씻겨 주고, 잠자리에 재우고, 깨어나는 것과 같은 매일의 의식에서 자신이 누군가의 돌봄 아래 있음을 인식하게 된다. 그러나 이러한 매일의 의식에서 아기는 또한 아기의 이름을 부르는 소리를 들으면서 정체성을 갖게 된다. 이름이 불리고, 돌보는 사람에게 이름이 주어지는 인정의 상호성 안에서 인간은 에릭슨이 말한 신비하고, 초월적인 성스러운 존재인 누미노스에 대한 최초의 경험을 하게 된다. 그런 성스러움에 대한 경험은 초월적인 '불러낸 동반자'에 대한 앞에서의 논의를 상기시켜 준다. 종교적 전통과 제도적인 종교들은 인간을 성스러운 존재와 관계 지어 주는 기본적인 돌봄의 의식을 갖기 위해 그것을 인간사회에서 발달시켜 왔다. 우리가 신적인 존재를 인식하게 하는 재현과 의식들에 관하여 에릭슨은 다음과 같이 말했다.

> 적절한 몸짓으로 믿는 자(者)는 자신의 의존성과 어린아이와 같은 신앙을 고백하고, 알맞게 봉헌함으로 신의 품속으로 들어 올려지는 특권을 보장받기를 추구하게 되는데, 그것은 우리를 내려다보며 희미한 미소로 부드럽게 응답하는 모습을 보았기 때문일 수 있다(Erikson 1977, 89-90).

에릭슨에게 있어서, 인간에게 가장 최초로, 그리고 자주 나타나는 종교적 향수(nostalgia) 중에 하나는 아기를 축복하는 얼굴과 인정해 주는 시선을 그리워하는 것이라고 볼 수 있다. 기독교의 성만찬과 같은 의식에 참여했을 때 우리가 원하는 것은 초월자에게 인정받는다는 느낌과 그것으로부터 오는 축복이다. 모든 정체성과 의식화에서의 본질적이고 지속되는 요인을 밝히면서, 에릭슨은 "신적인 존재는 우리에게 분리의 초월과 특성의 확인을 보증해 준다."(Erikson 1977, 90)고 말했다. 분리의 초월이란 우리가 실제로 궁극적이고 우주적인 어떤 존재에게 속해 있고, 또한 참여한다는 뜻이다. 그리고 특성의 확인은, 우리는 우리 자신만의 가치와 권위를 가진 존재로서, 진정으로 개별적인 창조물로서 인정받고 축복받는다는 의미이다. 그리고 이 둘은 서로 연결되어 있다. 이것은 존재하는 모든 이들의 상호적 인정에 의해 새로워지는 '나'라고 하는 영적인 감각의 기초를 구성해 주며, 이는 모든 것을 감싸 안는 '나는 나'라고 하는 존재 안에서 공유된 신앙으로 결합된다고 에릭슨은 시사하였다.

만일 영아기에 최초로 의식화와 신적인 존재의 상호성을 경험할 수 있다면, 자율성의 단계인 유아기에는 에릭슨이 말하는 '분별 있는' 의식화의 단계와 연결되는 법과 준법성의 감각이 나타난다. 최근에 나는 연방법정에서 증언할 기회가 있었는데, 나는 그때 법정의 권위와 위엄, 그리고 분리됨을 보고 다시 한번 놀랐다. 판사는 법복을 입고 법대의 높은 곳에 앉아 사람들이 접근할 수 없는 거리에 있었다. 우리 증인들은 법정 밖에서 증언할 순서가 될 때까지 기다려야 했다. 적절한 시간에 우리는 공식적인 집행관의 안내에 따라 법정에 들어가 진실만을 말하겠다고 엄숙하게 선서하였다. 그런 후에 우리는 모든 사람이 볼 수 있는 증인석에 앉았다.

법정의 이런 차원은 모든 의식화의 요인이 된다. 왜냐하면 에릭슨이 지적한 바와 같이, 최후의 심판에 이르기까지 어떤 의식도 제재와 허용, 그리고 한계의 밖과의 사이에는 심한 차별을 포함하지 않는 것이 없기 때문이다. 유아기가 되면, 유아는 금기와 허용되지 않는 것과 금지된 일에 대한 인식을 형성하기 시작한다. 유아는 금지를 내면의 위험으로 느끼는 것을 배우게 되는데, 그 위험은 모든 금지와 금기와 한계의 확립에 저항하는 그런 사람이 된다는 것이랄 수 있다. 이런 기준에 따라 유아는 부정적인 정체성으로 기울어질 수 있는 잠재성을 경험하게 된다. 신학적으로, 여기서 우리는 금지된 행위를 한 것에 대한 다원적이고 위험한 죄에 대한 감각이 나타남을 보게 된다. 우리는 또한 우리를 가로막고,

금지로 이끌어 갈 위험이 있는 결핍과 결함에 대한 감각이라고 할 수 있는 죄 많음과 만나게 된다. 이 단계의 의식화에서 중심이 되는 것은 한계와 판단의 기준을 만들어 줄 현명한 권위자를 경험하는 것이다. 그러나 그 권위자는 사랑과 보호에 기반을 두고 자신의 역할을 수행해야 하며, 더 나아가, 올바른 관계를 위해 공정함을 바라는 마음으로 행해야 한다.

다음으로 아동기의 의식화가 가져다줄 공헌을 생각해 보기로 하자. 이 단계는 에릭슨의 인생주기 발달에서 세 번째 단계인 아동기에 해당한다. 이 단계에서는 환상과 가장(假裝)의 능력이 나타나는데, 이런 능력은 이 시기의 아동에게 영웅적이고, 의미 있는 미래의 가능성에 대한 드라마를 시연(試演)해 볼 수 있게 해 준다. '아동기에서의 놀이는 자신과 타인의 이미지를 실험하는 것으로, 이는 정신분석학자들이 말하는 자아 이상(ego ideal)'이라고 에릭슨은 말하고 있다. 자아 이상을 에릭슨은 다음과 같이 설명하고 있다.

> 자아 이상은 적어도 우리를 적절하게 처벌하고 배제하면서도 평가를 하지 않는 이상적인 각색 안에서의 이상적인 배우로서 우리 자신을 상상하게 하여, 우리를 우러러볼 수 있도록 하는 우리 자신의 한 부분이다(Erikson 1977, 101).

이 단계에서의 극적이고, 쾌활한 능력은 모든 연령에서 성만찬과 예배의 드라마에 참여할 때, 적어도 잠재적으로는 창의적으로 만들어 주고, 또한 참여할 준비를 하도록 해 준다. 성스러움의 지혜롭고 초월적인 실재가 지닌 고귀한 권위와 결부시켜 생각해 보면, 극적인 능력은 거룩한 존재의 현상, 현존, 그리고 권능을 재현하고 축하하는 데 있어서 우리를 다른 사람들과 함께할 수 있게 해 준다.

초기 아동기와 '하나님의 탄생'

아동기의 신앙 발달에 관한 어떤 설명에서도 인간의 마음에서 신 혹은 하나님에 대한 대상의 형성을 무시한다면 결코 충분히 이해될 수 없을 것이다. 루드비히 포이에르바흐(Ludwig Feuerbach), 프리드리히 니체(Friedrich Nietzsche), 그리고 지그문트 프로이트(Sigmund Freud)는 하나님의 탄생에 관하여 매우 강력한 환원주의적인 주장을 폈는데, 이러한 주장의 핵심은 하나님은 인간의 힘을 투사한 것이거나 혹은 우주라는 스크린에 의지하고 싶은 욕구의 표현이라는 데 있다. 아동기에 하나님 이미지를 구성하는 데 대한 귀중한 근거를 찾기 위해서는, 안나 마리아 리주토(Ana-Maria Rizzuto)의 연구와 그의 책「살아 있는 하나님의 탄생」(The Birth of the Living God)을 소개하고 싶다. 정신과 의사인 리주토는 열렬한 천주교 신자이자, 비록 신프로이트 학파에 속하지만, 프로이트 학파의 정신분석학 학자이고 치료가였다. 여기서의 토론을 잘 따라가기 위해서는 앞에서 소개한 〈도형 2〉에 정리한 리주토의 부분으로 돌아갈 필요가 있다. 그 전에 나는 그의 책의 내용을 간단히 요약 설명함으로써 그녀의 핵심적인 생각을 살펴보려고 한다.

첫째로, 리주토는 대략 6세 정도에 이른 모든 아동들은 하나님 이미지 혹은 하나님 표상을 구성한다고 주장한다. 분명하게 말하고 싶은 것은, 믿지 않거나, 지원을 받지 않아도, 하나님 표상을 갖는 것이 가능하다는 것이다. 더 나아가, 그 표상이 아동의 마음에 귀속되어 있다고 해서 그가 가진 하나님의 이미지가 긍정적이고 믿을 만한 것이라는 의미도 아니다. 그러나 거의 모든 아동들은 그런 표상을 구성한다고 리주토는 강조한다. 우리의 연구결과를 보아도 이런 주장이 옳다는 것이 증명되었다.

위의 주장과 관련된 나의 연구 중에서 가장 흥미 있는 사례는, 아동 목회를 하고 있는 부부의 6세 된 딸의 인터뷰에서 찾게 되었다. 이 부부는 어린 시절에 신앙과 교회에 대한 매우 부정적인 경험을 한 사람들이었기 때문에, 자신들의 자녀가 어떤 종류의 종교적인 언어에도 노출되지 않도록 '보호'하겠다고 결심하였다. 그들은 자신의 자녀를 건강하게 키우려고 노력해 왔다. 그런데 우리가 그 여자아이를 인터뷰한 결과, 이 부부가 자신의 자녀가 자라는 환경에서 하나님을 배제시키려고 노력해 온 것이 성공적이지 못했다는 것을 알 수 있었다. 이 아이는 비록 원시적이지만, 매우 흥미 있는 하나님 표상을 구성하고 있음을 발견하였다. 그 여아의 영적인 갈망이 내재되어 있는 동안, 우리는 그의 하나님 표상을 자극해 주는 두 개의 기본적인 근원을 발견하였다. 그 하나는 당시에 매우 인기 있던 텔레비전 드라마 "보난자"(Bonanza)였다. 당신이 만일 그 유명한 서부 개척 시대를 배경으로 하는 드라마에 등장하는 리틀 조와 호스와 아버지인 카트라이트를 중심으로 목장에서 이루어지는 삶의 이야기를 기억한다면, 때때로 결혼이나 장례들이 묘사되었던 것도 기억할 것이다. 이 드라마의 이야기들은 종교적으로 결핍된 그 여아에게 분명히 아주 강한 인상을 주었을 것이다. 기도를 누구에게 하는 것인지, 찬송가는 무엇을 의미하는지에 대한 물음에 자극받았을 것이다. 더욱 만족스럽고 이해할 수 있게 해 준 것은 미국 루터교회에서 구약의 다윗과 골리앗의 주제를 바탕으로 하여 제작된 어린이용 텔레비전 만화 "어린 소년 데이비와 그의 개 골리앗"(Davy and Goliath) 시리즈였는데, 이 시리즈도 매주 모험심을 불러일으켜 주었을 것이다. 매주 방영되는 그 만화 영화에서 데

이비가 친구들과 모르는 사람들에게 사랑과 돌봄을 베푸는 이야기를 보면서, 그 아이는 그런 행동의 근거는 하나님으로부터라는 것을 인식하였다. 데이비와 그의 부모가 드리는 기도 소리를 들으면서, 그 아이는 자신이 하나님의 확실한 친구라는 생각을 갖게 되었다. 자신에게 금지된 관심사를 추구하면서 성장해 온 이 아이의 삶은, 리주토가 말하는 이 사회에 존재하는 모든 아동들은 아주 다양한 원천으로부터 어떤 종류이든 하나님 혹은 신 표상을 갖게 된다는 사실을 보여 주는 좋은 예라고 하겠다.

둘째로, 리주토는 프로이트가 하나님 표상은 남자아이가 인자하지만 엄격한 아버지 이미지를 하늘에 투사함으로써 오이디푸스 콤플렉스와 거세 불안을 해결하는 과정에서 형성된다고 한 주장을 받아들이지 않는다. 그는 투사의 역동성을 분석하는 것은 중요한 일이겠으나, 세 가지 이유 때문에 프로이트의 입장을 거부한다고 하였다. 첫째 이유는, 여자아이는 어떻게, 그리고 왜 하나님 표상을 구성하는가를 설명해 주지 않기 때문에 불완전하다는 것이다. 둘째 이유는, 이 역시 매우 중요한 것인데, 그는 하나님 표상은 오이디푸스 이전인 초기 영아기에 그 기원이 있기 때문이라고 주장한다. 셋째 이유는, 가장 중요한 것인데, 연구 결과에 의하면 하나님 표상에는 아버지와 어머니의 면모와 더불어, 아동의 삶에 참여했던 의미 있는 어른들도 모두 참여한다고 보기 때문이다.

셋째로, 리주토는 하나님 표상은 부모와 아동 사이의 공간에서 형성된다는 주제를 제시한다 : 이 공간은 위니캇(D. W. Winnicott)이 말한 중간대상(transitional object)을 구성하는 공간과 같은 것이다. 그렇다면 중간대상은 무엇을 의미하는 것인가? 이는 영국의 대상관계 분야에서 사용하는 어휘로서, 가장 중요한 사람들과 맺은 관계에 관하여 논의할 수 있는 언어를 제공해 주는 단어이다. 우리가 중간대상에 대하여 말한다는 것은, 우리가 중요한 타인들과 맺은 관계의 상징적인 표상에 관하여 말하는 것이라는 의미를 가진다. 어린아이들이 끌고 돌아다니는 낡은 담요는 안전과 돌봄, 그리고 현재는 옆에 없는 부모가 언젠가는 돌아올 것이라는 확신의 상징이다. 곰 인형은 부모나 친척들로부터 받는 확고함과 순수함과 사랑의 질을 상징하는 중간대상일 수 있다. 하나님도 그와 같은 공간에서 그 형상이 만들어진다고 생각하는 리주토는 하나님 혹은 신은 확고한 일관성을 가진 의존할 수 있는 존재로, 현존하는 초월적 표상이 된다고 말한다.

넷째로, 하나님은 어떤 유형의 중간대상인가에 대해 설명하면서, 리주토는 하나님은 특별하고 독특한 종류의 중간대상임을 단언한다. 아동들은 그 외에도 괴물의 이미지들, 악마의 표상들, 초 영웅의 묘사에 관한 것들을 구성하는데, 이는 아동기의 특정 시기들에서, 그들의 상상력을 사로잡아 자리 잡은 중간대상들이다. 그러나 하나님은 이 모든 것들과는 전혀 다른 중간대상이다. 왜냐하면 하나님은 상징화가 투사될 수 있는 신체적인 형태로 존재하는 '타인'이 아니기 때문이다. 물론 기독교인들에게는 예수의 사진들이 있다. 우리가 몇몇의 천주교 신자의 가정에서 4~5세와 6세 된 아동들을 인터뷰하면서 하나님에 대한 질문을 했을 때, 가끔 한 아이가 예수의 사진을 가지고 와 우리에게 보여 주었다. 그 아이에게 중간대상은 얼굴을 갖고 있었다. 그러나 그 외의 아이들에게 하나님은 얼굴을 갖고 있지 않았는데, 이는 4세짜리 아동에게 하나님에 대하여 물었을 때 "하나님은 모든 곳에 있어요. 하나님은 마치 공기와 같아요."라고 대답한 것과 같은 맥락에서 볼 수 있을 것이다. 이 여자아이는 신체적인 하나님 표상을 소유하고 있지 않았다.

하나님의 근거에 대한 명확한 모델은 없다. 하나님 표상과 앞에서 언급한 다른 종류의 중간대상들인 악마, 괴물, 초 영웅, 마녀와의 의미 있는 차이는 어른의 세계에서는 하나님을 매우 의미 있게 취급한다는 것이다. 성전들, 예술품들과 건축들, 엄숙한 예식과 화려한 예복을 입고 눈부시게 빛나는 강단에 서서 하나님에 대하여 그들이 가진 가장 성인다운 목소리로 설교하는 인상적인 사람들이 있다. 어린아이들이 정신적이고 감성적인 하나님 표상을 형성하도록 초대하는 하나님의 실재를 강력하게 현실화하는 것들이 있다.

리주토는 환경을 분석하는 매개체로서 말을 시작하는 두 살 반 정도가 되면, 아이들은 사람들이 무엇을 만들고 무슨 일이 일어나도록 한다는 것을 발견하게 된다고 말한다. 이때 우리에게 익숙한 질문들이 시작된다. "이건 뭐야? 이건 누가 만들었어? 왜? 이건 어디서 왔어? 이건 무엇 때문에 있어?" 아이들이 제기하는 사물에 대한 기원(起源)과 원인들에 대한 질문들은 어른들이 별로 관심을 기울이지 않았던 것들로서 종종 부모의 인내심을 시험하는 것이 되며, 부모들은 아이들의 "이건 어디서 왔어?"라는 질문에 급기야는 "하나님이 만들었어. 하나님은 창조자야."라고 대답하곤 한다. 그리고 아이들은 하나님을 창조한 자는 없다는 사실을 배우기 시작한다. 아리스토텔레스(Aristotle)와 같이 아이는 부동의 1인자(Unmoved Mover, the primum mobile)에 대한 개념을 구성한다.

그렇다면 아동은 우리가 하나님이라고 부르는 중간대상을 어떻게 구성하는가? 아동들의 전능하고 신비하고 초월적이고 보호해 주는 혹은 위험한 타자(Other)와 유사한 존재를 찾을 때, 그들은 그런 특성들을 가진 사람들과의 경험, 특히 부모와의 경험에 의존하게 된다. 아동이 하나님 표상을 구성할 때는 그의 부모나 다른 양육자들과의 경험이 사용된다. 아동은 어머니나 아버지 모양이나 어버이 모양의 특성들을 가진 하나님 표상을 만든다.

아동들의 어버이 모델에 근거하여 형성된 하나님 표상은 장점과 효용성을 가지면서, 동시에 어버이 형상에 대한 약점과 맹점을 가진다. 리주토는 아동들은 자기 부모가 가진 부족함을 바로잡고, 그것에 대한 보상을 받기 위해 하나님 표상을 이상화할 수 있다는 점을 시사하고 있다. 실제로 하나님 표상들은 부모가 없거나, 심하게 왜곡된 부모들로부터 받은 상처를 치유해 주고 회복시켜 주고, 또한 대신해 주는 데 큰 역할을 할 수 있다. 우리가 인터뷰를 시작하던 초기인 대략 10여 년 전에, 우리는 5세 전에 한 부모를 잃은 어떤 집단의 사람들을 반복적으로 만나게 되었다. 우리는 종종 이 사람들은 강력한 힘에 연결되어 있는 하나님 표상을 구성하고 있음을 발견했다. 아주 깊고 원초적인 것은 그들의 하나님에 대한 애착인데, 이들을 우리는 '총력자'(totalizer)라고 부른다. 총력자들은 그들이 맺고 있는 하나님과의 관계가 그 자신의 삶에 절대적으로 필요한 요인이어서, 하나님을 잃느니 차라리 자기 자신을 잃는 것이 더 쉬울 것이라는 상상을 한다. 이 사람들에게 의문을 담은 신앙 개념은 별로 의미가 없다. 이들에게 하나님 표상은 어머니나 아버지가 죽은 후 안정감을 찾고 유지하는 데 있어서 매우 의미 있는 요인으로 작용했기 때문에 이런 측면이 나타나는 것이다.

다시 〈도형 2〉로 돌아와서 리주토의 정신분석학적 관점에서 하나님 표상의 구성과 믿음과 불신의 가능성 사이의 관계를 설명한 부분을 간단히 살펴보기로 하자. 〈도형 2〉를 보면, 영아기의 최초의 단계에서 핵심적 자아의 출현에 응하면서 하나님 표상을 구성하는 경험들은 감각적 경험과 최초에 돌보아 주는 사람들의 눈에 비치고, 그것에 응답하는 경험들이 연결된다는 것을 알 수 있다. 하나님 표상을 찾은 사람들은 그 안에서 마음의 쉼을 얻을 수 있고, 그들에게 매우 중요한 일로 보이는 믿을 수 있고, 먹여 주는 것과 연결된 경험을 할 수 있고, 안기고, 양육받고 있고, 반영되고 비추임을 얻을 수 있다고 생각한다. 그러나 믿을 수 없고, 돌보아 주지 않는 하나님 표상을 지닌 사람들은 위와는 반대의 상황이 된다.

자아가 항구성이나 통합의 단계에 속한 24개월에서 30개월 사이에 있는 아기의 삶에서, 하나님 표상은 자아와 의지할 만한 대상, 의지할 만한 타인들 사이의 관계가 복제되고 재집행되는 것을 볼 수 있다. 아기의 삶에서 경험되거나 혹은 중요한 돌보는 사람들과의 사이에 존재하기를 바라는 항구성은, 만일 그것이 교제를 불러일으킬 정도로 충분하다면, 하나님 표상에 투사된다. 그리고 이때 하나님과의 관계에서 진정한 중간 대상을 소유하기 시작한다 : "내가 의지하는 타인이 지금 나와 같이 있지 않아도, 당신이 나와 같이 있음을 느끼게 돼요." 이런 상황을 관찰해 볼 때, 반대로 유아가 우리가 강조하고 있는 항구성을 지니고 있지 않다면 "나는 당신을 느낄 수가 없어요. 당신이 나와 같이 있어도 당신이 있다는 것을 느낄 수가 없어요. 나는 절망했어요."라는 지속적인 느낌을 가져다줄 것이다.

대략 4세경이 되면, 아동은 상징적인 표상들에서 일종의 객관화한 하나님을 발견하게 되는데, 아동은 이를 부모의 부족함들을 보상해 줄 수 있도록 이상화시킨다고 리주토는 주장한다. 이것은 죽음을 알게 되면서 경험하게 되는 불안정함의 와중에서, 보다 안정된 세상을 만들어 준다. 여기서 우리는 하나님이 이상화된 부모의 이미지의 관점에서 구성되었음을 알게 된다. "당신은 굉장해요. 당신은 전능하신 분입니다." 혹은 이와 반대일 수도 있다.

그리고 5세경이 되면 부모와 자아에 대한 일종의 현실주의가 나타나며, 이상화된 하나님의 정도가 축소된다. 리주토의 관점에서 이때 하나님은 사랑하거나 사랑받는 혹은 이와 반대의 경험과 동일시된다. 지금까지 설명한 리주토의 이론보다 훨씬 더 많은 내용들이 소개되어야만 할 것이다. 그의 이론은 인생의 최초의 단계인 영아기에서의 신앙과 자아됨에 관하여 훨씬 더 풍부하고 많은 자극을 주었으며, 또한 관점을 확장시켜 주었다.

결 론

어린아이들의 부모이고, 교사이며, 또한 친구인 우리들에게 아동들이 창조한 완전함을 위한 가능성의 동맹자(同盟者)가 된 것은 매우 큰 특권이라고 생각한다. 지금까지 우리가 초기 아동기의 자아 됨과 신앙의 발달에 관한 다양한 관점에서 광범위하게 분석해 온 바, 아래와 같은 결과를 얻게 되었다 :

1. 어린이는 수태되는 때부터 선천적으로 사회적이며, 이들은 진정한 상호성의 관계에서 어른들과 형제들을 끌어들이고, 또한 그들에게 반응하는 능력을 정상적으로는 우리의 창조주에 의해 타고나며 진화된다. 왜곡과 질병의 양식들은 어린이의 잠재성으로부터의 일탈이지, 잠재성이 나타난 것은 아니다.

2. 부모들과 의미 있는 타인들은 어린이의 초기 몇 개월에서부터 그 이후 몇 년 동안의 삶에서, 우리 대부분이 그동안 배워 왔던 것보다 훨씬 더 중요하다. 그것은 어떤 행동주의자들이 주장하듯이 우리 어른들이 아이에게 자국을 남기거나, 틀을 만들어서가 아니다. 우리가 알아본 모든 아동 발달 연구가들은, 아동의 발달은 본질적으로 상호작용의 문제로서

이는 아동이 어른들과의 관계에서 매우 건설적인 주도성을 갖는다는 의미이다. 그러나 주도성과 응답들, 그리고 언어와 이야기들과 사랑과 함께 풍성해지는 환경을 장악하는 준비는 자아 됨과 신앙의 발달에서 가늠할 수 없을 정도의 중요성을 가진다.

3. 스턴이 확인한 바 있는 언어 이전의 시기에 나타나는 서로 다른 자아의 감각에 대한 관심은, 신앙과 종교적 관여에 대한 중심적인 역동성의 기원에 일부 다가갈 수 있는 길을 제공해 주었다. 2개월 이하의 아기가 지닌 감각-통합적 앎은 상상력의 시작에 대한 단서들을 가져다주었다. 핵심적 자아가 나타나는 동안 '불러낸 동반자'의 상호작용과 구성의 일반화는 의식(儀式)과 '성스러움'에 대한 감각의 기원을 시사해 준다. 생후 1~2년 사이에 조율에 영향을 받는다는 것은 공유된 의미와 영혼의 탄생의 기원을 암시한다. 언어적 자아의 시작에서, 언어와 상징 사용의 시작은 신앙과 종교적 관여에 있어서 상징화의 뿌리를 지적해 준다.

4. 주로 리주토의 연구에 의지한 것으로, 어린이가 하나님 이미지를 구성하는 과정에 대한 설명은 문화와 인간의 삶에서 중심이 되는 종교적 상징이 어떻게 형성되는가를 볼 수 있도록 도와준다. 여기서 강조되어야 할 점은 리주토의 관점이 환원주의와는 관계가 없다는 사실이다. 어린이가 하나님 표상을 구성하는 방법들이 부모의 방법의 차원과 통합된다는 리주토의 연구 자료들은 어린이에게 은총과 계시의 수단이 되는 어른들의 역할이 강조됨을 보여 준다.

이런 자료들은 우리의 취약함과 거부와 학대 속에서는 우리 아이들의 신앙이 생성되는 것이 방해받고, 그들의 영을 심각할 만큼 무력하게 만들 수 있다는 사실을 깊이 깨닫게 해 주었다.

제2장

신앙의 단계와
정서(들)

앞에서 우리는 인생의 최초 몇 개월에서부터 몇 년에 이르기까지 신앙과 자아 됨이 어떻게 형성되는가를 살펴보았다. 우리가 분석해 본 각각의 발달 단계에서 보고, 또한 발견한 것은 정서와 감정이 생각 및 앎과 상호작용한다는 사실이었다. 우리는 동시에 유아가 타인들과 상호작용하는 것이 그 무엇보다도 중요하다는 점에 주의하였는데, 특히 여기서 말하는 중요한 타인들은 유아의 성장에서 돌봄과 확신의 원초적 관계를 제공하고, 유아들의 공유된 삶의 무대에서 경험하는 방식을 구성하며, 그 무대에서 배우가 되는 것을 지원하고 도와주는 사람들을 말한다.

나는 '단계'라는 단어를 의도적으로 사용했는데, 거기에는 두 가지 이유가 있다. 첫째로, 나는 이 단어를 유아의 심리사회적 성장에서 아이가 경험하는 행동과 이해가 눈에 띄게 차이가 나는 시기나 수준을 가리키기 위해 사용했다. 둘째로, 그러나 성장하는 유아가 그의 삶에서 의미 있는 타인과 나누는 상호영향과 상호작용의 무대를 가리키기 위해서도 사용하였다.

위에서 제시한 두 가지 의미에서, 한 개인의 삶이 지속적으로 전개되면서 새로운 단계가 시야에 들어오게 된다. 새로운 능력들과 준비도의 수준들과 함께 인간을 성숙하게 해 주는 특별한 기본 계획은, 우리가 유아기, 아동기, 학동기, 청소년기, 그리고 성인기라고 부르는 새로운 단계들을 가져온다. 이러한 발달 단계들은 사회적이고 제도적인 상호작용의 확대된 단계들에 근거하여 실현된다. 이 단계들을 가로질러 감에 따라 세계는 더욱 확대되고 더욱더 복잡해진다. 우리는 더욱더 자기-반성적이 되고, 다른 사람과의 관계에서 우리 자신을 인식하게 된다. 우리는 수많은 역할들과 책임들을 받아들이게 되며, 이렇게 확대된 단계들에서, 이 드라마들은 우리에게 기쁨과 슬픔, 승리와 패배들을 가져다준다. 우리의 삶에서 이런 드라마들에 참여하면서, 우리는 우리가 살아가는 삶의 이야기를 창조하는 것을 발견하고 돕는다. 어느 누구도 자신의 삶을 만드는 이야기들의 유일한 작가가 될 수 없다. 우리는 다른 사람들과 어울린다 ; 우리는 조직과 공동체들에서 역할들을 발견하게 된다 ; 우리는 우리의 삶의 단계에 도달하여 이미 진행 중인 드라마들 속으로 들어간다. 우리는 우리의 역할들을 찾고, 우리를 감싸 안고 있는 더 확대된 이야기들을 형성하고 재형성하도록 돕는 방법을 찾아야만 한다.

이제 우리는 언어와 이름을 붙이고 모양을 만드는 틀을 가져다주는 관점으로 관심을 돌리려고 한다. 그 관점에 따르면 어린 시절에 형성되는 신앙과 자아가 나이를 먹고 단계가 바뀌어 감에 따라 (앞에서 언급한 두 가지의 의미에서) 계속 변화를 포용한다고 하였다. 우리가 앞 장에서 만났던 에릭슨과 피아제의 이론들은 인생의 단계들에 관하여 말해 주는 이야기에서 우리를 계속 돕고 안내해 줄 것이다. 그 외의 인간 발달을 말하는 학자들도 책이 진행되면서 소개될 것이다. 이 장에서의 대부분의 연구는 이 연구의 동료들과 대학원 학생들과 함께 거의 20년이 넘게 해 온 것에 근거한다. 이렇듯 신앙 발달의 이야기를 신선하게 이야기하면서, 독자들은 발달의 단계들이 우리에게 가져다주는 신앙과 자아 됨의 양식을 형성하고, 재형성하는 과정에서 동반되는 정서와 감정들에 관하여 새로운 명시를 발견하게 될 것이다

신앙, 자아 됨, 그리고 의미의 창조

신앙 발달 이론과 연구는 신앙의 다차원적인 구조에 초점을 맞추어 왔다. 이는 신앙을 사회적 관계들, 개인적 정체성, 그리고 개인적·문화적 의미들을 창조하는 기초로서 본다는 뜻이다(Fowler 1980, 1986a, 1986b, 1987, 1989, 1991, 1995). 우리는 신앙을 인간 존재의 일반적인 특징이라고 주장한다. 이러한 주장이 믿을 만한 것이 되도록 하려면, 우리는 종종 신앙과 동일하게 다루는 인간행위와 관련된 두 개의 양식으로부터 신앙을 차별화해야만 한다 : 그 두 가지는 곧 신념(belief)과 종교(religion)이다. 현대에 들어와서 점점 더 신념은 어떤 특정한 전통이나 집단의 교리들 혹은 이념적인 주장을 성문화(成文化)한 지적인 동의를 명제적으로 진술한 것이라는 의미가 주어져 왔다. 신념이 개인이나 집단이 가진 신앙의 국면이라고는 해도, 그것은 다만 일부분에 불과하다. 신앙은 무의식적인 역동성과 의식적인 인식도 포함한다. 신앙은 심오한 정서적인 차원뿐만 아니라, 인지적 조작(operation)들과 내용들도 또한 포함한다. 신앙은 현대에 들어와 이해된 신념에 비해 더 개인적이고 실존

적으로 정의된다.

  반면에 신앙과 구분해서 본 종교는 과거나 현재 사람들의 신앙을 표현하고, 또한 형성된 무수한 신념들과 관행들로부터 구성된 축적된 전통으로 생각할 수 있다. 축적된 전통의 요소들에는 예술과 건축물이 포함될 수 있다. 곧 상징들, 의식(儀式)들, 설화, 그리고 신화가 있다. 경전들과 교리들, 윤리적 가르침들, 그리고 음악이 있으며, 정의와 자비의 실천들, 또한 그 외의 많은 요소들이 있다. 축적된 전통으로부터 나온 요인들은 현재에 살고 있는 사람들의 신앙의식을 일깨워 주고 형성해 줄 수 있는 원천이 될 수 있다. 오늘의 시대를 살고 있는 세대들에게 축적된 전통으로부터 나온 요인들에 의해 그려지고 형성된 것은 상호적 활력과 헌신의 호혜성을 만들어 준다. 길고 긴 인류의 발전 과정에서 신앙과 종교 사이에 있던 끈은 대체로 헝클어져 버렸다. 다만 현대에 들어와서 많은 사람들이 자신들을 종교적 공동체들과 종교적 신앙으로부터 분리시켰는데, 이 때문에 우리는 종교적 신앙과 보다 일반적이고 보편적인 관점에서 신앙을 구분할 필요가 있다.

  그러므로 보다 포괄적인 의미에서 본 신앙은 신념들과 가치들, 그리고 의미들을 형성하는 데 기초가 되는 핵심적이고 중심이 되는 과정으로 특징지을 수 있다. 신앙은 (1) 한 개인의 삶에 통합성과 방향을 가져다주며, (2) 다른 사람들과 신뢰와 충성심을 나눌 수 있도록 서로를 연결시켜 주고, (3) 사람들이 그들의 삶에서 설 수 있는 위치와 보다 넓은 의미에서 본 관계성에 공동체적 충성심의 기초가 되어 주며, (4) 사람들이 살아가면서 그들의 삶에서 궁극적인 존재로 보여지는 이에게 의지하여 인간 삶의 한계에 직면하고, 그 상황을 해결할 수 있도록 해 준다.

  위에서 말하는 신앙에 관한 사고는 가능한 한 형식적이고, 포괄적이고, 포용적인 의도를 품고 있다. 그런 신앙에 대한 사고는 종교적 신앙의 진술을 포함하면서, 동시에 세속적이거나 혹은 자신의 신념과 가치 지향성이 선택적이라고 묘사되는 사람들이나 집단의 덜 분명한 신앙 지향성도 포함한다. 특수한 내용이 없는 신앙의 묘사는 다음에 고찰할 신앙 단계들이 서술되는 형식적 의도와 상관성이 있다. 신앙의 단계들은 우리의 의식을 뒷받침해 주는 앎과 가치의 모형적 조작들을 설명하는 것을 목표로 한다. 신앙이 변화하는 단계들은 앎과 가치 명시의 조작들을 복잡성과 포괄성, 내적인 차이점과 융통성의 수준과의 관계에서 볼 때 차이가 날 수 있다. 구조주의의 발달적 전통의 연속선상에서 신앙 단계들은 불변하며, 연속적이고, 위계적이다. 나는 신앙의 단계들을 보편적인 단계들이라고 부르지 않는다.

신앙의 단계들 : 개관

만일 우리가 신앙 발달의 이해를 위한 작업을 시작하려면, 아래에서 서술되는 신앙의 단계들과 그 단계들이 가져오는 변화들에서 중요한 것으로 받아들여야만 하는 요인들 간의 복잡한 상호작용이 존재한다는 사실을 인정해야 한다. 그 상호작용들에는 생물학적 성숙, 정서적-인지적 발달, 심리사회적 경험, 그리고 종교-문화적 영향들이 포함된다. 인지적·정서적 행동에 대한 뇌 기능과 관련된 새로운 지식은 신앙의 기초가 되는 신경생리학 연구를 위한 풍부한 장을 열어 주는 시초가 될 것이다. 신앙 발달은 인간의 성장과 변화를 가져오는 이 모든 분야의 차원들과 연결되기 때문이다. 그러나 한 단계에서 다음 단계로 이동하는 것이 자동적이거나 확실한 것은 아니다. 어떤 사람들은 연령과 생물학적으로는 성인기에 도달하지만, 가장 일반적으로 보아 아동 초기나 후기 혹은 청소년기와 연결된 신앙의 구조적 단계에 머물러 있는 경우가 있다. 그러면 신앙 단계들을 서술해 보기로 하자.

원시적 신앙
(Primal Faith, 영아기)

나는 독자들이 가장 초기의 신앙 단계들의 서술을 살펴볼 때, 앞 장에서 추구했던 이 단계의 매우 풍요로운 탐구를 기억하기를 희망한다. 여기서 생후 몇 개월 동안의 신앙과 자아 됨의 발달을 보다 간결하게 설명해 보려고 한다 : 첫 단계에서 언어 이전에 나타나는 신뢰의 경향은 영아 발달의 시기에 나타나는 분리와 자기-분화에 대한 인지적이고 정서적인 경험들의 연속에서 오는 피할 수 없는 불안과 불신을 상쇄해 주는 부모와 다른 양육자들과 맺는 관계의 상호성에서 형성되는 것이다. 이런 신뢰의 경향은 신체적 접촉과 돌봄을 포함한다 ; 목소리와 시각의 상호작용 ; 먹여 주고 안아 주고 초기의 놀이와 연결되는 의식화된 상호작용 ; 그리고 양육자와 영아의 관계에서 필요로 하는 조율에 영향을 주는 상호 인간적 발달이 포함된다. 이러한 요인들은 자아와 최초로 만난 타인들에게서 일관성과 신뢰도를 발견하고, 그들과 애착관계를 형성하고, 부모의 양육에서 아기에게 전달된 책임들이 확대된 가치와 의미를 신뢰하는 경향의 형성을 활성화해 준다. 불안과 불신감은 그 나름대로의 발달 양식을 드러내는데, 이 문제는 양육자의 일관성과 믿을 만한 양육 태도의 도움으로 상쇄될 수 있을 것이다(Erikson 1963 ; Stern 1985 ; Fowler 1989).

영아는 원시적 신앙의 시기에 오직 점진적으로만 자아와 대상의 분리를 이룬다. 그들의 상호성의 경험들, 일관성 있고 왜곡되지 않은 반영(mirroring)의 경험들, 그리고 의미와 의지할 만함을 보여 주는 비형식적인 의식(儀式)들에 대한 경험들은 아기에게 자신의 삶의 공간에 대한 안정감을 확인해 주는 데 매우 중요한 기능을 한다. 아기의 관계적 환경에서 의미심장한 결손들과 왜곡들은 신체적이고 정서적 안녕에 위험을 가져올 수 있으며, 그것은 또한 자아와 타인들과 더욱 확대된 환경에 대한 근본적인 불신을 가져다줄 수 있다.

직관적 – 투사적 신앙
(Intuitive – Projective Faith, 초기 아동기)

아이가 언어를 사용하여 자아와 외부의 대상들과 소통을 시작할 때부터 우리는 경험의 정서적이고 지각적인 순서에 근거하여 의미를 창조하는 양식이 나타나는 것을 보게 된다. 아직 일관성 있는 논리적 조작에 의해 훈련받은 것은 아니지만, 상상력은 이야기와 상징, 꿈과 경험에 반응하게 된다. 상상력은 이렇게 하여 이미지의 형성을 시도하게 되는데, 이미지는 어린이가 매일의 생활과 그 주변을 에워싸고, 또한 침투하고 있는 신비의 어두운 그림자를 새롭게 만나게 되면서 일깨움을 얻은 느낌들과 인상들을 유지하고 정돈하는 기능을 한다. 죽음은 위험과 신비의 원천으로서 의식적인 초점이 된다. 힘과 무력함에 대한 경험들은 아동으로 하여금 종종 안정과 안전, 그리고 그들이 보호받기 위해 의존하고 있는 이들이 지니고 있는 힘과 관련된 질문들에 관하여 실존적인 관심을 갖게 한다. 이 시기의 인지 발달 수준에서 나타나는 순수한 자아중심성

(egocentrism) 때문에 아동들은 타인들의 관점과 자신의 관점을 지속적으로 구분하지 못한다. 단순한 관점 취하기와 역조작(reverse operation)의 능력이 아직 발달하지 않은 탓에 이들은 인과관계를 제대로 이해하지 못한다. 일어난 일들도 삽화적 양식으로 구성하고 재구성하며, 환상과 위장(僞裝)을 사실과 구분하지 못한다. 신앙의 구성은 가시(可視)적인 힘과 크기의 상징들과 이미지들에 기초하여 이루어진다. 명백한 양식에서 선과 악이 지닌 힘들을 대표하는 이야기들을 존중한다. 그런 이야기들은 아동들을 매혹하기도 하고 두려움에 떨게도 하는 위협적인 흥분과 충동들을 상징화하고 인정할 수 있도록 해 준다. 이때 동화가 제공하는 선이 악을 물리치고 승리하는 이야기들은 아동들을 그 승리에 동일시할 수 있게 해 준다(Bettelheim 1977). 이 단계에서는 깊은 공포감과 죄책감뿐만 아니라, 사랑과 교제와 함께 강력한 종교적 상징들과 이미지에 자신을 일치시킬 가능성이 있다. 그러한 가능성은 이 단계에서 심각하고도 오랫동안 지속될 수 있는 선과 악에 대한 정서적인 방향과 상상력의 방향을 형성해 줄 잠재성을 갖게 한다.

정신 역동적인 관점에서 이 단계는 최초의 자아의식이 시작되는 때이다. 자신의 두 다리를 딛고 스스로 일어서서, 자신이 보여지고 타인들에 의해 평가받는다는 것을 인식하며, 사물이 어떠해야 하는가에 대한 규범에 주의를 기울이는 이 단계의 아동은 특별히 자긍심과 수치심으로 쌍을 이루는 양극에 예민해진다. 이때쯤 아동은 하나님 표상의 구성에 착수한다. 앞에서 본 바와 같이 안나 마리아 리주토의 연구는, 초기에 최초로 나타나는 하나님 표상들은 아동들이 절대적으로 의존하는, 소위 부모의 형상으로 느껴지는 강력한 힘을 가진 사람들과의 관계에서 경험하는 지배적인 정서적 특성들과 함께 자리 잡는다는 점을 시사해 주고 있다. 부모나 타인의 학대나 소홀함은 찢어지고 분리된 것과 같은 방어기제들을 만들어 내고, 하나님은 분열된 존재로 경험되기도 하며, 아동은 강요적이면서 동시에 정당한 의미에서 분노한 하나님의 처벌을 필연적으로, 그리고 마땅히 받아야만 한다고 보는 '나쁜 자아'의 이미지를 구성하기도 한다. 이전 단계에서 적절하지 못한 반사가 이루어졌을 때 공허하거나 혹은 모순된 자아가 형성되는 결과를 가져올 수 있다. 혹은 가치와 존중의 조건들이 아동이 자신의 진실과 경험을 처리하는 과정에서 자신을 억압하는 경우에도 위와 같은 결과를 가져올 수 있다. 우리는 종종 '거짓 자아'의 형성에서 이러한 상황을 목격한다(Kohut 1977 ; Miller 1981 ; Winnicott 1971). 신앙의 입장에서 이는 한 사람이 은총과 인정을 받을 수 있는 자격을 얻기 위해 수행과 완전함을 혹은 실패에 대한 수치심과 죄책감을 갖게 하는 엄격한 선생님과 같은 신적인 존재로서 하나님을 구성하는 것과 서로 관련된다.

신화적 - 문자적 신앙
(Mythic – Literal Faith, 중기 아동기와 그 이후)

비록 이전 단계의 정서적이고 상상적인 축적이 지금 새롭게 나타나는 단계에서도 아직 활동 중이지만, 피아제가 말하는 구체적·조작적 사고는 의식적인 해석 및 경험과 의미의 형태가 가진 형식을 더욱 안정적으로 자리 잡는 것을 가능하게 해 줄 것이다. 이때가 되면 사고의 역조작이 가능해지는데, 이러한 능력은 인과관계를 더욱 분명하게 이해하도록 도와준다. 자신의 경험과 관점들을 타인의 것들과 분별할 수 있도록 해 주는 단순한 관점 취하기의 발생은 의미 있는 도움을 준다. 아동들은 새로운 직선(linearity)과 예측에 입각하여 세계를 구성한다. 비록 아직 유력한 감정들의 원천이지만, 이전 단계의 이미지들의 창고는 봉인되고, 앎의 삽화적이고 직관적인 형식들은 보다 논리적이고 단조로운 양식에 종속된다.

이 단계에 속한 아동, 청소년 혹은 성인은 자신이나 타인들의 감정, 태도, 내적 안내에 대한 과정인 내면을 아직 구성하지 못한 상태이다. 마찬가지로, 하나님에 대해서도 특별히 인격적인 의미에서 구성하지 못했거나, 하나님의 속성을 내적 감정들이나 상호 인간적 민감성들과 크게 구분하지 못한다. 그렇기 때문에, 이 단계의 신앙인은 더 넓은 의미에서 사물의 질서에 대하여 이해하기 위해 전형적으로 하나님이 지배하는 우주적 형식 혹은 우주를 통제하는 궁극적 환경을 구성하게 되며, 이는 단순히 공정하고 상호동의적인 관점에 의거한다. 하나님은 일관적이고, 돌보아 주는 모델에 근거하여 자리 잡지만, 그 모델은 지배자이거나 부모이다. 선한 일은 보상받고, 나쁜 일은 처벌된다.

이 단계에서 의미들을 수집할 때는 설화를 이용한다. 신화적-문자적 단계와 매우 근접한 이야기(혹은 이야기들)는 반성적 종합이 된다. 아동이거나, 청소년이거나, 성인이거나에 상관없이, 이 단계에 속한 사람들은 그들의 이야기들에 확대된 종합적 반성을 포함시키지 않는다. 그들은 그들의 삶에서 거침없이 흐르는 삶의 중심으로부터 설화를 제공한다. 그들은 강둑에 물러서서 그 강물이 어디에서부터 오는지, 어디로 가고 있는지 혹은 더 큰 의미들은 그들이 경험들과 이야기들을 수집할 때 어떤 연결점과 이해점을 줄 것인가에 대해 성찰하지 않는다. 이 단계에서 상징들과 개념들의 사용은 구체적이고 문자적이다. 신화적-문자적 단계는 우리가 사는 세상이 즉시 보상을 받는 곳이 아님을 발견하면서 점차로 사라진다. 바꾸어 말하면, 악하거나 나쁜 사람들이 그들의 악행으로 인해 반드시 고통받는 것이 아니며, 때로는 선한 사람에게도 나쁜 일들이 일어난다는 것을 알게 되면서 이 단계는 사라지기 시작한다. 우리는 후자의 경험을 한 아동들이 일시적으로 혹은 영구적으로 신에 대한 믿음을 포기하고 단순히 질서 있는 도덕적 징벌을 구축하는 것을 보고 '11세 된 무신론자'라는 새로운 단어를 만든 바가 있다.

종합적 – 인습적 신앙
(Synthetic – Conventional Faith, 청소년기와 그 이후)

청소년기에 나타나는 폭발적인 신체적 변화, 성호르몬의 분비와 성적인 변화와 더불어, 인지적 기능과 상호인격적인 관점 취하기에도 혁명적인 변화가 일어난다. 초기 형식적 조작의 사고(Piaget & Inhelder 1969)의 발생은 청소년의 사고와 논리에 큰 영향을 미치기 시작한다. 추상적 개념들을 사용하고 평가할 수 있게 된 이들은 자신의 사고에 관하여 생각하게 되거나 혹은 자신의 이야기들을 성찰하고 자신의 의미들에 이름을 붙이고 종합할 수 있게 된다.

이 시기에 상호적인 상호인격적 관점 취하기(mutual interpersonal perspective)가 나타난다(Selman 1974, 1976). "나는 나를 보고 있는 너를 본다 ; 나는 네가 본다고 생각하는 나를 본다." 그리고 반대쪽도 역시 인식할 수 있다 : "너는 나를 따라서 너를 본다 ; 너는 내가 본다고 생각하는 너를 본다." 이러한 능력은 청소년들로 하여금 다른 사람들에 대해 갖고 있는 의미들과 그 의미들이 함축하고 있는 것을 평가하는 일에 지나치게 민감하게 만든다. 따라서 정체성과 그와 타인의 개인적인 내면성은 엄청난 관심사가 된다. 스타일과 본질로서 인성(personality)은 의식적인 문제가 된다. 이 단계에 있는 젊은이들은 개인적인 관점에서 궁극적 환경을 구성한다. 하나님 표상들은 위기의 시기를 지나면서 수용하는 사랑, 이해, 충성심과 지원에 대한 개인적인 특성과 함께 자리 잡는다. 이 단계 동안 청소년들은 그들에게 가장 의미 있는 타인들인 또래들, 가족, 그리고 다른 어른들과의 확인된 관계로 연결시켜 주는 신념과 가치와 개인적 양식의 요인들에 대한 애착을 발달시킨다. 비록 모순된 요소들을 포함하고 있다고 해도 정체성, 신념, 가치들에 대해 강한 느낌을 가진다. 그럼에도 불구하고, 그들은 명백한 공식화보다는 암묵적으로 지지하는 경향을 가진다. 이 단계에서 개인의 이념이나 세계관은 살아 있고 단정적이나, 이때의 이념이나 세계관은 아직 비평적이거나 반성적인 명료함의 역할은 하지 못한다.

자아의 초기 발달에서 결함이 있는 경우, 정서적인 삶과 대상관계의 양식이 자리 잡고 치유되지 못했을 것이므로 이는 정체성과 이념을 형성해야 하는 과제를 수행할 때나 인지적 능력을 사용할 때 방해의 요인들이 된다. 청소년들이나 혹은 성인들의 정서적-인지적 기능 사이에서 우리는 종종 초기 아동기에서 해결되지 않은 문제들이나 관계들이 직접적인 원인이 되는 분열을 보게 된다. 때때로 건설적인 자기-대상으로서의 잠재적인 하나님을 버리게 되는데, 이는 하나님은 생후 최초로, 그리고 가장 현저한 대상관계인 수치나 자기애적(narcissistic)인 특성을 지닌, 다만 정서적으로만 자리 잡은 존재이기 때문이다.

종합적-인습적 신앙 단계가 지닌 부인할 수 없는 한 가지 한계는 '제3자의 관점'(third-person perspective)을 취하지 못한다는 데 있다. 이것은 자신의 정체성이나 의미 있는 일을 확인하고 명료화하기 위해 의미 있는 타인들에게 의존한다는 의미이며, 이는 이 단계에 속해 있는 사람은 나와-타인과의 관계를 보고, 평가함으로 가능해지는 초월적인 관점을 아직 갖지 못했다는 증거이다. 종합적-인습적 신앙 단계에서 젊은이나 성인은 '그들의 횡포'(Tyranny of the They)에 갇혀 있다. 다음에서는 치유적 작업을 위해 이 문제와 그것이 지니고 있는 함축적인 의미를 다루려고 한다.

개별적 - 반성적 신앙

(Individuative - Reflective Faith, 성인 초기와 그 이후)

이 단계에 이르기 위해서는 두 개의 중요한 움직임이 나타나야만 한다 : 첫째로, 이전 단계에서 암묵적인 체계로 자리 잡고 있었던 신념들, 가치들, 그리고 헌신들을 신랄하게 분석해야만 한다. 그 역할과 관계에서 개인의 자아 됨을 지원하기 위해 모아 둔 의미들의 형태는 불확실하도록 허용해야만 한다. 이제는 삶의 방향을 환기시켜 주는 상징들과 이야기들을 비판적으로 심사숙고하고 또한 해석해야만 한다. 둘째로, 이전에는 그 역할과 관계에 의해 구성되고 지탱되던 자아는 이전에 정의되던 연결점으로부터 분리된 정체성과 가치에 대한 질문들과 씨름해야만 한다. 이는 이 단계의 사람들은 이전 단계에서 자신들의 목표와 가치들을 결정하고 허용하기 위해 타인들에게 부여했던 대부분의 권위들을 자신에게로 돌려야만 한다는 뜻이다. 그것은 자아를 정의하기 위해서 타인들과 집단에서의 역할들과 관계들에 의존했던 과거와는 달리, 이제는 자신을 정의하고 자신의 역할들과 관계들을 조화시킬 수 있는 특성과 책임에 입각한 자아가 되도록 새로운 바탕을 마련해야만 한다는 의미이다.

개별적-반성적 단계로의 변천에서 이 두 개의 움직임의 중심에는 제3자의 관점 취하기의 부상이 있다. 이러한 능력은 일반적으로 외적인 음성이나 혹은 내면화된 권위들의 갈등에서부터 나타나는 것이다. 한 개인이 갖고 있는 자아-타인 관계의 초월적 조망과 함께, 제3자의 관점 취하기는 상충되는 예상들을 판결할 수 있고 개인의 내적 허가를 강화시켜 주는 관점을 허용해 준다.

반성적 정체성을 지탱하기 위해 이 단계의 사람들은 자신의 한계를 의식하고, 내적 연결점과 그리고 세계관으로서 자신들에 대해 인식하는 의미의 틀을 구성(혹은 재가)한다. 그들이 갖고 있는 절차적인 앎과 비평적 반성의 능력을 이용하여, 이 단계의 신앙인들은 상징들과 의식(儀式)들과 신화들을 '비신화화'(demythologize)하며, 그들이 생각하는 의미들을 전형적으로 개념적인 공식으로 해석한다. 그러나 자신들이 지니고 있는 의식적인 인식에 대하여 지나치게 자신하는 나머지, 그들은 종종 그들의 판단과 행동에 영향을 주는 무의식적인 요소들을 최소화하는 경향이 있다. 이렇듯 자신들이 소유하고 있는 의식적인 마음과 비평적인 사고에 대한 과도한 자신감은 일종의 '인지적 자기애'(cognitive narcissism)의 상태로 이끌어 가게 되는데, 이런 상황에서 반성적 자아는 현실과 타인의 관점을 그 자체의 세계관으로 지나치게 동화시키게 되고, 이제 그것은 분명한 한계가 된다.

비록 아주 종종 남자들만을 의미하는 것은 아니지만, 연구과정에서 우리는, 상당히 많은 사람들의 정서적인 발달 수준이 적어도 신화적-문자적 단계의 조작 수준에 있음을 보았다. 동시에 그들의 인지적 기능이 개별적-반성적 단계와 서로 관련되어 있는 조작을 선별적으로 사용하고 있음을 보여 주었다. 이들은 전문적이고, 직업적인 영역에서는 자신도 있고 또한 권위를 가지고 있었으나, 이 사람들은 타인들의 내적인 감정들과 과정을 공감하고, 구성하고, 동일시하는 능력에 선명한 한계가 있음을 인식하지 못하는 경우가 종종 있다. 종교적으로, 이 사람들은 종종 경직되고 보기에 모호한 근본주의의 가르침과 권위적인 지도자에게 끌린다. (물론 진보적이고 급진적인 사람들이나 보수적인 사람들도 근본주의자의 정신을 가지고 있음을 잊지 말아야 한다.) 이런 사람들은 배우자, 부모, 상사로서 가장 좋을 때는 무감각하고, 가장 나쁜 경우에는 완고하고, 권위적이고, 정서적으로 학대하는 사람들이다.

그들 자신의 무의식 과정에 대한 주의력과 접근성의 부족은, 이 단계에 속한 사람들을 종종 정서적으로 소진(burnout)된 상태로 만들어 주는데, 이는 지속적으로 의식적인 과정에서 자아와 그 한계들을 유지하는 것으로부터 오는 부담 때문이다. 이런 상황에 처하는 사람들은 특히 어린 시절에 구성된 거짓 자아의 영향을 받게 되는데, 거짓 자아는 이들이 성인기에 이르도록 그들 삶의 각본으로 작용한다. 자신의 마음 깊숙한 곳에 접근하지 못하고 개인적인 경계를 유지하느라 지친 그들은 부모나 혹은 문화가 베풀어 줄 수 있는 프로그램의 사용을 억압함으로 매우 심각하게 소진된다. 인정받기 위해 엄청난 대가를 치른 그들은 오직 치료적이고 영적인 간섭을 통해서만 그들이 품고 있던 분노에 대해 이름을 붙이고, 슬퍼하고, 표현할 수 있게 되는데, 이렇게 변화된 상태가 될 때 비로소 방어와 거짓 자아를 유지하기 위해 갇혀 있던 에너지는 방출된다. 이 과정은 회복된 마음과 영(靈)으로의 접근을 복구하고, 중년 삶의 건강한 자기애를 위해 요구되는 재구성된 의지와 에너지의 주장을 시작하는 데 필수적인 발판이 된다(Kohut 1977, 1984).

결합적 신앙
(Conjunctive Faith, 중년 초기와 그 이후)

이 단계의 이름은 이전 단계들에서 분리되었던 것이 재결합하고 연합한다는 의미를 함축하고 있다. 이 단계의 이름은 우리가 판단하는 진리에 있어서 *coincidentia oppositorum*, 즉 「반대들의 일치」(*coincidence of opposites*)라는 책을 쓴 쿠사의 니콜라스(Nicolas of Cusa, 1401-1464)로부터 왔다. 개별적-반성적 단계가 성취하려고 그토록 노력했던 자아와 신앙의 한계들에 대한 자신 있는 명료함은 다음 단계인 결합적 신앙의 단계로 나아가기 위해서 포기해야만 한다. 자신의 결정들과 받아들일 만하다고 생각하는 가치들과 신념들을 선별적으로 확인하는데, 권위를 가진다고 주장하는 집행적 자아는 자신이 갖고 있는 확신이 적어도 부분적으로는 환상이나 심각하게 불완전한 자기 지식에 근거하고 있었다는 사실을 이제는 인정하고 받아들여만 한다. 우리는 수많은 자아들을 지니고 있다 : 우리는 의식적인 마음을 갖고 있지만, 동시에 우리가 하는 원형적인 행동이나 반응은 대부분 무의식적인 것이다. 자아 뒤에서 이렇듯 강력하고 중요한 무의식적인 차원들은 그 원천이 개인적, 사회적, 문화적인 것일 수 있고, 더 나아가서는 원형적인 것일 수 있다. 인간은 알아보고 통합하기 힘든 동기들과 요구들과 욕망들과 갈망들, 그리고 영의 이끌림에 의해 내면으로부터 조종되고 떠밀리며, 때로는 공급을 받는 존재이다.

결합적 신앙 단계로의 발달은, 진리는 비전이 지니고 있는 몇 개의 서로 다른 방향들과 각도들로부터 접근해야만 한다는 사실을 인식하는 데서 오는 긴장과 화해하면서 시작된다. 신앙은 이런 수많은 관점들 사이에서 일어나는 긴장들을 유지하고, 어느 하나의 방향이나 또 다른 방향에 매몰되는 것에 저항하는 것을 배워야만 한다. 이렇게 보면, 신앙은 분해될 수 없는 역설과 화해를 시작해야만 한다고 볼 수 있다. 그것은 분명한 연약함에서 발견되는 힘, 사회나 집단의 중심이 아니라 주변에서 가능한 지도력, 내재적이고, 초월적인 하나님과 같은 역설들이다.

결합적 신앙은 일종의 인식론적인 겸손함을 보여 준다. 종교적 의식들과 상징들, 그리고 은유들의 실재들은 이 단계의 사람을 동시적으로 개방도 되고 은폐도 되는 그 실재들의 뒤에서 과잉과 감소를 알려 주는 상황에 도달하는 것을 추구하게 된다. 이 단계는 개별적-반성적 단계에서 사용한 비신화적 전략 너머로의 이동을 보여 준다. 상징들과 신화의 다차원성과 밀도를 인정한 이 단계의 신앙인은 상징적 실재들의 내부로 들어갈 수 있는 것을 배우게 되면서, 자신들이 지니고 있는 계몽적이고 조정하는 힘을 행사하게 된다. 상징들과 은유들, 그리고 성화들을 '읽고', '분석하는' 대신, 전통이 줄 수 있는 각양각색의 요인들인 그들의 상황들에 대한 '읽기'와 해명에 종속시키는 것을 배운다. 폴 리쾨르(Paul Ricoeur)가 부른 '제2'의 혹은 '의지적 순수'(Willed naiveté)는 이 단계의 사람들이 진정한 상징들과 의식과 신화가 가져다주는 풍부한 의미에 머물 수 있는 준비가 되었음을 보여 준다. 이러한 특성들이 서로 연결되면서 이 단계는 다른 종교적 진리와 신앙의 전통에 대해 기본적인 개방성을 가진다.

최근까지 분석심리학의 입장 중에서, 오직 융 심리학의 전통만이 결합적 단계로의 이동에 대하여 많은 도움을 제공해 주었다. 지나치게 강조된 자율적인 개인주의와 인습적인 종교와 관련된 신경증에 대한 거부로 인해 인본주의 심리학 분야들은 이 시점에서의 변화를 설명해 주기 힘들었다. 프로이트는 원초아의 요구와 초자아의 심한 속박 사이를 중재하는 이성의 빈약한 능력들을 강화시키기 위해 노력하는 과정에서 발생하는 수많은 역설들을 조명해 주었다. 그러나 성숙에 대한 그의 목표는 일종의 휴전 상태를 유지하는 정도에 머물렀다.

융은 개인무의식의 교활한 저항과 교묘한 보수적 성향을 과소평가한 면이 있는 반면에, 그가 주장한 중년기의 개성화(individuation) 과정은 크게 평가받을 만하다. 분석심리학의 핵심인 그림자, 아니마/아니무스(양성적 요인), 지혜로운 노인, 그리고 자기 원형과 같은 원형 콤플렉스들이 통합되는 과정에 관한 그의 견해와 가르침은 매우 중요하다. 결합적 신앙으로의 이동은 칼라일 마니(Carlyle Marney)가 언젠가 언급했던 필요한 '자아 누수'(ego leak)를 받아들이는 것과 관계가 있다. 이것은 의식과 무의식을 분리해 주는 얇은 방어막의 안전한 투과성을 공급해 주는 명상과 심리치료의 양육적인 방법을 필요로 한다. 거기에는 사랑과 은총의 환경이 있어야만 하는데, 그러한 환경은 이전의 경험에서 얻은 몸과 영혼의 깊은 모욕을, 그것이 비록 욕을 먹고, 분노하고 슬퍼하는 것일지라도, 회피했던 수치심의 팽팽한 긴장을 분해해 줄 수 있는 현존의 빛 안으로 안전하게 인도해 준다. 나는 그 과제가 지니고 있는 영적인 본성을 인정하지 않는 한, 그리고 사랑과 용납의 정신에 의존하지 않는 한, 우리가 위에서 언급한 그런 심리치료는 목표에 도달할 수 없다고 믿는다. 그 일은 인간이 갖고 있는 능력을 넘어서는 일이다.

보편적 신앙

(Universalizing Faith, 중년기와 그 이후)

신앙 발달의 마지막 여정이라고 할 수 있는 보편적인 단계는 결합적 신앙 단계의 특성이라고 할 수 있는 역설적인 인식을 넘어서며, 상반되는 양극을 받아들이는 단계이다. 이 단계의 구성은 단계들의 연속을 통하여 진행된 자아의 탈중심화 과정의 본질적인 완성으로부터 시작된다. 영아기의 초기에 자아와 대상에 대한 미분화 상태에서부터 직관적-투사적 단계의 순진한 자아중심성에 이르기까지 연속되는 각 단계는 사회적 관점 취하기의 지속적인 확대를 가져왔다. 점진적으로 신앙에서 '중요하게 취급되는 사람들', 의미를 만드는 일, 그리고 정의의 범위는 확대되어 가는데, 결합적 신앙에 이르러 그러한 확대는 사회적 계급, 국가, 인종, 성별, 이념적 성향, 그리고 종교적 전통의 한계를 넘어서는 데까지 이르게 된다. 보편적 신앙은 이러한 확대의 과정이 완성되는 수준이라고 할 수 있다. 이전 단계에서 신앙인은 한편으로는 자신의 삶의 뿌리와 실존의 질서에 대한 구분에 충실하면서, 또 한편으로는 자신이 가진 새로운 궁극적 질서를 향한 비전의 포용성과 변형 사이에서 지속적인 긴장을 느끼며 살아간다. 결합적 신앙인은 '긴장을 지닌 자아'이다.

보편적 신앙의 단계에 속한 사람들은 비교적 드물다. 내가 보편적 신앙을 소유한 사람들의 특성을 설명할 때, 어떤 이들은 윌리엄 제임스의 유명한 저서 「종교 경험의 다양성」(The Varieties of Religious Experience) 제11~15강에 나오는 '성자성'(Saintliness)을 머리에 떠올리게 될 것 같다. 정신 역동학적으로, 이 단계의 자아는 일반적인 방어의 형태 너머로 이동하며, 존재의 기초와 사랑, 그리고 하나님에 대한 관심에 근거한 개방성을 보여 준다. 그러나 나는 이런 사람들은 언제나 유한한 피조물이라는 점을 말해야만 할 것 같다. 그들은 약점들과 모순들을 갖고 있으며, 아직도 다른 사람과의 관계에서 어느 정도의 왜곡된 입장들을 드러낸다. 그럼에도 불구하고, 만일 그들이 이전 단계에서 요구되었던 치유와 재통합의 작업을 했다면, 이들을 존스타운(Jonestown)과 웨이코(Waco)[3]의 비극에서 우리가 보았던 일종의 교묘한 분리와 정신병적 허위 권위를 드러내며 위험하게 카리스마를 드러내는 인물들과 혼동할 수 없다. 진정한 신앙적 지도자를 위험한 카리스마를 가진 인물들과 구분할 수 있는 좋은 실험은 그들이 자신을 따르는 추종자들로부터 퇴행적인 의존과 개인적 책임의 포기를 필요로 하는가의 여부에 있다. 마찬가지로, 보편적 단계의 진정한 영성은 세상을 '구원받은 자'와 '저주받은 자' 사이로 양극화하는 것을 피한다. 이 단계의 사람들은 자신들에게 반대하는 이들이 변화되는 것에 관심을 가질 뿐만 아니라, 정의와 개혁의 도래(到來)에도 또한 관심을 가진다.

단계의 이동 : 변천과 변화에 대한 도전

앞부분에서 나는 신앙의 단계들을 마치 사진 앨범에 있는 스냅 사진을 찍는 것과 거의 비슷하게 설명하였다. 그러다 보니 전개되는 드라마와 연결된 장면들과 한 단계에서 또 다른 단계로의 이동에 대한 묘사와 투쟁, '영혼의 어두운 밤'에 관련된 이야기들은 생략된 셈이 되었다. 그러나 나는 신앙은 역동적인 과정으로서 우리에게 제시되는 삶에 대한 도전과 변화를 다룰 수 있도록 지속적으로 일하고 있는 자아의 중심에 근접해 있음을 주장한 바 있다. 이제 신앙의 역동성에 대하여 말할 때가 왔다. 곧 신앙의 변천과 변형을 말할 때가 온 것이다.

---

3) 역자주 : 미국의 대표적인 사이비 종교집단들이 비극적인 집단적 자살을 한 곳들이다.

한 개인이 현재 주어진 신앙의 단계에 머무른다는 것은, 매일의 삶에서 의미를 발견하는 것과 의미가 주어지는 것에 대한 특징적인 방법을 가진다는 뜻이다. 어떤 사람은 사물을 특별하게 취하는 세계관을 가지고 있으며, 어떤 사람은 의사결정과 인생설계에서 우선권을 부여하는 표현 방법을 찾게 해 주는 의식적이고 무의식적인 가치관을 가진다. 그러나 사람들은 또한 권위의 소재(locus of authority)를 가지는데, 권위의 소재는 무엇을 판단할 때 외적인 근거나 근거들에 의지하거나 혹은 자신의 영혼의 판단에 귀속하는 것을 결정해 주는 참고점 혹은 참고점들을 의미한다. 더 나아가, 한 개인의 마음은 특정한 이야기들, 상징들, 그리고 신화들에 귀속(歸屬)되어 있으며, 이들은 그에게 무엇이 선하고, 진실이며, 아름다운가, 무엇이 비열하고, 무가치한가를 가늠할 수 있도록 중재해 준다. 그리고 앞에서 보았듯이, 신앙 단계에 있다는 것은 신앙의 본질과 스타일의 많은 요인들을 암묵적으로 혹은 명백하게 공유하는 공동체나 혹은 사회의 어떤 계급의 일원이 된다는 뜻이 된다. 그러한 공동체에는 신앙이 공유되고, 주기적인 갱신을 통한 공유된 의식(儀式)들과 상호작용의 양식들이 존재할 수 있다.

한 신앙 단계에서 다른 단계로의 변천이 반드시 개인의 신앙의 내용 혹은 방향에서의 변화를 의미하는 것은 아니다. 그럼에도 불구하고 변천은 개인이 자신의 신앙으로 살아가는 과정에서 지탱하고, 이해하고, 책임을 지는 방법이 바뀐다는 의미가 된다. 이에 관한 몇 개의 사례를 살펴보기로 한다.

아동이 5~7세가 되면, 직관적-투사적 신앙의 단계에서 신화적-문자적 단계로 이동하는 2년 이상의 변천 과정이 시작되는 것으로 보인다. 우리가 이미 알고 있는 바와 같이, 그 변천이 가능한 것은 감정, 지각, 상상에 지배를 받는 전조작적 사고의 세계를 포기하고 구체적·조작적 사고와 논리의 양식에 의해 구성되어, 보다 직선적이고 예측이 가능한 매일의 삶의 경험 속으로 들어간다는 의미이다. 우리가 지금까지 유의하지 않은 것은 그러한 변천의 시간과 정서적인 혼란들, 그리고 정서적인 혼란들이 필요로 하는 재배치가 가져오는 경험과 감정이다.

다음에 제시하는 사례를 살펴보기로 하자. 나이에 비해 몸집이 크고 또 한편으로는 순진한 다섯 살 난 남자아이가 세 명의 일곱 살 난 남자아이들과 함께 앉아 있었다. 일곱 살 난 남자아이들이 어린 남자아이에게 저주하는 말(가벼운 신성모독과 더러운 어휘들)을 가르치고 있었다. 새롭게 발견한 단어들과 함께 큰 아이들과 한편이 된 것에 기분이 좋아진 다섯 살 난 아이는 결정적인 실수를 하였다. 그 아이는 큰 아이들에게 크리스마스에 산타클로스가 무슨 선물을 가져다줄 것인가에 대해 물었다. 그러자 그들은 비웃으면서, "토미(Tommy)야, 너 설마 산타클로스를 믿는 건 아니겠지?"라고 말했다. 하늘이 무너지는 듯한 소식을 소화시키면서 토미는 "아니."라고 대답했다. 토미가 맥 빠지고 세속적인 새로운 세계에 적응하느라 내적으로 갈등하고 있는 동안, 층계 앞줄에 앉아 있었던 빌리(Billy)가 자기 집으로 들어가 그의 숙모가 준 작은 초록색 앵무새를 갖고 돌아왔다. 앵무새는 병을 앓고 있었다. 빌리가 주근깨가 있는 통통한 손으로 그 새를 들고 있는 동안, 새의 머리가 한쪽 밑으로 계속 떨어지고 있었다. 한동안 아픈 새를 슬프게 바라보며 생각한 후, 나이 든 소년들 중에 가장 교활하고 냉혹한 딕키(Dickie)가 말했다. "어차피 죽을 테니 새를 죽이자. 그게 새를 비참함으로부터 벗어나게 하는 거니까." 잘생기고 부드러운 눈을 가진 소년 버디(Buddy)는 새를 바라본 후 새 주인에게 물었다. "너, 새를 죽이고 싶어?" 잠깐 생각한 후에, 최근에 새 주인이 된

빌리는 "그래! 죽이자."라고 말했다. 토미는 그 일에 대해 상담이나 의논을 하지 않았고, 앞에서 산타클로스와 관련된 당황스러운 경험에 대해서도 말하지 않기로 했다. 토미는 빌리가 그의 손아귀에 있는 병든 새의 몸을 꽉 쥐고는 기울어진 새의 머리를 시멘트 층계에 힘껏 내리치는 것을 바라보고 있었다. '찰싹…… 찰싹…… 찰싹, 찰싹, 찰싹, 찰싹.' 그리고 그곳에는 목이 부러지고 눈이 튀어나온 축 늘어진 죽음이 있었다.

어린 토미의 삶과 신앙에서 그가 좋아하던 형들과 같이 있다가 일어난 이 일련의 사건들은 그가 직관적-투사적 단계를 벗어나는 변천의 시기가 시작되게 하였고, 신화적-문자적 단계를 구성하는 시기로 들어가게 해 주었다. 그것은 또한 완전히 통제된 가족의 드라마와 유치원에 의해 정의된 삶의 단계로부터 더 다양하고 저돌적인 공립학교 시기의 단계로 이동이 시작되는 때이기도 하다. 12월의 어느 날 오후에 일어난 토미의 정서적으로 깊고 풍부한 극적인 경험들과 학습은 그의 가족들과 교회가 가르친 많은 일들을 새롭게 보는 과정을 시작하게 해 준다. 그는 하나님, 죽음, 그리고 선한 사람들이 할 수 있는 악한 일에 대하여 새로운 방식으로 생각하기 시작한다. 만일 산타클로스가 실제로 존재하는 사람이 아니라면, 이제 그가 배우고 상상했던 것에서 순진했던 것으로 혹은 잘못된 것으로 인정해야 할 필요가 있는 것은 무엇인가? 어떤 세계가 더 진실하고 가치가 있는가 : 결속된 또래의 세계, 나이 많은 또래들에게서 경험하기 시작한 거친 말들과 폭력과 결합된 세계 혹은 가정과 학교, 그리고 교회에서의 부모나 교사들의 세계인가? 토미는 이렇게 서로 다른 세계 사이에서 어떻게 앞으로 갔다, 뒤로 왔다를 할 수 있는가? 사람들이 그에게 말해 준 다른 이야기들 중에 그가 의지할 수 있는 것은 어떤 것일까? 하나님이 세상을 7일 만에 창조했다는 이야기일까? 거기에는 사탄이 있었을까? 검은 연기를 뿜으며 흐르고 있는 시커먼 색의 끓는 강을 건너 위협적으로 그에게 다가오는 위험한 힘과 맹렬한 눈을 가졌으며 크고, 어둡고, 붉은 남자에 대한 무서운 악몽을 어떻게 이해해야 하는가? 소년이 변천에 착수하는 경험이다.

그러면 이제 인생주기의 끝 쪽에 있는 사람을 예로 들어 보기로 하자. 67세 된 어떤 여인이 국제기구의 높은 지위에서 오랫동안 성공적으로 일하다 최근에 은퇴했다. 그녀는 엄청나게 바쁜 일과 빠른 진급, 외국 여행과 일을 위해 국외에 머물러야 하는 사정으로 젊었을 때 결혼할 수 있는 여러 번의 기회를 놓쳤다. 자신의 직업에 만족한 그녀는 은퇴 후 거의 50년도 더 전에 자신이 자라나던 도시에 정착하였다. 그곳에서 그녀는 교회에 등록을 하고, 지역 사회에 있는 몇 개의 조직에 가입하였다. 그녀는 오랜 기간 동안의 외국여행을 했고, 또한 국외에 거주했기 때문에 가족도 없었고 그 도시에는 친구도 없었다. 어느 날 교회에서 그녀는 그 도시에 있는 신학대학원에서 신학을 공부하고 있는 20대 초반의 독일 학생으로부터 연락을 받았다. 그 독일 학생은 성인의 세계관과 신앙의 형성과 변화에 대하여 심층적인 면접을 해야 하는 숙제를 받아 놓고 있었다. 그는 그들이 출석하는 교회에서 만났는데, 그 학생은 그녀의 풍부한 국제 경험에 매력을 느꼈다. 그녀는 그 면접을 위해 기꺼이 시간을 내었을까? M(그 여성의 이름 약자) 씨는 주일 오후에 그가 살고 있는 콘도미니엄[4])에서 만나기로 동의하였다. 후에 분석을 위해 녹음을 한 면접은 한 시간 반 동안 진행되었는데, 두 시간이 지난 후 아직도 해야 할 말이 많이 남아 있다는 사실이 분명해졌다. 학생은 월요일에 교

---

4) 역자주 : 한국의 아파트와 같은 주거 형태를 말한다.

수를 만나 아직도 주제들에 대하여 M 씨를 더 다룰 필요가 있어 보인다는 사실을 설명하였다. 그는 그 주제들 중에 어느 정도는 의미를 만드는 과정에서 경험하는 고통, 슬픔, 그리고 투쟁을 다루는 것과 관련이 있다고 느꼈다. 그는 이미 숙제를 완성할 정도로 충분한 면접 내용을 확보했지만, 두 사람이 그들이 시작한 일을 끝냈다고 느낄 때까지 대화를 끝내서는 안 된다는 책임감을 느꼈다. 교수는 일주일에 한 번 정도씩 그녀와 대화를 계속할 것을 격려해 주었으며, 그들의 대화에서 드러난 문제들을 처리하고 연구하는 일을 지원할 것을 약속했다.

그들의 대화는 6번의 주일 동안 계속되었다. 나중에 알고 보니 M 씨는 그 독일 학생을 만나는 순간 가까움을 느끼게 되었는데, 그 이유는 그 학생이 그녀가 교육받도록 격려하고, 지원했던 조카를 떠올리게 해 주었기 때문이었다. 그리고 그녀가 유럽에 머물렀던 경험 때문에 루터교 교인인 그 독일 학생과 그녀의 마음에 익숙한 일들에 대하여 대화하는 것이 매우 편안했다. 학생과 교수가 매주 만나 그녀와의 면접 경험을 처리하면서 분명해진 사실은, 오랫동안 지연되어 왔던 그녀의 자아 됨과 신앙에서의 변천 단계를 해결해야만 하는 바로 그 시기에 그 학생이 M 씨의 삶에 들어갔다는 것이다. 그들이 대화하는 동안, 그녀는 오래전에 루터교회에서 청소년기와 성인 전기에 형성된 강력한 인습적 신앙을 해체하였다. 다른 사회와 나라에서 여러 해 동안 해 온 봉사에 비추어 보면, 다른 종교적 전통을 만나고, 인간사에서 일어나는 악과 비극을 직면한 경험과 그녀의 오랜 직업 중심의 생활은 그 자신의 깊은 외로움과 대면하는 일을 외면하게 만들었을 것이므로, 그녀는 그 모든 것들을 다시 만나고 신앙을 근본적으로 재작업할 필요가 있었다. 6주에 걸친 그들의 대화에서, 그리고 그 만남 사이의 날 동안, 그녀는 신앙과 자아 됨의 새로운 지적 · 정서적 태도를 향해 효과적으로 노력하였다. 구조적으로 관계의 친밀감과 면접이라는 틀은 성숙한 종합적-인습적 신앙 단계에서 부상되는 개별적-반성적 단계가 지니고 있는 보다 반성적이고, 비평적인 구조를 가진, 오랫동안 지연된 변천을 촉진해 주었다. 그녀가 전문 직업인으로 살아가는 동안 이미 개별적-반성적 신앙에서 요구되는 풍부한 지성과 정서의 양식(pattern)들이 발달하였다. 그러나 이번의 면접이 있기 전까지 그녀가 가장 깊은 신념과 확신적인 근거를 취하고, 그것들을 그녀의 풍부한 인생 경험들의 범위와 그것들이 지닌 고통과 슬픔의 깊은 원천과 서로 비평적으로 교환할 수 있는 곳으로 가져다줄 안전한 공간과 믿을 만한 환경이 없었다.

변천의 성격

자아 됨과 신앙에 대한 감각에서 어떤 변천의 의미심장한 시간에서도 우리는 불편과 불평형의 시간을 만나게 된다. 그런 시기는 방해하는 사건들이나 경험들 혹은 지금까지 살아오던 많은 방식이나 의미를 창조하는 방식들이 더 이상 의미가 없다는 깨달음에 의해 촉진된다. 의미와 그럴듯한 일에서 자아 됨과 신앙을 유지하는 것은 깊은 상관관계가 있다. 변화에 대한 압박감은 균형을 유지하려고 노력하는 내적인 과정과 우리가 유지하려는 균형에 영향을 주고, 또 그 균형을 위협하는 외적인 영향으로부터 온다. 피아제는 생물학적인 비유를 사용하여, 한 단계에서 평형적 혹은 균형 잡힌 시간을, 우리의 관계들과 환경들이 가져다주는 사건들과 도전들에 우리가 이미 가지고 있는 앎과 가치의 양식과 조작들 혹은 이미 지니고 있는 신앙의 양식들에 어느 정도 동화(assimilate)시키는 것과 같다고 보았다. 그러나 다른 한편으로, 변천의 시간들은 현재 가지고 있는 구조로는 더 이상 우리가 경험하는 세계로부터 우리에게 다가오는 형태와 내용을 다루기가 충분하지 않다는 인식에 의해 시작된다. 이러한 상황에서 피아제는 앎과 가치의 새로운 양식들을 구성하여 그러한 새로운 도전을 조절해야(accommodate) 한다고 말했을 것이다. 삶과 신앙의 변천기는 앎과 가치의 새로운 양식을 구성하는 시간이며, 이 시기는 삶이 주는 문제들에 대응할 수 있는 새로운 능력을 가져다준다. 이것이 피아제가 말한 조절(accommodation)이다.

우리의 삶에서 중요하면서도 건설적인 변천의 시기는 세 개의 국면들로 특징지어진다. 처음에 변화의 시작을 알리는 국면이 있는데, 이 시기는 종결로 특징지어진다. 앞의 예에서 등장했던 토미의 삶에서 우리가 본 변천의 시기는 그가 부러워하며 배우고 따르던 동네 형들과의 순진했던 관계가 끝나면서 시작되었다. M 씨의 변천은 은퇴와 직업과 연관되었던 일, 행정적 책임감, 끊임없는 활동으로 일관되었던 엄청난 일과들의 종결에서부터 시작되었다. 이 두 사람에게 있어서 비록 그 방법은 다르지만 종결은 : (1) 이탈(disengagement), (2) 혼돈(disidentification), (3) 각성(disenchantment), 그리고 (4) 방향상실(disorientation)[5]이라는 네 개의 상호 연결된 차원들과 관련되어 있다.

'이탈'(離脫)은 언제든 자아의 감각을 구성하는 데 도움을 주었던 관계의 어떤 맥락에 대한 중요한 연결과 공유된 의미를 포기할 때 시작된

---

5) 여기에 소개된 어휘들과 아래에서 토의될 세 개의 변화의 국면들은 William Bridges, *Transitions : Making Sense of Life's Changes* (Reading, Mass. : Addison-Wesley, 1980)에, 이 어휘들에 대한 나의 생각은 다음의 책, Fowler, *Faith Development and Pastoral Care* (Minneapolis : Fortress Press, 1987)에 소개되어 있다.

다. 이탈의 극단적인 경험들은 죽음, 이혼, 그리고 집과 가재도구를 모두 상실할 정도의 가공할 만한 재앙으로 인한 파괴 등이 포함된다. 그보다 조금 약한 정도의 이탈은 직업의 변화, 이사, 질병, 졸업과 같은 일로부터 온다. 토미에게 이탈은 그가 가정과 유치원에서 배워 왔던 가치와 규범들을 동네 형들도 자기와 공유하고 지키는 것으로 믿었던, 그 순진한 가정을 포기하면서 시작되었다. 그들과 함께하려면 토미는 그가 이전에 가졌던 관계들을 제한해야만 했다. M 씨에게 은퇴는 중심적인 이탈을 대표하는 것이었고, 그것은 피할 수 없는 변화의 과정으로 인도하였다.

'혼돈'(混沌)은 이전의 세계에서 맺었던 오래된 관계가 파괴되거나 상실될 때 오는데, 이것은 자아를 정의하는 중요한 방식의 상실을 의미한다. 이 시기에 정체성의 상당한 부분은 포기하거나 변화되어야만 한다. 혼돈은 이탈 과정의 내적인 측면이다. 토미로서는 지금까지 가지고 있던 자아의 감각으로 되돌아간다는 것은 불가능한 일이었다. 그는 위험한 지식과 경험을 습득했으므로, 더 이상 그날의 그 일들을 모르는 사람같이 경험할 수는 없게 되었다. M 씨는 아마도 그녀가 오랫동안 몸담았던 지도자의 지위를 그만두었을 때 정체성의 의미심장한 상실감을 느꼈을 것이다. 새로운 단계로의 변천의 일부는 그녀가 더 이상 조직이나 사회적 역할에 근거하지 않는 자아와 정체성에 대한 감각의 기초를 발견하려는 노력과 관계가 있다.

'각성'(覺醒)은 현실에 대한 이전의 구성의 일부분을 포기하거나, 영구한 상실을 의미한다. 토미에게 산타클로스는 허구로 드러났다. 이것은 그가 사실이라고 생각하고 철석같이 믿고 있었던 세계의 다른 요소들에 대하여 동요하게 만들어 준다. M 씨는 청소년기의 종교적 경험들과 훈련으로부터 획득한 하나님, 성경, 죄에 대한 의미, 그리고 용서에 대한 관점들이 그녀의 활동적인 삶을 비평적으로, 그리고 반성적으로 개관하는 데 불충분하다는 사실을 인정해야만 했다. 그녀의 신앙을 변화시키고 새로 구성하기 위해 그녀는 자신이 갖고 있던 이전의 신앙 현실의 중요한 부분과 그녀가 경험하는 현실들이 일치하지 않는다는 사실을 인정해야만 했다. 각성은 슬픔, 상실감, 죄책감, 수치심, 방황, 혼란의 감정을 가져다줄 수 있다. 각성은 또한 자유로움과 능력의 감각을 가져다줄 수 있다.

'방향상실'은 어떤 면에서는 종결 경험의 세 가지 측면들이 누적된 효과라고 볼 수 있다. 방향상실의 시기에 있는 사람은 한동안 그의 정신적·정서적 지도들(maps), 도표들, 계획들, 그리고 방향감각을 상실한 느낌을 가진다. 따라서 많은 양의 정서적 에너지가 무슨 일이 일어나고 있는가를 알아보려는 노력을 위해 널리 확장된다. 종결의 경험이 가져다주는 누적된 효과 안에서 그 사람은 자신이 윌리엄 브리지스(William Bridges)가 말한 중립지대(neutral zone) 안에 있음을 발견한다.

변천의 어떤 중요한 시기에 만나게 되더라도, 이 중립지대에서 사람들은 일상적인 시간으로부터 중간 휴식을 경험한다. 인류학자 빅터 터너(Victor Turner)는 그런 시간을 반구조(反構造, antistructure)의 경험이라고 하였다. 유명한 심리학자이고 저술가이자 나의 동료인 로버트 키건(Robert Kegan)은 변천의 단계에 있는 사람들에게 "아니요. 당신들은 미친 것이 아니고, 당신들의 마음을 떠난 것일 뿐이오."라고 말하곤 하였다(참고. Kegan 1982, 1994). 중립지대에 있다는 것은 사람이 자신의 마음 밖에 있다는 것이다. 그것은 지금까지 이 세상을 바라보고 존재하던 방식을 해체하거나 혹은 붕괴시키고, 새롭고 보다 적절한 의미를 구성하기 위해 투쟁하는 기진맥진한 시기를 통과하는 경험을 하고 있다는 의미이다. '십자가의 성 요한'(Saint John of the Cross)[6]이 「영혼의 어두운 밤」(dark night of the soul)에서 본 위대한 이미지는 정서적인 혼란이나, 때로는 황폐한 감정에 사로잡히게 하는데, 그것이야말로 변천의 시간이 가져올 수 있는 심오한 상태라고 할 수 있다.

중립지대에 있는 이런 시기에 새로운 단계로의 변천이 일어난다. 우리의 인생여정에서 이 중간휴식의 시간을 받아들일 때에만 비로소 앎과 지혜의 차원들이 펼쳐진다. 우리는 반구조의 유리한 고지에서만 일상생활의 구조들을 아주 다른 관점으로 보게 된다. 중립지대를 벗어나 다시 일상적인 삶으로 돌아올 때, 우리는 중립지대에서 얻었거나 주어진 지혜의 부분들과 새로운 이해의 양식들, 그리고 현실의 과정들도 함께 가지고 오게 되는 것이다.

중립지대에서 해야 할 일을 모두 끝냈을 때 우리는 새로운 시작을 형성해 가야 할 지점에 대한 실마리들 혹은 표지판들을 발견하기 시작한다. 이 새로운 시작의 시기에 서두르지 않는 것은 매우 중요한 일이다. 중립지대로부터 온 새로움의 빛에 비추어 포괄적이고 점진적인 재통합으로 삶이 자리 잡아 가도록 해야 한다. 심리치료에서의 안전한 환경, 영적인 지도 혹은 신앙 공동체의 일원이 되는 일들은 새로운 단계나 장소에 재진입하고 재통합하는 속도를 조절할 수 있도록 도움을 줄 것이다. 이러한 노력은 옛날의 양식이 갖고 있는 힘이나 혹은 새로운 것들의 조숙한 발걸음에 대항하며 취약한 새로운 시작을 보호해 줄 것이다.

---

6) 역자주 : 「영혼의 어두운 밤」을 저술한 사람.

제3장

한 번 태어난 사람/두 번 태어난 사람 :
신앙과 변형

위의 두 장(章)에서 신앙적 변화에 대한 우리의 관심은 아동기에 이루어지는 초기 신앙의 형성과 신앙 발달의 전 단계를 개관하는 데 초점을 두었다. 그중 2장에서 우리는 발달적 변천의 시간들을 거쳐 변화하는 신앙과 적어도 함축적으로, 발달적 변화에 참여하는 중립지대를 통하여 우리를 지탱해 주는 신앙을 탐구하였다. 이 책의 서문에서 나는 발달적 변화와 내가 '치유와 재구성적 변화'라고 부른 제2의 형태 사이에 차이가 있음을 지적했다. 3장에서는 변화의 제2형태에 대하여 살펴보려고 한다.

윌리엄 제임스는 의심할 여지없이 20세기에 살았던 가장 유명한 종교심리학자라고 할 수 있다. 그런 명성은 그의 고전 「종교 경험의 다양성」에 근거한다. 3장의 목적은 신앙의 예측 가능한 단계들과 변천에 관한 연구와 이론을 제임스의 위대한 책과 서로 비교하는 대화를 함으로써 신앙 발달의 관점을 보여 주려는 데 있다. 제임스는 종교적 경험이 가져온 변화의 양식을 '한 번 태어난 사람'과 '두 번 태어난 사람'으로 구별하였다. 앞 장에서는 신앙 발달 이론이 보여 준 변천의 연속성에 강조점을 두었는데, 그런 관점과 제임스의 책이 대화를 한다면 변형의 도전들과 혹은 두 번 태어나는 종교적 경험을 받아들이는 것이 무엇을 의미하는가를 이해하는 데 도움이 될 것이다. 아래에서 다룰 것은 그의 책 2장을 읽는 것으로 간주되는데, 나는 제임스의 책이 생소한 독자에게 그가 종교적 경험과 변형에 관하여 기술한 힘과 드라마에 관해 믿을 만한 감각을 주려는 시도를 하려고 한다.

제임스와 종교 경험의 다양성

「종교 경험의 다양성」을 저술할 때, 윌리엄 제임스는 종교 경험의 다양한 차원들을 기술할 자료들을 찾을 수 있는 비범한 능력들을, 자신의 근본적인 철학적 방법들과 헌신들에 근거한 평가의 지속적인 과정에 결합하였다. 다원적 세계에 대한 그의 헌신은 그로 하여금 종교 경험의 형태와 탁월함에 관하여 차이, 다양성, 그리고 다수성을 인정하도록 해 주었다. 실용주의에 대한 헌신은 그가 종교 경험들의 진실, 실천, 신념과 관련된 질문에 새로운 형태를 갖추는 데 도움을 주었다. 진실에 대한 질문들을 논리적으로, 형이상학적으로 혹은 신학적으로 제기하는 대신, 그의 분석은 지속적으로 종교 경험이 인간 행동의 강도와 안녕을 형성하는 데 주는 영향을 평가하여, 종교 경험의 진정한 특성을 평가하려고 노력하였다. 제임스는 분명하게 위험하고 격렬한 인간의 삶에 대비할 수 있도록 도움이 되는 열정, 충동, 영감을 가져다주는 종교와 종교 경험을 높이 평가하였다. 우울하고, 진로를 결정하지 못했던 젊은 날의 경향을 드러내면서, 그는 종교가 많은 사람들에게 제공해 주는 용솟음치는 에너지와 보다 더 높은 목적의식을 가치 있게 생각하였다. '한 번 태어난 사람'이 지니고 있는 침착함과 균형감과 '건강한 마음을 소유한 사람'(healthy-minded)이 소유한 긍정적인 합리성을 한편으로 동경하면서도, 제임스는 이들이 자연과 인간 공동체에 만연해 있는 실제적이고, 깊이 뿌리 내린 악의 현존을 볼 수 없다는 사실을 잘 인식하고 있었다. 이들이 지닌 얄팍한 낙관주의와 온화한 이상주의를 넘어서, 제임스는 '두 번 태어난 사람'의 잠재적인 동요(動搖)와 정서적 격변에 더 끌렸다.

19세기의 독일 신학자 프리드리히 슐라이어마허(Friedrich Schleier-macher)와 같이, 제임스는 종교의 본질은 감정에 있다고 보았는데, 그 감정은 엄숙, 진지함, 초월자 혹은 그가 말하는 '동질 이상의 존재'(the more)[7]와의 관계성을 의미한다. 그 자신의 실존적 탐구는 종교의 진리와 유용성뿐만 아니라 종교 표현의 다원성에 관한 본질적인 질문들과 씨름할 수 있는 강렬한 힘을 주었다. 그의 삶에 대한 개인적인 질문들은 회심, 성자성, 그리고 신비주의를 연구하는 데 불을 붙여 주었다. 종교심리학의 주제들에 대한 비환원주의적 조사에 대한 그의 용기 있는 헌신은 결과적으로 그의 독자들이 종교 경험들이 가지고 있는 '저쪽'과 그 경험들이 가져온 실제적인 결과들에 존재하는 수수께끼에 직면할 수 있도록 적절하게 인도해 주었다. 실제로 제임스는 자신의 제의를 프로이트를 염두에 두고 다음과 같이 말한다.

우리가 종교 경험 안에서 우리 자신이 연결되었다고 느끼는 '동질 이

---

7) 역자주 : 초월적 존재를 암시하는 제임스의 독특한 용어.

상의 존재'는 우리의 의식적인 삶의 잠재적 계속성의 '이쪽 편'에 있다……. 동시에 종교적인 사람은 외부의 힘이 입증하는 것에 의해 감동을 받는다고 한 신학자의 주장을 옹호하게 되었는데, 그 이유는 객관적인 모양을 취하고 주체에게 외적 통제를 제시하는 것은 잠재의식의 영역에서 나온 독특한 특성 중 하나이기 때문이다. 종교적인 삶에서 통제는 '더 높은 것'으로부터 온다고 느끼지만, 그러나…… 그것은 기본적으로 우리 자신의 마음속에 숨겨져 있는 더 높은 능력이므로, 우리를 넘어서는 힘과의 연합은 단순히 외관상으로뿐만 아니라 문자 그대로 진실인 것이다(James 1961, 396-397).

제임스는 우리 자신을 일반적이고 공통적인 것에 한정시키는 확신을 표현하는 말로 '과잉믿음'(overbeliefs)이라는 개념을 소개했는데, 이는 '의식적인 사람이 구원의 경험 — 문자적으로나, 객관적으로나 진리라고 할 수 있는 종교적 경험의 긍정적 — 내용을 통해 확대된 자아는 계속'된다는 사실을 의미한다. "우리가 '확대된 자아'와 교제할 때 우리는 모두 상식적이고 단순히 '이해할 수 있는 세계'로부터 실존의 또 다른 차원으로 빠져들 수 있도록 영향을 받고 또한 변화한다."고 제임스는 말한다. 우리가 이 '다른 차원'과 교제할 때 "실제로 우리의 유한한 인성에 변화가 일어날 것이다. 왜냐하면 우리는 새로운 인간으로 만들어질 것이고, 자연 세계에 찾아와 재생되는 변화가 따르는 결과들이 뒤따르기 때문이다……. 다른 현실 안에서 우리에게 영향을 미치는 것은 다만 그 자체로서 끝난다. 그런 의미에서 나는 보이지 않는 세계나 혹은 신비한 세계를 비실제적이라고 부를 철학적 이유가 없다고 느낀다."고 말한다. 이렇게 눈에 보이지 않는 차원의 현실을 배제할 명분을 제거시킨 제임스는

'하나님'이라는 이름을 사용하기 위한 시도를 시작한다. "인간과 하나님은 서로가 할 일이 있다 ; 그리고 인간이 자신을 그의 영향에 개방하면 인간이 지향하는 가장 심오한 운명이 충족된다. 개인적 존재를 구성하고 있는 한 부분인 우주는 인간이 하나님의 요구를 충족하는 것 혹은 피하는 것에 따라 달라진다……. 하나님은 실제적인 효과를 생산하는 존재이기 때문에 실제이다"(James 1961, 398–400).

위에서 간단히 소개한 제임스의 저술은 다만 독자들에게 그가 가졌던 독특한 관심사, 열정, 그리고 그가 내린 결론이 지닌 경향의 일부를 알려 주기 위한 의도였다. 그의 사고의 세계와 그 세계가 담보하고 있는 사회–역사적 소재에 다시 들어간다는 것은 긴장되는 일이었다. 그가 다룬 회심의 경험, 성자의 실존에 대한 차원, 그리고 신비한 황홀경에 대한 현상학적 서술은 독자들이 그동안 접했던 신앙 발달에 관한 대부분의 저술과 비교할 수 없는 풍성한 것이라고 할 수 있다. 비록 제임스의 저술이 야기한 초점들과 질문들은 신앙 발달 이론이 제기한 것들과 깊은 차이가 있지만, 그 둘 사이에는 중요한 유사성 역시 있음을 지적하고 싶다. 그러한 비교를 하기 위해 독자는 앞 장(章)에서 다룬 신앙, 믿음, 종교에 깔려 있는 차이와 신앙의 단계들에 대한 설명을 참조할 필요가 있다.

제임스와 신앙 발달 이론의 유사성

1. 양쪽 모두 비환원주의적 입장을 견지하려 하였고, 간접적으로 변증적이다.

초기에 제임스는 감정과 정서에 초점을 둔 것과 관련하여 슐라이어마허를 좋아하였다. 제임스의 종교심리학 역시 슐라이어마허의 종교의 "경멸자들 중의 교양인"이라는 강렬한 연설문과 관계가 있음을 보여 준다. 물론 제임스의 책이 19세기 후반 미국의 부흥운동기가 절정을 이룬 직후에 출판되었으므로, 그 책이 폭넓은 인기를 얻을 수 있는 방법으로 저술될 수도 있었을 것이다. 그러나 그의 책은 대학의 청중들과 심리학을 위해 저술되었고, 저술 목적은 당시 부상하던 심리학을 오직 실험실의 학문으로 만들려고 하는 실증주의적 열망에 반대하기 위해서였다. 제임스는 책을 쓰던 시기에 점점 더 자신을 철학자로 규정하려 하였다. 그렇게 함으로써, 그는 자신을 종교 경험에 관한 독자적인 인물이 될 수 있도록 한 강력한 사례를 남기게 되었다. 종교를 무의식적인 욕구에 대한 투사에 근거하여 설명하는 프로이트를 예상하는 동안, 제임스는 자신이 이름 붙인 잠재의식의 활성화된 역할이 필요불가결함을 확인하는 주장을 하였다. 그는 인간이 갖는 거룩한 존재에 대한 경험에서 잠재의식의 역동성이 어떻게 순수한 초월성과 인간을 연결 지어 주는가에 대하여 공개된 질문을 집요하게 제기하였다.

신앙 발달 이론은 인간이 하나님에게 응답해야 할 존재론적인 소명을 향해 진화한다는 확신에 근거한다. 이러한 접근은 관계와 인간 삶의 계획을 위한 맥락으로서 가치와 해석된 의미의 중심을 지향하는 경향은 인간이 타고나는 것임을 주장한다. 신앙 발달 이론의 신학적 바탕에 영향을 준 폴 틸리히(Paul Tillich)와 리차드 니버(H. Richard Niebuhr)의 신앙에 관한 저술들과 같이, 신앙 발달 이론은 의미를 만드는 중심적인 행동, 중심되는 가치에 대한 공유된 헌신, 그리고 중심 이야기를 따르는 공동 생활은 인간의 생존과 번영에 불가결하고, 또한 없어서는 안 될 것임을 증명하는 변증적 목적을 가진다고 말할 수 있을 것이다. 제임스와 마찬가지로, 나도 나의 연구와 이론을 대학의 청중에게 제시하는 방법을 택하려고 하였다. 역시 제임스와 마찬가지로, 나는 이런 관점으로부터 더 확대된 청중을 향해 저술하고 강연하였다. "두 사람 모두 비환원주의적인 관점을 목표로 하며, 간접적으로 변증적이다."

2. 비록 용어에서는 차이를 느낄 수 있으나, 두 접근 모두 경험론적이다.

실용주의 철학의 중심되는 특징은, 경험의 역동적인 윤곽에 관한 개념적 범주들을 위험에 빠트린다는 것이다. 내가 이해하기로는 이것이 제임스의 '종교 경험의 다양성'을 실용주의적이고 경험론적이라고 말하는 이유일 것으로 생각한다. 사례의 기술(記述)과 전기(傳記)와 자서전의 본문들을 사용하여 종교적인 삶의 차원이 갖고 있는 공유된 경험을 확립하였다. 그리고는 종교적 전통과 심리학 전통으로부터 범주들을 회복하여, 그 범주들을 채워서 종교와 그것들을 경험하는 사람들의 삶에 그 역할을 전달하고 깊이 있고 성찰적인 입장에서 정돈하기 위해 재생시켰다. 자신을 '종교적으로 음악적'이 아니라고 주장한 막스 베버(Max Weber)와는 달리, 제임스는 종교 경험의 뉘앙스와 정서들에 대한 섬세한 청각과 감정을 소유하고 있었다. 비록 스스로 그 자신이 의미 있는 진정한 경험을 한 적이 없다고 부인했음에도 불구하고, 그가 다른 사람들의 경험을 다시 살펴본 경험들에 대리 참여한 것은 그의 경험론적 방법과 그 자신의 관여에 대한 열정을 심한 위험에 처하게 하였다. 제임스를 통하여 독자들은 경험을 재구성하고 분석하기 위한 '격렬한 기분'에 참여하게 된다.

신앙 발달 이론과 연구도 역시 정당하게 경험론적이라고 주장할 수 있고, 어떤 점에서는 제임스와 겹치기도 한다. 신앙 이론은 사회과학적인 측면에서 경험론적이다. 내 이론은 강렬하게 자유로운 특별한 맥락에서 자신들의 삶과 신앙의 여정을 서로 나누기 위해 초청받은 참여자들의 격렬한 집단경험의 공동 지도력에 그 기원을 두고 있다. 에릭슨의 심리사회적 발달 이론의 해석학적인 틀은 기본적으로 내가 참여자들로부터 듣는 이야기들을 정리하는 데 도움을 주었다. 후에 나는 하버드 신학대학원(Harvard Divinity School)에서 '경험의 상징화로서의 신학'이라는 과목을 가르치면서, 프로이트, 융, 뒤르캠(Durkheim), 로버트 벨라(Robert Bellah), 그리고 마침내 피아제와 콜버그의 이론까지 포함한 해석의 틀로 확대하였다. 그때 받은 연구비로 나는 1970년대 동안 경험론적 작업에서 세 가지의 중심적인 물결을 헤쳐 나갈 수 있도록 도움을 준 학생들 및 연구팀과 함께 일할 수 있었다. 우리는 연속되는 단계의 재건(再建)과 신앙 단계들의 설명으로 이끌어 주는 분석에 근거한 준(準)구조를 가진 면접을 사용하였다. 이런 경험적이고 구조적인 과정으로부터 단계와 변천에 대해 점차적으로 상세하고 명확해진 기술(記述)이 만들어지는 한편, 신앙 이론은 대학청중들과 종교교육, 목회와 목회적 돌봄 분야의 전문가들의 모임에서 소개되었다. 이 전문가들의 반성적 경험과 더불어 경험론적 증거에 대한 공감과 불일치는, 이론의 제1저자인 나에게 의미 있는 요인이 되어 주었다. 그리고 제임스와 마찬가지로 이러한 문제들에 대한 지향과 진리를 위한 개인적 탐구는 이 계획에 계속되는 동기와 에너지의 원천이 되어 왔다. "비록 용어에서는 차이를 느낄 수 있으나, 두 사람의 접근은 경험론적이다."

3. 두 사람은 모두 종교와 신앙의 수많은 현시(顯示)에 근거가 되는 일반적인 단일체(Generic Unity)가 있음을 주장한다.

제임스가 주장한 복수적인 우주는 잘 알려져 있다. 그리고 「종교 경험의 다양성」은 그 제목 자체로서 차이에 대한 존중을 향한 그의 헌신을 잘 알려 준다. 후에 제임스와 다원주의에 관하여 더 말하려고 한다. 그러므로 여기서는 제임스와 신앙 발달 이론 사이에 존재하는 유사점들을 열거하는 데 관심을 집중하려고 하며, 이 목적을 위하여 나는 다양성의 뒤에서 발견된 두 사람의 접근에서 바탕이 되는 일치점에 강조점을 두려고 한다. 제임스는 자신의 책의 결론에서 다음과 같이 말한다 : "종교적인 삶을 움직이는 중심축은 사적인 개인적 운명에서 개인이 느끼는 흥미이다"(James 1961, 381). 내가 생각하기에 여기서 말하는 '운명'이란, 우리가 죽은 후에 무엇이 될 것인가를 포함하여, 인간의 궁극적인 운명만을 의미하는 것이 아니고, 우리가 애쓰고 있는 삶과 의미와 목적을 나타내는 것에 대한 질문이기도 하다. 제임스 자신은 스스로 다음과 같이 질문한다 : "세상에 존재하는 신조들이 지니고 있는 모든 불일치 안에 그들의 일치되는 증언이 유지되는 공통적인 핵(核)이 존재하는가?" 그는 긍정적인 답을 제시한다 :

> 종교들의 일치되지 않는 신들과 신조들은 분명히 서로를 무효로 하지만, 그러나 종교들이 모두 만나는 것으로 보이는 균일한 진술이 존재한다. 그것은 두 부분으로 되어 있다.
> 1. 불안감(uneasiness) ; 그리고
> 2. 그것의 해결(solution)
> 1. 가장 단순한 어휘로 축소해서 말하면, 불안감은 우리가 자연스러운 상태로 있는 것에 대하여 무언가 잘못되었다고 느끼는 것을 의미한다.
> 2. 해결은 우리가 더 높은 곳에 있는 힘과 적절하게 연결됨으로써 잘못된 상태로부터 구원받았다는 느낌을 말한다(James 1961, 303).

위의 진술은 인간에게 근본적이고 일반적인 것으로서 두 번 태어난 사람의 규범에 대한 제임스의 공적인 약속을 보여 준 것이다. 여기서 그는 아버지로부터 받은 청교도와 복음주의적 유산과 초월주의자 운동으로부터 에머슨(Ralph W. Emerson)[8]의 사상과 유니테리언(Unitarian)의 영향을 받았음을 확인해 준다. 종교는 그것이 갖고 있는 모든 가장(假裝)과 현시(顯示) 안에, 개인이 갖고 있는 삶의 운명과 자연스런 모양들로 발견된 인간실존의 근본적인 불안에 대한 적절한 해결책을 발견하는 것에 대한 기본적인 관심이다.

신앙 발달의 관점을 보면, 종교와 신앙의 바탕에 있는 많은 현시들은, 첫 번째로는 삶의 궁극적인 한계와 조건들에 직면했을 때 삶의 의미와 지향성을 보편적으로 필요로 하는 것과 관계가 있다. 두 번째로는 개인의 삶의 에너지와 헌신의 능력의 소비에 대한 의미와 중요함에 대한 감각과 관계가 있다. 그러므로 근본적인 것은 삶의 의미를 만들거나, 발견하고, 가치를 만드는 것과 헌신의 연결망을 유지하는 것이다. "종교와 신앙의 지향점의 엄청난 다양성의 밑바닥에 일반적인 단일체가 있음을 지적한다."

4. 그 둘은 규범적 분석의 범주를 가진 실용주의자와 기능적 접근을 결합시켰다.

제임스는 실용주의적 지향을 유지하면서 종교 경험과 종교적 확신을 가져다주는 것으로 보이는 삶과 생활에 나타나는 차이들에 지속적으로

---

[8] 역자주 : 에머슨(Ralph W. Emerson)은 초절주의를 주도한 대표적 인물이다. 그는 정신을 물질보다도 중시하고 직관에 의하여 진리를 알고, 자아의 소리와 진리를 깨달으며, 논리적인 모순을 관대히 보는 이상주의자였다.

초점을 맞추었다. 삶의 도전들에 대담하게 참여할 수 있도록 해 준 삶에 대한 격렬한 열정, 흥미와 에너지를 가지고, 그는 일시적으로 종종 종교 경험의 도덕적 가치에 대한 질문들을 종교 경험의 생생함, 활력과 영향에 대한 질문보다 덜 중요하게 취급하였다. 그러나 전체적으로 종교 경험과 관련해서 보면, 진리는 인간의 삶을 변형시키는 생생함과 힘의 결합과 경험자가 더 분명하게 '더 높은 곳에 있는 힘들'과 특별한 관계에 있도록 연결 지어졌다는 것으로 구성되어 있다. 브라이언 제임스 메이한(Brian James Mahan)의 발표되지 않은 훌륭한 논문에서 그는 제임스에게서 찾은 종교 경험의 기능적 진리와 그 영향에 관한 세 가지 범주들을 확인해 주었다 : (1) 즉각적인 빛에 대한 반응 ; (2) 철학적인 합리성 ; 그리고 (3) 도덕적 유익이 바로 그것이다. 제임스에게 있어서 개인의 삶을 기능적으로 형성해 준다는 평가를 할 수 있는 종교 경험과 믿음의 본질적인 내용은 이 3개의 범주에 반드시 포함되어야만 비로소 그 진가를 인정받을 수 있다(Mahan 1989, 136-141).

신앙 발달 이론도 역시 규범적 범주를 결합한 기능주의자의 접근을 취한다. 우선적으로 유의할 점은 그것은 개인이 의미를 구성하고 수용하게 해 주고, 또한 경험에 자신을 연결 짓고 해석하는 신앙의 관점을 형성해 주는 방법, 그리고 앎과 가치의 양식을 가져다준다는 것이다. 신앙 발달 이론의 기능주의는 종교 경험이 발생시키는 에너지와 행동의 동기보다는 개인이 경험을 해석하고 분석하는 방법에 더 관계되어 있다. 그럼에도 불구하고, 심미적·합리적·윤리적인 범주들에 근거해 보면 신앙 발달의 초기 단계들보다는 후기 단계들이 기능주의적인 접근에 있어서 더 적절하고 더 진실하다고 주장할 수 있다. "두 사람 모두 종교와 신앙의 접근에서 규범적인 분석적 범주를 가지고 실용주의적이고, 기능주의적인 접근을 결합시켰다."

제임스와 신앙 발달 이론의 차이점

1. 두 사람은 신앙과 종교 경험의 다원성에 대한 반응에서 차이가 있다.
제임스는 자신의 책의 '결론'에서 다음과 같이 질문한다 : "종교가 다른 요인들과 혼합되는 것이 모든 사람들에게 동일한 것이라고 보는 것이 당연한 것인가?", "모든 사람들의 삶에서 동일한 종교적인 요인들을 보여 주는 것이 당연한 것인가?" 자신의 질문에 대하여 스스로 다음과 같이 대답한다.

> 신적인 존재는 단 하나의 특성으로 되어 있지 않고, 오히려 교체의 챔피언으로서 다수의 특성들을 지니므로, 서로 다른 사람들은 각자에게 가치 있는 일을 찾는다. 이러한 각각의 태도는 인간 본성의 전체적인 차원의 요약이므로 모든 사람이 그 나름대로 완전한 의미를 느끼게 해 준다. 그러므로 어떤 사람에게는 그 신적인 존재가 '전투의 신'(god of battles)이 될 수 있으나, 또 다른 사람들에게는 평화의 신, 하늘의 신, 가정의 신, 또 그 외에 다른 종류의 신이 될 수도 있다. 우리는 부분적인 체제 내에서 살고 있으며, 영적인 삶에서 그 부분들은 서로 교환될 수 없다는 사실을 솔직하게 인정해야만 한다. 만일 우리가 까다롭고 질투심이 많은 사람이라면, 자아파괴는 종교의 요인이어야만 한다 ; 우리가 만일 처음부터 선하고 동정심이 있는 사람들이었다면 왜 이런 종교가 필요하겠는가? 우리가 병든 영혼을 가진 사람들이라면 구원의 종교를 필요로 한다 ; 그러나 우리가 건강한 마음의 소유자라면 왜 구원을

생각하겠는가?(James 1961, 378-379)

　　제임스에게 신앙과 종교 경험의 다양성은 성격유형과 욕구 양식의 다양성과 동등한 것으로 보인다. 이 말을 제임스의 입장에서 본다면, 신앙 발달 단계 이론은 마치 다양한 유형의 멀쩡한 종교인을 몸에 맞지 않는 침대에 억지로 꿰어 맞추어 눕히는 것과 같아 보일 것이다. 그 하나의 예로, 성자성과 그 왜곡에 대하여 차이가 나는 표현들을 설명할 때, 그는 자신의 흥미를 유발하는 종교적 성격의 범위와 다양성을 제시한다. 그러면서도 그는 진화와 발달적 관점에 대한 흥미 혹은 적어도 종교 경험의 더 높은 수준이 지니고 있는 특징에 대하여 어느 정도의 암시를 준다. "더 의심할 여지없이 어떤 사람들은 더 완전한 경험과 더 높은 소명을 소유하고 있다."고 말한 후, "각 개인은 그것이 무엇이든 상관없이 자신의 종교에 머무르며, 또 어떤 사람들에게는 그 경험에 머무르는 사람에게 관용적이 되는 것이 가장 바람직한 일"(James 1961, 379)이라고 덧붙인다.

　　신앙 발달 이론은 내가 가끔 '수직적 다원주의'라고 부르는 관점을 다룬다. 동일한 사람이 인생주기를 가로지르며 세 개에서 일곱 개의 단계들의 예측할 수 있는 범위 내에서 자신의 신앙 관점을 충분히 구성할 수 있다. 평범한 성인 집단에 있는 사람들은 신화적-문자적 신앙에서 결합적 혹은 보편적·윤리적 원칙의 단계 중 하나에 속할 것이다. 이렇게 보면, 신앙 발달 이론은 '수용 이론'(reception theory)이다. 신앙 이론은 사람들이 종교적 전통들을 적절하게 해 주는 범위와 방법의 변동 혹은 절충주의적 혹은 세속적인 이념적 관점에서 의미를 서로 관련짓는 방법을 보여 준다.

　　치료적인 맥락에서, 제임스의 책은 한 번 태어난 사람과 두 번 태어난 사람을 확인하는 데 도움을 줄 것이다 ; 그의 책은 종교 경험들, 독특한 형태의 우울증(melancholy), 에너지 수준의 유사성과 차이점에 주의를 환기시켜 줄 수 있다. 신앙 발달 이론은 자아, 타인들, 인간과 하나님의 관계를 포함한 자아-타인의 관계를 구성하는 질적으로 다른 방법을 특성화하는 틀을 제공함으로써 치료적 목표를 성취하려고 한다. 신앙 이론은 의미 창조에 도움을 주는 사람들의 특성을 가장 잘 나타내는 단계 혹은 변천을 확인할 때 지식이 풍부한 치료가에게는 어느 정도의 정확성을 가져다줄 것이다. 신앙 이론은 자아, 자아-타인, 자아-세계, 자아-궁극적 환경과의 관계의 독특한 해석 양식들에 의해 구성되는 자아 됨의 함축적인 발달 모델을 제공해 준다.

2. 느끼는 자아와 해석하는 자아

제임스가 그의 책「심리학의 원리」(Principles of Psychology)에서 자아를 설명한 것을 보면, 그가 자아를 본질주의자 혹은 실제주의자의 관점에서 설명하리라고 기대하지 말아야 한다. 동시에 그의 제자인 조지 허버트 미드(George Herbert Mead)와 같이 사회적이고, 관계적인 자아를 설명하리라고도 기대할 수 없다. 제임스를 위해서는 유명한 데카르트(Descartes)의 진술인 "나는 생각한다. 고로 존재한다."를 "나는 느낀다. 고로 존재한다."로 바꾸어 말하는 것이 옳을 듯하다. 혹은 보다 적절하게 다음과 같이 말할 수 있을 것이다. "나는 나의 의지를 사로잡고, 나의 열정의 초점인 가치의 중심을 향한 나의 애착의 흐름에 감동을 받는다." 조나단 에드워즈(Jonathan Edwards)와 함께, 제임스는 "의지는 동기가 가장 강할 때 나타난다."고 말하고 있다. 그는 느낌 혹은 감정이라는 단어를, 그것이 지향하고 이용할 수 있는 지각적이고 인지적인 과정을 포괄할 수 있을 정도로 충분히 넓은 의미로 사용하였다. 그러나 분명히 느낌 (혹은 감정)은 동기와 지향성의 근본이 된다는 것이다. 한 사람이 그토록 강력하게 경험한 것에 대한 인지적 과정은 느낌 다음에 오고, 의식과 생각 및 말들은 그다음에 가져오려고 시도한다.

신앙 발달 이론은 인지와 애착이나 정서를 구별하는 전통에 서 있으며, 이론적으로 분리되어 있다. 피아제는 인간은 언제나 사고와 행위에서 애착의 실제와 영향을 관찰한다는 점을 인정했다. 그러나 피아제의 이론은 감정이 균형을 잡고 감정을 인도하는 인지와 광범위한 합리성에 특권을 주었다. 피아제와 콜버그에 비하여, 나의 책은 처음부터 개인이 의미를 발견하거나 만들고, 자아가 다른 사람과 자아, 그리고 궁극적인 환경과 관계 맺는 근거에 따라 해석하는 활동에서 감정과 가치의 역할을 포함하였다. 이것이 '확신의 논리' — 일종의 신앙논리 — 인데, 이는 피아제가 말하는 '합리적 확실성'보다 더 근본적인 것임을 주장한다. 제임스는 그것을 이끌어 낸 방법에서 그들의 의미를 설명하고 정교화해 주는 인지적 과정과 함께 삶을 형성시키는 감정과 애착에 의해 구성되는 자아에게 특권을 부여한다. 이에 비하여 신앙 이론은 해석하는 양식에 의해 자아는 구성되지만, 애착과 가치를 우리가 '단계'라고 부르는 해석의 양식들과 통합시키려고 노력한다.

3. 발달과 회심 : '한 번 태어난 사람과 두 번 태어난 사람의 구별에서 나타난 대조'

표면적으로 보면 제임스의 종교적 변형심리학은 회심과 '두 번 태어난 사람'을 지향하는 것에 중심을 두고 있고, 신앙 발달 이론은 '한 번 태어난 사람'의 확대된 노력으로 한 단계에서 다음 단계로 발전해 나가는 것에 중심을 두는 것으로 보인다. 그러나 실제 상황은 그보다 훨씬 더 복잡하다. 「신앙의 발달 단계」(Stages of Faith)에서 회심을 '가치와 힘에 대하여 갖고 있던 이전의 의식적·무의식적 이미지들에 대한 의미심장한 중심의 재형성이고, 해석과 행동의 새로운 공동체에서 자신의 삶을 재구성해야 하는 헌신을 가지고 새로운 중심 이야기들을 의식적으로 채택하는 것'이라고 정리하였다(Fowler 1995, 281-282). 이 정의와 위에서 언급한 내 책에서 보여 준 회심 경험에 대한 설명에서, 사람들은 제임스는 변형의 의미를 잠재의식의 딱딱한 껍질을 깨는 심상과 새로운 애착을 배제하는 힘으로 생생하게 그리고 있음을 알아챘을 것이다. 제임스와 나 사이의 핵심적인 차이는 신앙의 구조라고 할 수 있는 발달 단계의 연속에 회심 현상을 위치시켰다는 것에 있다. 한편 제임스는 새로운 방향에 대한 힘과 충성심과 애착의 새로운 에너지라는 회심의 양적인 영향에 더 관심이 있었다. 반면에 「신앙의 발달 단계」를 저술할 때, 나는 새로운 애착들과 삶의 방향을 정해 주는 의미를 만들고 유지하는 전체적인 과정에서, 그 의미의 대상에 더 많은 관심을 가진다는 사실을 분명히 하였다. 나는 회심은 각각 다른 단계에서 같은 사람들이나 혹은 다른 사람들에게 나타나는 것으로, 그리고 한 사람이 현재 속한 단계나 변천에 근거하여 매우 다른 방법으로 해석되고 통합되는 것으로 이해한다는 점에서, 회심의 양적인 차원보다는 질적인 면에 더 많은 관심을 가졌다.

4. 확신과 과잉믿음의 기초

우리가 본 대로 「종교 경험의 다양성」과 「신앙의 발달 단계」는 모두 서로 놀랄 만한 유사성과 분명한 차이점을 가지고 있다. 학문적 연구에서 그들이 공유하는 뒷받침에도 불구하고, 두 책은 매우 사적인 저술이다. 각 책이 지니고 있는 저자의 목소리는 사적인 목소리이다. 제임스의 책은 강연을 묶은 것이다. 독자가 책을 읽을 때 저자의 숨을 들이마시는 소리와 가까이에서는 소리의 높낮이까지도 거의 들을 수 있을 정도이다. 나는 내 책이 완전히 정리된 통합된 형태로 만들어지기 전에, 그 책의 많은 부분들을 가지고 강연을 하였다. 그 책을 저술할 때 나는 특별한 연결점에 눈썹을 찌푸리고 응시하던 기억으로부터, 설화와 설명이 필요하다는 것을 인정하는 내 강연을 듣던 청중들의 기억까지 그들이 마치 내 앞에 있는 것 같은 경험을 종종 하곤 하였다.

개인적인 목소리와 확실한 실존적인 열정을 가지고 두 책은 저자들과 독자들에게 책에서 다루는 주제가 중요하다는 확신을 전달했다고 나는 생각한다. 각각의 책은 그만의 독특한 방법으로 인간의 영혼과 인간 경험의 더 넓은 측면을, 인간 경험에서 본질적으로 가치가 있고 필요불가결한 것으로서 탐구하고 존중할 수 있는 현실 혹은 현실들 사이를 왕래하는 주어진 환경을 꾸몄다. 80년의 간격이 있지만 두 책은 인간 경험의 본질적인 영역에 대한 풍부한 지도들과 인정과 결정의 과정에서 그들의 위치를 알아내는 데 분명한 압박감을 느끼면서 독자들에게 말하였다. 또한 두 사람은 복잡한 방법으로 부인할 수 없는 규범을 가지고 경험론적인 기술(記述)을 결합하였다.

제임스와 나는 제임스가 말한 '과잉믿음'에 대한 확신에 의지하여 과학과 신앙 사이에 일어나는 깊은 긴장을 해결하려 하였다. 제임스는 자아의 '한계를 넘은'(transmarginal) 혹은 잠재의식적 심층과의 관계에서 하나님과의 연결점을 발견하였다. 솔직하게, 그는 종교 경험에서 만나게 되는 객관적이고 진정한 '타자'라고 할 수 있는 실재에 대한 의식은 인간의 잠재의식적 자아의 차원에서 확인될 수 있음을 분명히 하였다. 지적으로 숙련됨을 바탕으로 한 그의 논문 "믿음의 의지"(The Will to Believe)에서 그는 인간은 잠재의식적 마음의 차원에서의 만남을 통하여 종교 경험의 더 먼 측면에 있는 '동질 이상의 존재'(the more), 더 높은 곳에 있는 힘과 관계 맺는 경험을 한다는 것을 주장하였다. 이러한 확신은 변함이 없는데, 그 이유는 제임스가 다원적인 우주의 복합성에 근거하여 제시한 경험의 자료들에 관한 설명이 그 어떤 것보다 더 완전할 수 없기 때문이다. 그 완전함은 정지(停止)된 것이 아니라, 오히려 과정의 한가운데 있는 완전함이다. '과정의 한가운데'라는 말은 자아의 과정, 즉 무수한 인간과 다른 생명체를 받아들이고 매우 다양한 방식들 안에서 관계 맺는 경험의 과정을 의미한다.

「신앙의 발달 단계」에서 자연과 역사의 확장되고 복합적인 과정을 포함하고 보존하는 단일성에 대한 확신은 더욱 솔직하게 표현된다. 본래 신학자로서, 나는 존재와 가치 및 하나님의 권위의 우선성을 주장한다. 나의 인류학은, 인간은 신앙의 구조적인 활동들과 존재론적이고 동반자로서 하나님과 관계를 맺는 것에 부름을 받도록 준비시키는 일에 바탕이 되는 타고난 잠재적 능력을 가지고 진화되었음을 주장한다. 또한 과정을 강조하지만 제임스보다는 덜 급진적이다. 나는 자아는 이러한 존재론적인 부름에 대응하는 기본적인 방식에 의해 구성된다고 본다. 사람들이 그 부름에 대응하는 방식은 응답하거나, 부정하거나 혹은 그 부름에 반대하면서 갈등하는 등 모두 다를 것이다.

우리의 과잉믿음에 대한 구조와 성질은 제임스가 규범적인 것으로서 한 번 태어난 사람과 두 번 태어난 사람의 경험 양식 사이에서 갈등한 이유를 설명하는 데 도움을 준다. 나는 지속적으로 역동적인 신앙 관계를 변형적으로 모양을 바꾸는 일종의 한 번 태어난 사람의 연속에 대한 것이 지배적인 관심사였다. 나는 우리가 종교 경험과 신앙을 연구하면서 상대방을 받아들이고 확인하기 위해 이러한 선택들을 부정하지 않아도 된 것이 기쁘다. 왜냐하면 두 관점은 신앙이 변화하는 방식과 신앙을 변화시키는 구조의 특질들을 이해하는 데 필요불가결한 공헌을 했기 때문이다.

Faithful
    Change

Ⅱ부.

신앙과 수치심의
단층지대

제4장. 수치심과 상처 받은 마음 : 단층지대와 문화
제5장. 신체와 수치심
제6장. 수치심, 죄책감, 양심
제7장. 수치심 범위의 교차점
제8장. 수치심과 은총 : 창세기, 니체, 예수

Ⅰ부는 하나님과 이웃과의 관계 안에서 성장하기 위한 잠재성의 차원을 표시하는 신앙의 연속적인 단계를 통하여 출생에서부터 초기 아동기에 이르는 여정을 보여 주었다. 우리가 그린 그 여정의 지도에서 정서와 상상력, 그리고 신앙 발달에서 앎의 점진적인 부상의 역할을 중요하게 보았다. 윌리엄 제임스와 함께, 우리는 신앙과 종교 경험에서 회심과 변형의 역동성을 조사하였다. 제임스가 보여 준 신앙에서 '한 번 태어난 사람'과 '두 번 태어난 사람'이라는 두 개의 길은 신앙과 변화에 대한 우리의 연구를 Ⅱ부로 인도한다.

인간과의 관계이거나, 거룩한 존재와의 관계이거나에 상관없이 신앙이 있다는 것은, 자아와 타인과의 관계에서 특정한 예민성과 응답성, 영의 유연성을 유지한다는 의미이다. 그것은 절대 타자 혹은 타인에게 참여하는 것 또한 우리 자신에게 참여하는 것과 관련이 있다. 신앙에서의 이러한 참여는 옳은 관계성에 관한 것이다. 이것은 자아와 타인과의 관계에서, 그들의 (그리고 우리의) 가치에 대해 존경과 존중감을 가지고 살아가는 것에 관한 것이다. 그것은 신뢰와 믿을 만한 것에 관한 것이다 ; 그것은 충성심과 '신앙을 유지'하는 것과 관계가 있다.

다니엘 스턴(Daniel Stern), 에릭 에릭슨(Erik Erikson), 안나 마리아

Faithful Change

　리주토(Ana-Maria Rizzuto), 기타 다른 학자들과 함께 동행하면서 행해진 초기 영아기에 대한 우리의 연구는, 신앙의 관점에서 볼 때 '신뢰' 대 '불신감', '자율성' 대 '수치심과 회의'라는 초기 심리사회적 발달 위기가 중요하다는 사실을 보여 주었다. II부에서 나는 이 매우 중요한 '마음의 장소들'의 더 깊은 곳으로 독자들을 인도하기를 바라고 있다. 그 장소들은 특히 변화의 와중에서 우리가 충실할 수 있도록 인도해 주는 방법에 영향을 준다.

　근래 들어 수치심에 대한 많은 이야기와 저술이 있었다. 그러나 신앙의 삶과 신앙의 역동성에서 이런 정서의 중요성이 회복되고, 새로운 인식과 연결시키려는 노력은 별로 없었다. 여기서 내가 추구하려는 과제가 바로 그것이다. 앞으로 진행될 책의 내용에서 독자들은 고통과 불편함을 발견하게 될 것이다. 우리의 고통과 상처를 받아들이기 위해 치유의 은총과 변형을 진정으로 수용하는 것은 최우선적인 일이다. 하나님의 은총과 인간의 사랑과 수용을 통하여 중재되는 은총은 수치심을 치유하는 해독제이며 치유의 힘이다. 아담과 하와에서부터 니체(F. Nietzsche)에 이르기까지, 발달심리학에서부터 예수의 비유와 비유적 활동에 이르기까지, II부는 수치심과 은총의 역동성에 관한 것이다.

제4장
———

수치심과 상처 받은 마음 :
단층지대와 문화

　나는 이제 그것을 볼 수 있는 눈이 있으니, 그것을 어디에서나 볼 수 있다 : 그것은 그들 부모의 사회적 지위를 확인하거나, 성취하려고 노력하여 선택받게 된 역할을, 반은 허파로 반은 가슴으로, 서로 상반되는 기쁨과 위안으로 투사하려고 애쓰는 젊은 여성들이 사교계에 데뷔하는 무도회장에 걸린 흐트러진 현수막과 같이 걸려 있다. 그것은 컴퓨터 도안(圖案) 제작 기술자에게 자신의 일을 내주고, 또한 그와 유사한 상황에 있는 수많은 실업자들의 상황을 받아들인 37세 된 숙련된 그래픽 예술가가 머무는 노숙자의 집에서 상처받은 뱀과 같이 웅크리고 있다. 실직보험은 떨어져 가고, 가정의 악화와 이혼, 자녀들과의 관계 상실, 그리고 길거리에서의 삶이라는 이 노숙자의 이야기는 그것을 방출한다. 그것은 대학교에서, 우수한 대학원 학생이 대학원 세미나에서 그가 가슴으로부터 오는 개인적 감정을 드러내는 이미지들과 단어들의 부상을 경험하면서 추상적인 논문의 흐름이 갑자기 중단되도록 방해한다. 얼굴은 붉어지고, 어깨는 축 늘어지고, 명료한 흐름은 사라지고, 마음은 마치 정전으로 컴퓨터가 일시적으로 꺼진 상태와 같아진다. 나는 가치 있고 존경할 만한 맥락에서 태도와 행동을 자세하게 살피는 것을 요구하는 종교적 전통에 충성을 다하는 사람들이 종종 자기 허점을 드러내는 말로써 자기 묘사를 비판하는 과정에서 그것을 듣는다. 이상하게도, 나는 그것을 강인하게 학습된 겉치레를 한 주로 남자들인 기업주들이나 정치인들 중에서 그들 자신의 내적기질과 확고함에 대하여 질문하는 것을 보아 왔다 : "나는 과연 내가 해야 할 일을 할 수 있을까?", "나는 과연 겁내지 않고 혹은 밤에 잠을 자지 못하는 상황 없이 3천 명의 근로자들을 영구히 감원시킬 수 있을까?" 수치심. 위에서 살펴본 각개의 창문들은 이 고통스러운, 그러나 인간 실존의 중심인 수치심을 어렴풋이 살펴볼 수 있는 기회를 주었다.

  수치심은 자기평가의 정서이다. 수치심의 한 옆에는 죄책감이 자리 잡고 있는데, 그것은 부정적 자기평가의 정서이다. 긍정적인 측면에는 자존감과 자부심이 있으며, 이들은 자아를 긍정적으로 평가하는 기능을 한다. 부정적인 두 개의 정서 중에서 수치심은 인정하거나 주장하기가 더 힘들다. 종종 우리는 수치심이 우리 마음의 레이더 스크린에 나타날 때 덜 고통스러운 단어를 사용하여 그 정서를 표현하게 된다 : '불편한', '거북한', '당황' 혹은 '멍청이' 등이 그 좋은 예이다. 수치심이 나타나는 순간에 대한 부드러운 묘사들은 수치심의 본질에 대한 중요한 단서를 제공해 준다. 수치심은 다른 사람에게 혹은 자아에게 불완전하고, 부족하고, 부적절한 자신을 드러냈음을 자아가 인식하는 것이다. 수치심은 우리가 다른 사람과 우리 자신에게 불완전하고 취약하거나 무력하며, 최악의 경우 경멸을 받을 만한 사람으로 보여지는 고통스러운 자아의식과 관련이 있다.

우리 자신에 관한 감정을 놓고 볼 때, 죄책감은 수치심보다는 그 영향력이 약하다. 일반적으로 말하자면, 죄책감은 옳거나 적절하다고 생각되는 원칙이나 규칙을 어기는 일을 했을 때 느끼는 후회와 자책(自責)의 감정으로 설명될 수 있다. 죄책감을 느낄 때 우리의 행위는 자아로서 내가 지닌 가치와 특성으로부터 분리될 수 있다. 예컨대, 나는 옳지 않은 일을 할 수 있으나 아직 나는 자신을 좋거나 가치 있는 사람이라고 생각할 수 있다. 그러나 수치심에서는 부정적인 자기평가가 훨씬 더 전체적이다 : 그것은 이제 잘못되고 무가치한 존재로서 지각해야만 하는 그 자아가 나인 것이다.

영적으로, 수치심은 인간 영혼의 가장 깊은 진실의 장소와 연결되어 있다. 수치심은 마음을 단절시킨다. 건강한 수치심의 형태에서, 그것은 마음을 형성하고 알려 주는 데 도움을 준다. 그것은 양심의 가장 우선되는 근거와 무엇이 가치가 있고 무가치하며 혹은 무엇이 옳고 그른가에 대한 본능적인 감각을 제고해 준다. 정서로서의 수치심은 다른 사람들과 사랑과 깊은 친교를 가능하게 하는 예민한 감정과 연결된다. 수치심은 우리가 맺는 친구, 연인, 배우자, 자녀들과의 가장 가까운 관계에서 요구되는 친밀감을 보호해 준다. 그것은 또한 우리가 거룩한 존재나 우리에게 성스러운 것으로 인식되는 영역과 맺고 있는 관계를 에워싸고 있다. 긍정적인 영향을 미치는 경우, 수치심은 우리를 가치 있는 존재로, 그리고 우리의 정체성을 지켜 주는 보호자의 역할을 한다. 우리가 건강한 수치심의 소리를 귀담아 듣는다면, 우리는 우리의 중심으로부터 말하고 행동할 것이다. 우리는 진실함과 완전함과 정체성을 가지고 응답하고 행동하게 된다. 이렇게 볼 때 수치심은 영(靈)에 참여하고 영혼을 돌보고 양육하는 특별한 역할을 가진다고 볼 수 있다.

그러나 수치심이 왜곡된 형태로 기능할 때 그것은 마음을 망가트리거나 무너뜨린다. 그것은 진실의 장소로 가는 민감한 길을 단절시키고 우리의 마음을 초월할 수 있는 길을 막아 버린다. 왜곡된 수치심은 가족 안에서나, 직장에서나, 사회적 역할에서, 그리고 교회나 회당(유대교)에서 가치의 조건을 만족시키기 위해 '거짓 자아'를 형성하도록 이끌어 갈 수 있다. 수치심은 계급, 성별, 인종, 성적지향성 혹은 종교적 헌신을 이루고 그것이 당연한 것이 되는 상황들에 기초하여 권력의 불일치가 일어날 때 언제나 우리의 관계를 왜곡시킨다. 가장 왜곡된 형태에서 나타나는 과도한 수치심은 반사회적 인격 장애자를 파렴치한 태도로 이끌어 가거나 혹은 우리가 종종 목격하는 어떤 정치적 독재자들, 부호들, 유명인들에게 나타나는 강력한 자기애로 이끌어 간다.

오늘 우리가 살고 있는 사회에서는 이렇게 교묘하고도 고통스러운 정서를 다루는 도전을 받아들이지 않기 때문에 영적인 생동감과 통합을 향한 길이 없다. 수치심을 다루는 도전을 심각하게 받아들이는 것은 우리를 매우 중요한 활력, 친밀감, 민감성의 방향으로 이끌어 준다. 그것은 나와 타인을 존중할 수 있는 열정으로 이끌어 주고, 하나님의 창조물로서 나와 동일한 기원(起源)을 가진 타인들의 가치를 동등하게 인정하며 살아갈 수 있도록 이끌어 준다. 왜곡된 수치심을 다룬다는 것은 우리로 하여금 인간 세상의 사회적·경제적 불의에 직면할 수 있는 능력과 용기를 갖게 한다는 의미를 가진다. 이는 우리 자신의 '충분히 선함'과 이 세상을 보다 좋은 곳으로 만들 수 있는 효과적인 힘에 대한 깊은 신뢰감을 회복함으로써 찾아오는데, 그것은 우리 자신의 진정한 가치에 바탕을 둔 충분함이다.

수치심은 신체의 경험과 얼굴의 표현과 함께 시작된다. 수치심은 선천적으로 신경생물학적으로 영향을 받는 제한된 영역 중에 하나이다. 우리는 수치심에 대한 생애 초기의 신체적이고 정서적인 근거를 인정할 필요가 있으며, 그리고 이러한 요인들이 어린 시절에 어떻게 개인적인 것이 되고, 가족의 특유성을 지니고, 문화적 의미와 연결되는가를 보아야 한다. 이 책에서 우리는 수치심을 바로 이 점과 연결하여 알아보려고 한다. 우리가 다루려고 하는 수치심에 관한 일차적인 고찰에서는 양심의 형성에서 수치심의 중요한 역할을 탐구하고, 인간 발달 과정에서 최초의 자아-의식의 경험이 어떻게 나타나는가를 보고, 가치와 자기-가치의 취약한 눈금이 어떻게 왜곡되어지는가를 보게 될 것이다.

수치심은 말하자면 '학교에 간다'. 거의 출생에서부터 우리는 우리가 성장하는 사회적 환경이 제공하는 언어, 이야기들, 상징들과 생각들이 포함된 문화에 의해 형성된 의미를 가진 정서의 경험을 하기 시작한다. 4장에서는 수치심의 경험을 형성하고 전달하는 것에 특별히 설득력이 있는 것으로 보이는 우리의 문화와 이 사회의 차원들로 들어가 조사해 보려고 한다. 모든 사회는 여성과 남성이 그 사회에서 성공한다는 것이 어떤 의미인가를 말해 주는 사회적 구조로 이끌어 주는 양식들을 가지고 있다. 비록 종종 인식하지는 못하지만, 우리는 강력하면서도 미처 모르게 스며드는 규범들을 가지고 있는데, 이 규범들은 성별(gender)과 성별관계(gender relation)를 형성하는 데 기초가 되어 준다. 인종과 계급 및 사회·경제적 지위는 어머니의 모유를 먹던 시기에서부터 형성되기 시작하여, 그 후 가족의 구성과 삶의 양식들이 내면화되어 암호로 자리 잡으면서 형성되고 또한 강화된다. 권위와의 관계는 미묘하지만 수치심과 수치스럽게 하는 일은 보장된 고용인을 확인하거나 하급자를 복종시키는 일에 효과적으로 사용된다. 종교가 사회적 통제 수단의 하나로 사용될 때 수치스러움은 유력한 고용자와 재가자(裁可者)가 될 수 있다. 니체는 기독교를 '노예 종교'로 특징지었다. 그는 기독교를 그리스도의 추종자들을 불러서 가난하고 억압받는 사람들과 연대하여 비천한 삶을 받아들이게 하는 것으로 보았다. 또한 그는 영과 육신을 분리하는 것과 영웅주의와 의도적인 지배에 대한 열정에 반대하는 기독교를 향해 분노하였다. 우리가 문화와 사회에서 수치심의 전승을 탐구할 때, 서양문화의 형성에 중심적인 역할을 해 온 기독교에 우리는 마땅히 주의를 기울여야 한다.

수치심을 심각하게 다루기 시작하면, 개인적이고 집단적인 삶에 수치심이 미치는 그 침투적이고 강렬한 영향력을 보기 시작한다. 가난한 자들에 대한 지원 및 권한과 관련된 공공정책을 만들 때, 이 사회에 존재하는 종교적 권위, 성적 지향, 성별 구조, 그리고 태도와 연결된 긴장이 수치심의 역동성과 관계가 있음을 이해하는 것은 유익하다. 우리가 수치심에 관하여 배운 것을 행동에 옮기기 시작한다면, 그런 조사는 정책들이 어떻게 변화될 필요가 있는가에 대한 생각들을 함축하고 있음을 이해할 수 있다. 미국사회와 전 세계에서 일어나고 있는 폭력의 급증과 인종 간의 갈등 문제는 상호인간적이고 상호집단적인 관계에서 수치심에 주의를 기울임으로써 더 포괄적으로 밝혀질 수 있다.

19세기와 그 이전의 소설가들, 수필가들, 그리고 인류 진화론자들에게 수치심은 철학적·인류학적 이해에 핵심적인 역할을 하였다. 찰스 다윈(Charles Darwin)은 「인간과 동물의 정서 표현」(*The Expression of the Emotions in Man and Animals*)의 가장 중요한 장(章)에서 '자기-주목, 수치심, 수줍음, 겸손함 : 얼굴 붉힘'에 심혈을 기울였다. 프리드리히 니체의 저술들에는 인간이 고상한 존재로서의 명예와 권위를 지키는 감각으로서, 그리고 '노예 종교'에 매달려 있는 왜곡되고 거짓된 형태로서의 수치심을 깊이 있게 이해했음이 속속들이 나타난다. 니체는 삶의 사적이고 깊은 차원들, 예술가와 성직자들이 만들어 낸 취약하게 드러난 창조물을 보호하기 위해 수치심이 필요하다는 사실을 아주 잘 이해하였다. 해브록 엘리스(Havelock Ellis)의 성 심리학에 관한 개척자와 같은 논문 "겸손의 진화"(The Evolution of Modesty)와 철학자 막스 쉘러(Max Scheler)는 "부끄러움과 수치심"(Über Scham und Schamgefühl)이라는 수필에서 수치심에 관한 날카로운 연구를 소개하였다.[1]

20세기 전반에 이르러 수치심에 대한 철학적이고 심리학적인 관심이 쇠퇴하였다. 프로이트(S. Freud)와 정신분석학 운동은 인간 행동의 근원으로서 본능 혹은 충동에 초점을 맞추어야 할 결정적인 선택을 하게 되었다. 그렇게 하여, 정서는 일차적으로 이드(id)가 원하는 충동의 피할 수 없는 요구와 초자아에서 암호화된 문명의 가혹한 속박 사이에서 갈등을 조정하려고 노력하는 이성의 연약한 능력을 방해하는 존재로서 바라보는 결과를 낳게 되었다. 프로이트는 수치심보다는 죄책감(guilt)에 초점을 맞추었다. 더 나아가, 그는 성적으로 억압된 시대의 히스테리 환자들을 치료하면서 특히 신경증적 죄책감에 주목하였는데, 환자들이 거짓 감각에서 느끼는 죄책감의 짐이 가져다주는 증상들을 탐색하는 분석을 통해 죄책감이 그 증상에 우선적인 역할을 한다는 것을 알게 하였다. 마음과 정서의 내적 과정을 무시한 행동주의 심리학은 분명히 인간의 동

---

[1] *Shame, Exposure, and Privacy* (Schneider 1992)에서 칼 슈나이더(Carl Schneider)는 이 19세기에 살았던 학자의 연구에서 수치심의 개념을 자세하게 분석한 자료를 제공하였다.

기와 행동에서 수치심이나 기타의 정서가 하는 역할에 관하여 별로 알려 주지 못하였다. 프로이트가 주장한 무의식의 방어와 심각한 갈등 상황에 있는 마음에 지나치게 관심을 집중하는 것에 반응한 인본주의 심리학은, 방어기제들이나 수치심의 역동적인 복잡함에 깊숙이 침투하는 것에 실패하였다.

20세기 중반에 에릭 에릭슨, 게르하르트 피어스(Gerhart Piers), 밀튼 싱어(Milton Singer), 헬렌 머렐 린드(Helen Merrell Lynd), 그리고 헬렌 블록 루이스(Helen Block Lewis)는 정체성 형성과 인간관계의 중심되는 요인으로서 수치심에 다시 주목하기 시작하였다. 1980년대에 들어와 헬렌 블록 루이스를 연구한 다수의 정신분석학자들이 주축이 되어 수치심의 현상에 대해 주의 깊게 접근하기 시작했는데, 그런 접근은 문학, 역사 그리고 정신분석 치료 현장에서부터였다(참고. Wurmser, Nathanson, Morrison, Broucek, A. Miller). 정신분석학에 속해 있는 '대상관계 학파'(참고. St. Clair 1986)와 특히, 1970년대 후반과 1980년대에 하인즈 코헛(Heinz Kohut)의 자기－심리학과 그의 추종자들은 수치심에 주목하였는데, 그들의 주된 관심은 수치심과 자기애의 관계와 인간 성격의 가장 깊고, 가장 초기의 양식을 형성하는 정서 중에 수치심이 중심적 위치에 있다는 사실에 주의를 끄는 저술들을 소개하는 것이었다.

수치심에 대한 관심은 1988년 이후 미국에서 광범위하게 대중적인 주목을 받게 되었다. 이러한 관심은 주로 존 브래드쇼(John Bradshaw)의 저서들이 대중매체에 소개되고, 가족치료, 중독치료, 열두 단계의 해석들의 소개를 통해서 대중에게 알려졌다고 할 수 있다. 이러한 대중적인 인기의 부상(浮上)과 독자가 스스로 도움을 얻을 수 있는 수치심을 부각시키는 저서들을 통해, 종종 '유해한' 것으로 알려진 수치심의 이해와 분해에 일차적인 초점이 맞추어졌다. 그러나 수치심의 또 다른 역동성과 기능은 전반적으로 무시되었다.

지난 10여 년간 다수의 저자들에 의해 수치심의 차원에 관한 통찰력 있는 저서들이 출간되었다. 앞으로 우리는 이 대부분의 저자들을 만나 그 생각들을 알아보게 될 것이다. 그러나 그들 중 소수만이 수치심이 개인과 집단의 삶에서 영과 생기를 회복시켜 주는 통로임을 간파하였다.[2] 앞으로 올 장(章)에서는 우리가 21세기와 새 천년을 향해 나아갈 때 절실하게 필요한 영혼의 치유와 회복에 참여하는 장소가 될 수치심이 우리의 삶에서 진리에 응답할 수 있는 장소가 될 수 있는 참신하고 생산적인 관점을 개발해 보려 한다.

---

2) 두 개의 주목할 만한 예외를 언급해야 할 것이다 : Rita Nakashima Brock, *Journeys by Heart : A Christology of Erotic Power* (New York : Crossroad, 1988), and Lewis B. Smedes, *Shame and Grace : Healing the Shame We Don't Deserve* (San Francisco : HarperSanFrancisco, 1993).

제5장

신체와 수치심

 이제 겨우 앉을 수 있는 기저귀를 차는 아기는 빛나고 부드러운 플라스틱 인형을 갖고 논다. 번갈아 가며 바라보고, 솜씨 있게 다루고 입과 혀로 맛을 보면서 아기는 즐거움과 흥미와 소통하면서 빛나는 눈동자와 활력 있는 참여를 보여 준다. 경고도 없이 세 살 정도 된 오빠는 약간 뒤편에서 아기에게 접근한다. 인형과 아기의 얼굴 사이에 끼어든 오빠는 여자 동생의 오른쪽 귀에 달콤한 키스를 한다. 아기는 얼굴을 내리고 돌렸다. 눈은 내리깐다. 어깨와 목은 뚝 떨어지기 시작한다. 옆으로 처진 열린 입은 아랫입술보다 약간 돌출되어 보인다. 아기는 쫙 벌린 다리 사이에 손에 잡고 있던 인형을 떨어뜨린다. 즐거움과 흥미는 방해를 받고, 아기의 얼굴 표현과 몸의 자세가 보여 주는 변화는 그 장면을 관찰하는 우리와 아기 자신에게 전달되는데, 그것은 수치심의 감정이다.
 심리학자 실반 톰킨스(Silvan Tomkins)의 30년에 걸친 연구가 보여 준 정서이론에 따르면 인간 존재의 선천적이고 보편적인 특징들인 몇 개의 기본적인 감정들이 있다.[3] 톰킨스는 그 감정들을 다음과 같이 설명한다.

> 감정들은 근육과 성선(性腺), 그리고 얼굴에 있는 피부 수용기(그리고 신체에 전체적으로 넓게 배치되어 있는)의 세트들이 선천적으로 '받아들일 수 있는 것'과 '받아들일 수 없는 것'으로 보이는 체계에 감각적 피드백을 가져다주면서 표시된다. 이러한 반응의 조직된 세트들은 독특한 감정이 저장된 특별한 '프로그램'들이 있는 뇌의 피질하에 방아쇠를 당기게 되는데, 이 '프로그램'은 선천적으로 부여받아서 유전적으로 물려받는 것이다. 그들이 활성화될 때 얼굴, 마음, 그리고 내분비선에 널리 분산된 구조를 동시적으로 사로잡으며, 그들에게 반응들과 관계되어 있는 특별한 양식들을 부여한다. 인간은 두려워하는 것이나 우는 것, 그리고 놀라는 것을 학습하지 않는 것처럼, 고통이나 허공을 움켜잡는 것을 학습하지 않는다(Tomkins 1987, 137).

톰킨스는 심리학과 더 일반적인 인간행동을 이해하는 데 그가 제안하는 감정이론의 중요성을 대담하게 인식하고 있었다. 그는 말하기를 :

> 프로이트와는 달리, 나는 인간을 맹목적으로 쾌락과 폭력을 추구하는 피할 수 없는 충동을 억압적인 사회와 내면에 있는 그 대리인인 자아와 초자아에 의해서만 억제되는 전쟁터로 보지 않는다. 오히려 나는 감정

---

3) 나는 실반 톰킨스를 독파하고 이해할 수 있도록 도와주고 안내해 준 도널스 나단손(Donald L. Nathanson, MD)의 저술에 대하여 감사를 표하고 싶다.

과 느낌을 일차적인 선천적 생물학적 동기 기제로 보고 있는데, 이들은 결핍과 쾌락 충동보다 더 긴급하고, 심지어 신체적 고통보다도 더 급한 것으로 본다. 그 자체를 확대하지 않으면 어떤 것도 문제가 되지 않으며, 그 자체를 확대하면 모든 것이 의미가 있다. 그러므로 그것은 긴급함, 추상성, 보편성을 결합한다. 그것은 충동 못지않게 기억, 지각, 사고, 행동에 힘을 제공한다(Tomkins 1987, 137).

톰킨스에게 감정들은 외장집중식으로 이루어져 있다는 점이 우리가 그를 이해할 때 단초가 되어야 한다. 상식적으로 생각하면 인간은 '가지는' 혹은 '느끼는' 정서를 갖게 되고, 그 정서를 얼굴 표정들, 몸짓들, 전체적인 태도에서 표현한다고 시사한다. 그러나 톰킨스의 접근은 이와는 다르다. 근육과 성선, 반응에 대한 피부 수용기의 선천적으로 계획된 세트인 선천적인 감정들은 어떤 특정한 경험들과 유사한 것으로써 자극한다. 눈은 크게 팽창할 수 있고, 창백하게 희어지거나 흥분하여 빨갛게 바뀔 능력을 가진 매우 명료한 근육조직을 가진 얼굴은 개인이 감정들을 인식하고 경험하는 일차적인 장소이다. 톰킨스의 입장에서 감정들은 얼굴에 제일 먼저 자리를 잡으며 성선과 신경생물학적 연속성과 상호 관련된다. 그다음에는 신체적으로 등록하는 단계가 된다.

얼굴은 또한 다른 사람과 비언어적으로 감정을 소통하는 일차적 장소이기도 하다. 신체적인 요구를 갖기 훨씬 전에, 관계적 반응과 느낌의 상태를 명료하게 설명하기 전에 얼굴과 감정들은 어린이와 돌보는 사람 사이의 소통에서 가장 중요한 역할을 한다. 보편적으로, 얼굴과 신체적 표현은 개인과 집단 사이에 일어나는 소통에 결정적인 기초를 제공한다. 톰킨스에게 감정의 체계는 촘스키(Noam Chomsky)가 주장하는 인간이 지니고 있는 선천적인 언어 획득 기제와 그 사용 이론과 어느 정도의 유사점을 찾아볼 수 있다. 톰킨스에게 감정들은 보편적으로 진화된 심리생물학적 프로그램으로 계획된 것으로서, 자아의 평안을 위협하거나 강화시켜 주는 개인의 인식을 확대시켜 주는 요인들이다. 이렇게 중요한 역할을 감당할 때, 감정들은 경험자에게, 그리고 개인이 상호작용하고 있는 사람들에게 생동감 있는 소통을 제공한다.

톰킨스는 9개의 기본적인 감정 세트를 확인하였다. 그중 세 개는 긍정적인 것이고 ; 네 개는 부정적인 것이며 ; 나머지 두 개는 '충동 보조'라고 불리는 것이다. 그가 확인한 감정 세트 중 처음 일곱 개에서 두 개의 강도 수준을 확인했는데, 처음에는 약하게, 그다음에는 더 강한 것이다. 각각의 감정 세트는 얼굴과 신체에서 독특한 표현양식을 갖고 있다.

먼저 긍정적인 감정들을 살펴보기로 하자. 첫째로, 흥미 혹은 흥분으로 분류되는 세트가 있다. 여기서 우리는 눈썹을 내리고, 입을 조금 벌리고, 어떤 대상이나 정지된 것을 따라가며 응시하는 것을 관찰할 수 있다. 둘째로, 얼굴이 빛나고 밝아지고, 근육이 이완되고, 입술은 크게 열리고, 웃는 얼굴로 반응하는 유쾌함 혹은 즐거움이 있다. 셋째로, 놀라움인데, 이 감정은 놀라움으로 입을 벌리고, 눈썹은 올라가고, 그리고 눈을 크게 뜨고 흔들림으로 표현된다.

또한 네 가지의 부정적인 감정도 있다. 첫째로, 고민 혹은 근심이 있는데, 이 감정은 눈썹이 일자로 모아지고, 입술의 모퉁이가 아래로 내려오고, 눈물을 흘리거나 눈을 크게 뜨는 표현을 한다. 둘째로, 두려움 혹은 공포가 있다. 이런 감정 상태가 될 때는 눈동자는 얼어붙은 듯 크게 뜨고 한곳, 또는 두려운 대상으로부터 시선을 돌리거나, 피부는 창백하며 차갑고, 땀을 흘리며, 근육은 떨리고, 얼굴과 목에 내려온 머리카락은 곤두선다. 셋째로, 수치심 혹은 모욕감이 있다. 이때 눈동자는 돌리고, 목과 어깨는 축 늘어지고, 머리는 아래로 숙인다. 넷째로, 분노 혹은 화인데, 이때는 눈살을 찌푸리고, 턱을 악물고, 눈을 가늘게 뜨고 얼굴은 붉어진다.

두 개의 보조적 감정은 배고픔의 충동을 만족시키기 위해 맛이 없거나 독성이 있는 음식이 소화되는 것을 회피하도록 인간 신체의 감각으로부터 그 이름을 얻었는데, 그것은 바로 맛과 냄새이다. 역겨움은 머리를 앞으로 내밀고, 입은 맛없는 음식을 뱉으려는 모양으로 표현된다. 악취는 윗입술을 들어 올리고, 머리는 뒤로 젖히고, 더럽고, 혐오감을 불러일으키는 냄새를 맡았다는 것을 보여 주는 코 주변에 주름을 잡는 모습으로 표현된다. 이 두 종류의 감정 세트는 사람들에게 상황들 혹은 다른 사람들과 관계에 대하여 경제적이고 강력하며 부정적인 평가를 전할 수 있도록 널리 일반화되었다. 이 보조 감정들은 혐오감, 경멸 혹은 멸시의 표현이나, 판단을 의미하는 것이다. 실제적이거나 우월성을 주장하는 자리로부터 전해진 이들은 사람들을 서로 분리시키거나 떨어지게 할 수 있으며, 또한 그들의 표적이 된 대상들을 무가치하다는 생각을 하게 한다. 앞으로 우리가 보게 되겠지만, 이러한 감정들이 아동-부모의 관계에 연결될 때 자아의 핵심에 유독한 요소가 되어 수치심의 경험으로 이끌어 갈 수 있는 독특한 힘으로 작용한다.

톰킨스의 구조에서 수치심-모욕감은 역시 보조적인 감정으로 취급된다. 그러나 혐오감과 악취와 마찬가지로 감정으로서의 수치심은 흥미-흥분, 그리고 기쁨-즐거움과 같은 긍정적인 감정들과 상호작용하고 또한 그 감정들의 보조적인 감정이다. 혐오감이 어떤 것을 받아들였을 때 작용하듯이, 수치심은 오직 흥미 혹은 기쁨이 활성화되었을 때 작

용한다. 수치심은 때로는 흥미 혹은 기쁨을, 혹은 양쪽 모두를 제지한다. 톰킨스의 주장을 살펴보자 ;

> 수치심의 선천적인 활성제(活性劑)는 흥미나 즐거움의 미완성된 축소이다. 그런 장벽이 만들어지는 이유는 하나가 갑자기 낯선 다른 것을 바라보기 때문이거나, 한 사람이 다른 사람을 바라보려고 하는데 갑자기 그가 낯설어서 그렇게 할 수 없기 때문이거나 혹은 상대방이 낯이 익은 사람이라고 예상했는데 그가 갑자기 생소하게 보이거나, 알고 있던 사람에게 미소를 지으려고 했는데 알고 보니 낯선 사람에게 미소를 짓고 있는 자신을 발견하게 되기 때문이다. 그런 장벽은 또한 어떤 일을 하려고 노력했으나 실패하고, 분명한 패배로 머리를 숙인 후에 경험하는 낙심의 결과로 나타날 수도 있다. 비록 지각된 원인과 결과들의 차이들로 인해 그렇게 경험되지 못하지만, 낙심, 수줍음, 수치심, 그리고 죄책감은 유사한 감정들이다(Tomkins 1987, 143).

수치심-모욕감의 감정 세트는 자아의 균형, 자존감 혹은 다른 사람들과 함께 있을 때 위협을 느끼는 상황에서 기쁨-즐거움 혹은 흥미-흥분을 방해하는 작용을 한다. 위협은 다른 사람에 대한 낯설음으로부터 시작된다. 그것은 다른 사람들이 나를 거부하거나, 내가 가치 없다는 취급을 받는다고 생각할 때 보여 주는 반응으로부터 생긴다. 예를 제시하면 더 잘 이해하는 데 도움이 될 것이다 : '정지된 얼굴'(still face)에 대하여 실험한 연구에서, 두 달 반에서 3개월 된 아기들과 어머니들을 거의 같은 환경에서 얼굴과 얼굴을 맞댄 상호작용의 장면을 촬영하였다(Tronick et al. 1978). 실험의 첫 단계에서 어머니는 기분 좋은 환경에서 그녀의 아기와 얼굴을 맞대고 앉아 있는 동안 정상적으로 행동하라는 지침을 받았다. 느린 그림으로 보니, 어머니와 아기가 서로 바라보는 것에 깊은 흥미를 가진 모습과 그들 사이에 나타나는 갑작스럽게 바뀌는 표현의 흐름을 보여 주었다. 그다음 단계에서는, 연구자들은 어머니에게 잠깐 동안 방에서 나가 있으라고 하였다. 그리고 방에 돌아와서는 전과 같이 아기 앞에 앉으라고 지시하면서, 이번에는 얼굴 표정을 가능한 한 중립적이고 소통할 수 없는 상태로 유지하도록 부탁하였다. 비록 눈을 바라보기는 하지만 어떤 얼굴 표정이나 몸짓도 하지 말도록 했다. 정신분석학자이자 톰킨스의 수치심 연구에 영향력을 준 분석가 도널드 나단손(Donald Nathanson)은 아동연구가 버지니아 디모스(Virginia Demos)가 아기들의 반응에 대한 해석을 한, 그 촬영기록에 있었던 좌담을 보고하였다. 나단손은 다음과 같이 말하고 있다.

> 아기들은 짧은 시간 동안 양자 사이에서 정상적인 상호작용이 일어나도록 하기 위해 어머니가 거기에 참여할 수 있도록 분명하게 노력하는 것으로 보이는 몇 개의 얼굴 표정을 보여 주었다. 얼마 후에…… 아기는 두 가지의 특징적인 행동 중에 하나를 보여 주었다. 어떤 아기들은 힘들어 하면서 울기도 하겠지만, 대부분은 갑자기 몸의 긴장이 풀리면서 의자에 쓰러지듯 앉아 머리를 밑으로 내려 한쪽으로 돌리고는 어머니의 얼굴로부터 눈을 돌리게 된다. 촬영기록의 느린 그림에서 보여 준 장면을 보면서 디모스는 후자의 집단에 속한 아기들이 보여 준 행동은 원시적인 수치심의 반응을 보여 준다는 해석을 하지 않을 수 없다고 하였다. 여기서 보여 주는 상황은 톰킨스의 기준과 연결되는 것으로 보인다: 수치심의 감정은 어머니와 상호교환 하려는 아기의 노력에 힘을 주는 흥

미 있는 감정을 방해하는 작용을 한다. 수치심은 예상되는 상호교환에 참여하는 것에 대한 어머니의 거부와 관계되는 어떤 신호에 의해 촉발된다(Nathanson 1987, 21).

이 실험에 참여한 아기들은 기쁨-즐거움과 흥미-흥분의 감정들을 중단시킴으로 촉발되는 신경생리학적인 반응을 경험한다. 이러한 중단은 아기의 주의력의 흐름을 뒤바꾸어 주는 독특한 영향력을 가지고 있음에 주의해야 한다. 밝은 반응을 보여 주는 데 익숙한 어머니의 얼굴에 고착되는 것으로부터 아기의 유쾌한 참여는 중단된다. 결과적으로 아기의 주의력은 급작스럽게, 그리고 반사적으로 자신의 얼굴 감각에 초점을 맞추게 된다. 이러한 현상은 피부와 얼굴, 목이 붉어지고, 머리와 눈동자를 스스로 떨어뜨리고, 자연발생적으로 얼굴에 혐오감을 드러내는 것들이 포함된다. 아주 짧은 시간이 지난 후 이런 갑작스러운 주의력 전환과 자아의 근거에서 그것에 대하여 돌연히 새롭게 초점을 맞추는 일은 아기에게 혼란과 불편함과 이탈의 감정을 갖게 할 것이다.

위에서 설명한 사실들은 수치심-모욕감의 본질과 힘, 그리고 기능에 관하여 중요한 일련의 단초들을 우리에게 제공해 준다. (1) 수치심-모욕감의 감정들은 대면관계의 맥락에서 발생한다. (2) 수치심은 관계에서의 거부, 불인정 혹은 제외되는 경험을 했다고 생각되었을 때 촉발된다. (3) 수치심은 주의(注意)를 다른 사람으로부터 나에게 돌리고, 그 주의를 고조된 자아인식에게로 다시 방향 짓는 일련의 감정적 감각에 의해 등록된다. (4) 수치심은 혼돈과 자아회의감, 무가치감을 포함하는 불안함과 고통스러운 감정을 불러온다.

나는 수치심-모욕감의 감정은 톰킨스가 확인한 감정들 중에서도 매우 독특한 역할을 갖고 있다는 의미에서, 그것은 '반성적 경향'을 띤다고 생각한다. 그것은 자아인식을 참조하고 확대하는 감정들을 동반하는 신경생리학적인 반응을 불러일으킨다. 반면에, 톰킨스가 확인한 그 외의 8가지 감정들은 신경생리학적인 반응을 가리킨다. 이 반응들은 외적인 일들에 대하여 경험하는 일이 위협적인지, 불쾌한 것인지, 흥미 있는 일인지 혹은 즐거운 일인지에 관한 인식을 확대시켜 준다. 우리는 수치심-모욕감의 감정이 자아인식과 자아의식의 발생과정에 근본적인 공헌을 한다는 점을 보기 시작하였다. 그것은 인지조작의 세대에게 다른 사람의 관점을 구성하고, 특히 그들의 자아를 해석하고 평가할 수 있는 관점들을 구성하는 데 강력한 동기를 부여한다.

수치심-모욕감은 자아인식과 자아평가를 강화하는 감정으로, 홀로 행동하지 않는다. 나는 적어도 다른 하나의 자아-반성적 감정이 있음을 믿으며, 그 감정에 대하여 알아볼 필요가 있다고 생각한다. 비록 그의 이론을 전문적으로 해석하고 확대한 학자들인 로버트 엠드(Robert Emde), 도널드 나단손이 그 문제에 관하여 중요한 작업을 했음에도 불구하고 톰킨스는 이러한 감정의 세트를 확인하는 데 실패했다. 그 감정을 나는 '확신-긍지의 감정'이라고 부를 수 있다고 생각했다. 확신-긍지의 감정 상태에서 머리는 들리고, 다른 사람이 바라보면 눈동자는 마주치고 멈추어졌으며, 얼굴은 편안하고 즐거워 보였다. 신체는 일체감과 유연성을 느끼며, 흥분과 기쁨으로 붉은색을 띤다. 수치심-모욕감과 같이, 확신-긍지는 아마도 가장 잘 알려진 보조적 감정 세트라고 말할 수 있을 것이다. 일차적 감정인 흥미-흥분과 기쁨-즐거움은 확신-긍지에 근거가 되는 것으로 보인다. 그러나 그런 점에서 그것들은 개인의 관계에서 확인된 것으로써, 그리고 평안과 가치 있는 개인의 감각의 확대로써 경험되는 반성적 감정들이다. 후에 우리가 양심의 기능과 죄의 관계에서 수치심-모욕감의 역할을 논의할 때가 되면, 나는 수치심과 여러 면에서 대조되는 확신-긍지라는 보완적인 반성적 감정에 관하여 보다 더 상세한 설명을 하게 될 것이다.

제6장

수치심, 죄책감, 양심

 앞에서 살펴본 대로 수치심은 인간에게 주어진 비병리학적인 것으로서 선천적인 신경생물학적인 감정이다. 그것은 그런 성격을 지닌 감정 세트들 중의 하나이다. 수치심-모욕감 정서는 영아기와 유아기의 발달 과정에서 점진적으로 감정의 특정한 양식들과 연합된다. 수치심은 다른 사람들과 자신에게 나타나는데, 이때 머리를 숙이고, 눈을 내리깔고, 얼굴을 피하면서 붉어진다. 동반되는 느낌은 대체로 갑자기 놀라고, 고통스러운 내적 충돌로 경험되며, 이러한 느낌들은 움츠러들게 하고, 통증 혹은 찌르는 듯한 아픔을 가져다준다(Lewis 1971, 233-250). 잘 살펴보면, 자아는 그 자신의 주의 대상이 된다. 동시에, 자신이 또한 다른 사람의 주의 대상, 특히 다른 사람의 평가적 주의의 대상이 된다는 어느 정도의 고통스러운 인식이 있다.
 잠시 후에 나는 감정에서 느낌으로, 복잡한 느낌들에서 우리 삶에서 완전히 성숙해진, 곧 안내할 수 있고, 평가할 수 있는 정서들로 발달하는 수치심에 관하여 보다 자세하게 설명하려고 한다. 그러나 이를 위한 배경과 맥락으로써 나는 수치심이 — 인간 종족으로서, 그리고 잠재적으로 적어도 인간으로서의 우리 각자에게 — 두 가지 형태인 '임의적 수치심'(discretionary shame)과 '치욕적 수치심'(disgrace shame)으로 진화된다는 사실을 제시하려고 한다.[4] 이 두 형태는 각각 독특한 기능을 하게 된다.

'임의적 수치심'은 개인들과 그들이 속한 공동체들 사이에 연대감을 유지하고 강화시키는 방향으로 진화한다. 수치심의 이런 변형은 다른 사람들에 대한 요령, 민감성, 존경심, 개인이 귀중하게 생각하는 사람들과 서로 공유하는 가치들을 존중하는 것을 포함한다. 이 차원의 수치심은 인간의 자아존중감과 자아가치감에 기초가 되는 집단이나 집단들에서 존중받는 구성원으로서의 가치를 지켜 주는 보호자로서 그 기능을 한다. 임의적 수치심은 다른 사람에게 인정받는 것과 자아가 정직한 확신과 자긍심에 근거가 되는 사람됨의 특성들을 보호해 준다. 급격한 동요, 움츠러들게 하고, 찌르는 듯한 아픔을 동반하는 형태의 수치심은 가치 있는 집단에서 개인의 구성원 됨을 위협할 수 있는 활동이나 관계에 관여하는 것을 방해할 수 있다. 머리를 떨어뜨리고, 눈을 내리깔고, 목과 어깨가 축 처지고, 얼굴이 붉어지는 상황에 자아를 되돌려 보면, 자아는 자신을 인정하지 않는 가치 있는 타인의 눈앞에서 지금 하고 있는 일을 상상하며 억울함과 연관된 정서를 경험한다. 수치심의 발달에서 보았듯이 감정에서 완전히 숙성된 정서, 인지, 기억들은 예상되는 방식을 분별하

---

4) 임의적 · 치욕적 수치심이라는 용어는 칼 슈나이더(1977, 1992)로부터 왔다. 이 두 유형 사이의 용어의 차이를 구별 짓기 위해 다양한 유럽의 언어가 보여 주는 다른 용어들에 관한 그의 중요한 논의를 참고할 것.

게 해 주는데, 그것들은 수치심으로 인한 고통을 가져다줄 수 있는 잠재적인 행동들, 상황들, 관계들이다. 이들은 수치심의 내적 선동의 원천이 되고 또한 임의적 수치심의 구성요소가 된다.

임의적 수치심은 우리의 삶에서 평범한, 그리고 매우 중요한 결정이나 선택을 할 때 그 실체를 드러낸다. 특별한 상황에서 어떤 옷을 입을 것인가에서부터 자동차를 사고, 가치 있는 것, 입맛, 우선순위, 인격에 대하여 선택하는 주장과 관련된 우리의 생각과 강조점에서 드러난다. 그러한 선택들과 우선순위들을 반복적으로 택하면서 우리는 우리가 중요하다고 생각하는 사람들과 친구들의 눈에 나에 대한 이미지를 형성할 뿐만 아니라, 타인들과 우리의 은밀한 눈에 자신의 사람됨의 구조인 인격을 형성하고 또한 수정하게 된다. 임의적 수치심은 본능적인 평가적 반응과 도덕적 상상력이라고 불리는 것을 작용시킨다. 이 유형의 수치심은 '양심'(conscience)의 형성과 힘에 중심적이고 긍정적인 역할을 한다.

만일 임의적 수치심이 선제적이고 예상적일 때, '치욕적 수치심'은 자신이 무가치하고, 불완전하거나 혹은 자신과 중요한 타인에게 존중받기 위해 요구되는 일련의 기준들을 맞추는 것에 실패한 경우 경험되는 고통스러운 일련의 정서들이 발달하면서 자리 잡게 된다. 개인이 자신의 실패에 대하여 두려워하거나, 인정하는 기준들은 도덕적일 수도, 또한 비도덕적일 수도 있다. 이 기준들은 한 사람이 지니고 있는 사람됨의 특성인 인격에 대한 것인데, 그렇기 때문에 그 기준들은 전체적 자아의 평가절하를 수반한다. 이 유형의 수치심은 실수, 맛에 대한 잘못된 판단, 약함을 드러내거나 혹은 가져서는 안 되는 무지함이나 순진함을 보여 주는 것과 연결될 수 있다. 그것은 또한 비난받을 만한 동기들과 개인의 삶의 방식에 근거가 되는 차원들을 드러내는 행위의 전체적인 양식을 인정하면서 보여 주는 마음 아픈 반응이기도 하다.

실수들과 고통스러운 순진함의 노출 범주를 살피면서, 나는 열여섯 살 때 있었던 내 첫 데이트를 기억하게 된다. 나는 가장 좋은 옷으로 단장을 하고, 당시 내가 살던 산골 동네에서 가장 비싸고 세련된 레스토랑인 타운 하우스에 함께 가자고 내 여자친구에게 부탁하였다. 인상적인 메뉴에 나와 있는 전체요리에 '투린 수프'(Tureen soup)가 있었다. 나는 맛있는 프랑스 요리에 나오는 수프를 상상하며 그 내용물은 전혀 모른 채, 종업원에게 그 수프에 대하여 물어보았다. 그는 "아, 그건 당신이 직접 수프를 퍼 먹을 수 있는 큰 대접을 의미합니다. 바로 저기에 있습니다. 오늘 저녁 수프는 프랑스식 양파 수프입니다."라고 대답했다. 나는 붉어진 얼굴과 난처해진 자존심을 가지고 그 이상한 내용물이 담긴 대접을 가져왔다.

어떤 사람은 위에서 본 단순한 당황스러운 상황으로 인해 치욕적인 수치심을 경험하게 된다. 그러나 치욕적 수치심이 가장 파괴적일 때가 되는 것은, 개인의 사실에 관한 것이 공적으로 공개되는 경험과 오랜 시간 동안 지속되는 존재 방식과 행동 양식의 결과에서 비롯된다. 지금 내가 말하는 것은 파괴적일 만큼 당황스러운 어리석은 판단으로 인하여 우연히 일어난 단 한 번의 실수를 말하는 것이 아니라, 지속적이고 신중한 행위에 의하여 일어난 실수들을 의미함에 주목해야 한다. 존경받던 목회자의 사례를 살펴보자. 그는 25년간 동료 목회자들의 자발적 은퇴 프로그램의 운영과 투자 경영을 위탁받았다. 이제 동료 목회자들이 그들이 투자한 펀드를 되돌려 받을 연령에 도달했는데, 그들의 자산이 사라져 버렸음을 발견하게 되었다. 감사 결과로 나타난 바에 의하면, 그 목회자는 수년 동안 50만 불 상당의 자금을 횡령해 왔음이 드러났다. 그 동안 훌륭하다고 생각해 왔던 사람이 자기기만적이고, 사기꾼이고, 사람들을 배신한 자로 드러났다. 치욕적인 수치심이 그와 그의 아내, 자녀들, 교회, 그리고 목회에 종사하고 있는 그의 동료들과 목회 자체에 차고 넘치게 되었다.

치욕적 수치심은 죄책감과 구분된다. 수치심은 자아와 타인들에 의해 결점 혹은 약점으로 보여지는 전반적인 존재의 감각이다. 이것은 타인들의 반응과 개인이 스스로 느끼는 자아-인식(self-recognition)과 자아-비난(self-accusation)을 통하여 형성된 고통스러운 자아-의식(self-consciousness)의 형태로 인식된다. 반면에 죄책감은 어떤 특정한 행동이나, 어떤 상황에 대한 특수한 반응에 의해 생겨난다. 죄책감을 느끼는 사람은 자신이 한 행동으로부터 자신을 분리시킬 수 있고, 또한 그것의 전체적인 가치에 대하여 질문을 할 수도 있다. 자신이 한 행동의 전체적인 가치에 대한 질문은 자아 전체의 기본적인 가치에 대하여 질문을 제기할 필요 없이 단순히 그것이 좋은가, 나쁜가 혹은 옳은가, 잘못됐는가를 평가할 수 있게 해 준다. 죄책감에서는 개인이 한 일이 원칙이나 기준에 비추어 볼 때 특별히 위반되었다고 판단된 것에 근거하여 그 행동을 향하여 정직한 자아-비난을 한다. 죄책감은 뉘우침, 변명, 회복, 그리고 가능한 상황이라면 용서로 표현된다. 그러나 수치심은 자아 자체의 결함, 부족함 혹은 단점에 굴복하는 문제이다. 치욕적인 수치심이 스며드는 감각으로부터 벗어나기 위해서는 신뢰하는 타인 혹은 타인들에게 결점이나 약점을 인정하고 드러내는 것과 존재의 방식에서 본질적인 변화가 요구되는 것이다.[5] 이렇게 볼 때 치욕적 수치심은 양심의 징벌

---

[5] 알코올의존자 모임에서 시작된 접근의 최초의 공식에서 12단계는 한 사람의 삶에서 치욕적 수치심의 기초와 양식을 인식하는 과정에서, 그리고 집단의 지원을 받고 자아의 존재 방식에서 근본적인 변화가 일어나는 과정 동안 매우 지혜로운 접근을 제공해 준다.

적이고, 자아-개혁의 차원으로서 그 기능을 수행한다고 말할 수 있다.

위에서 우리는 수치심이 가지고 있는 두 개의 주요 얼굴들을 확인하였는데, 그 기능은 개인적인 가치감과 의미 있는 공동체의 일원이 되었다는 느낌을 주는 것이다. 우리는 또한 이 두 얼굴들이 양심의 작용에 미치는 영향에 관해서도 언급하였다. 그렇다면 우리는 정서와 감정들에서, 그리고 감정과 인격이나 인성 구조의 근본이 되는 정서적 복합성에서 수치심으로 발달해 가는 과정에 대하여 무엇을 알고 있는가? 수치심의 양식이나 내용이 어떻게 개인의 삶에서 형태를 갖추게 되는가?

40여 년 전에 에릭슨은 처음으로 프로이트의 심리성적 발달 단계를 수정하고 확장한 자신의 저서를 출간하였다(Erikson 1963, 63). 그가 제시한 8단계 중 처음 두 단계는 자아의 발달에서 수치심의 역할이 형성되는 것을 이해할 수 있도록 해 준 영구적인 중요성을 지닌다. 에릭슨은 출생 후 첫해의 삶에서 영아의 자아는 기본적인 신뢰감을 발달시켜야 하는 도전에 있음을 다룬다. 그것은 아기가 새로운 환경이 편안하다는 느낌을 갖는 것이고, 돌보는 사람이 믿을 만하며 아기가 환영받고 존중받는다는 느낌을 갖는다는 의미이다. 아기와 돌보는 사람 사이에 형성되는 상호성의 질은 일관성과 수유의 편안함, 그리고 아기가 원초적 타인들과 일체감을 확인하고, 그들과 눈과 반응적 소통을 즐거워하는 가치를 발달시켜 주는 반영에 의해 영향을 받는다. 에릭슨이 활동을 시작한 이후 활동한 정신분석학자들 중에 하인즈 코헛(1977)과 앨리스 밀러(Alice Miller, 1981), 그리고 그 외에 몇 학자들은 반영의 과정을 더 상세하게 설명해 주었을 뿐만 아니라, '자기애적 상실'(narcissistic deprivation)의 위험에 대한 이해를 보다 분명하게 해 주었다. 자기애적 상실은 아기가 돌보는 사람의 불안이나 주의 산만 혹은 자기애적 결핍 때문에 아기가 돌보는 사람의 필요와 불안을 대조하여 바라보고, 반영할 때 나타난다. 이는 타인에게서 아기가 분리되고 독특하게 가치 있는 자아 됨의 인식을 확인하는 경험에 어려움을 준다. 후자의 상황에서 에릭슨이 말한 신뢰감과 불신감의 비율이 나타나는데, 이런 상황은 아기를 취약한 자기-회의와 무가치함과 불안의 느낌을 갖게 한다.

다니엘 스턴의 저서(Stern 1985)는 인지 발달과 심리사회적 발달 이론을 결합한 영아에 대한 최근 연구의 심리학적 자료임을 기억해 보자. 스턴은 에릭슨의 관점을 훌륭하게 정련(精練)시켜 주었다. 이 책의 제1장에서 다룬 내용을 잠시 되돌아보면, 영아는 4개의 하위 단계의 발달을 거치는 것으로 알려져 있다. 스턴의 연구에 따르면, 이 시기에 영아는 돌보는 사람과 상호작용의 복잡한 양식을 개발하며 이를 통해 자아의 확고함과 주도적인 감각을 확립한다고 하였다. 특히 중요한 것은 감정을 표현하고 기억을 저장하는 수단으로서 언어 발달이 이루어지기 전, 영아는 이미 돌보는 사람과 신체와 몸짓, 그리고 생산, 읽기, 감정의 조화를 통하여 의미 있는 소통의 경험을 한다는 통찰을 우리에게 보여 주었다. 언어 이전에, 최적의 발달 상태에 있는 영아는 비언어적 게임이나 의식(까꿍놀이 등), 그리고 '정서 조율'에 참여하는 것을 학습한다. 앞에서 우리가 이미 본 대로, 정서 조율에서 아기는 (종종 기분 좋게) 감정을 표현하고, 부모는 아기가 만들어 낸 감정양식과는 다르지만 아기가 만들어 낸 감정에 공명하는 그 감정을 '읽고', 반응한다. 반면에 아기는 부모가 보여 주는 '나는 너를 본다, 나는 너와 함께 느낀다.'라는 응답의 메시지를 '읽으면서' 점증되는 감정적 풍부함을 가지고 반응하게 된다. 간단히 말하면, 그렇게 즐거운 상호작용을 가능하게 하는 동일한 기술을 가지고, 아기도 역시 부모의 몸짓과 얼굴 표정에 표현된 혐오감 혹은 악취의 신호인 고통이나, 경멸하는 듯한 부모의 감정을 읽을 가능성이 있다.

스턴의 관점은 하인즈 코헛과 앨리스 밀러와 같은 자기심리학자들이 논의했던 반영의 역동성을 설명하는 관찰적 근거들을 제공한다. 그의 저술을 통하여 우리는 언어와 의식과 그리고 재생기억 이전에 아기가 어떻게 언어 사용과 에릭슨의 두 번째 단계로 이동하는 데 바탕이 되는 인지를 형성하고 저장하며, 신뢰와 기본적 신뢰감의 혼합된 느낌이 연합된 형태인 감정 메시지를 연합하는가에 대하여 더욱 깊이 이해할 수 있게 되었다. 언어 획득 이전부터 이미 영아와 그가 완전하게 의존하는 사람들 사이에 있는 감정의 상호교환으로부터 남은 찌꺼기들이 형성된다. 에릭슨의 우주적인 언어인 '신뢰감 대 불신감'은 역동적으로 이해되고 있는데, 이는 한편으로는 자아 됨이 모순된/무가치한/반영되지 않는 주관적 경험과 또 한편으로는 자아 됨이 조리 있는/성취된/잘 반영된 주관적인 경험 사이의 연속성 사이에서 영아가 어디에 위치하는가를 알려 준다. 그 연속선상에서 어떤 특정한 아기는 확신-자긍심과 수치심-모욕감의 반사적 감정들 사이에서 자아의 감각에 이미 자리한 무의식적인 형태의 균형을 확인한다.

에릭슨은 수치심의 근본적인 중요성에 관한 이해를 두 번째 단계의 심리사회적 위기인 자율성 대 수치심과 회의감에서 보여 준다. 18개월에서 3세 사이에 나타나는 이 단계는 아기가 "자신의 두 다리로 스스로 설 수 있다."는 것으로부터 시작된다. 이는 괄약근의 성숙과 아기가 대소변 배설의 조절을 학습할 것이라는 문화적 기대가 동시에 일어나면서 나타나는 단계이다. 동시에 돌보는 사람들은 아기들의 분노 분출을 제한하고 억제하고자 노력하는 반면, 아기들은 자신들의 환경을 탐색하려는 급박함과 그들이 언제나 놀고 싶을 때 갖고 놀고 싶은 관심 있는 장난감을 자기 혼자 갖겠다는 주장을 하게 된다.

　에릭슨은 수치심은 눈에 보이며, 준비되기 전에 다른 사람들에게 공개되고 보여졌다는 감각과 관계가 있다고 보았다. 18개월에서 20개월 사이에 있는 대부분의 아기들은 거울로 보는 이미지가 자신임을 알게 된다. 어떤 관찰자들은 이 단계에 있는 아기들은 종종 자신이 관찰대상이 된 사실을 알지 못한 채 거울에 비친 스스로를 바라보고, 수치심 – 모욕감의 생리학적인 증상들을 동반하는 순간적인 떨림을 드러낸다고 하였다(Nathanson 1992). 이러한 현상은 아기가 자신이 보여지거나 혹은 다른 사람들에게 드러난다는 인식인 자아의식에 대한 최초의 확실한 경험이다. 제롬 케이건(Jerome Kagan, Kagan 1984)과 주디 던(Judy Dunn, Dunn 1987)과 같은 학자들에 의하면 위의 현상은 사물이 그래야만 한다는 기준에 대한 부상(浮上)하는 신중함과 연결된다. 도덕이나 공정함과 관련된 규칙에 제한되지는 않지만, 이 기준이나 규칙에 대한 관심은 옷에 흙을 묻혔거나, 장난감을 망가트렸거나 혹은 머리를 심하게 상한 장난감 동물을 보는 아기의 괴로움에서 볼 수 있다.

　기준에 대한 관심을 보여 주는 유사한 괴로움은 아기들이 다른 아기나 사람들이 다치는 행동을 관찰했을 때 나타난다. 케이건은 이러한 괴로움을 아기의 공감 능력과 부딪치거나, 엉덩이를 맞거나 혹은 멍이 들어서 찾아오는 불편함과 동일시하는 것으로 귀착시켰다(Kagan 1984, 126). 케이건은 아기의 기준에 대한 관심을 보여 주는 다른 예를 제시해 준다. 두 살 된 아기를 대상으로 한 실험에서, 이들이 다른 사람들에 의해 주어진 기준을 숙달하지 못했을 때 매우 당황하는 모습을 보여 주었다고 보고하였다. 그 실험에서 한 여인이 아기에게 다가가 장난감들을 가지고 아이들이 기억하거나 적용하는 데 힘든 간단한 순서에 따라 놀이하는 것을 보여 주었다. 그리고는 자신의 의자에 돌아왔다. 케이건에 따르면, 다양한 문화적 배경들에서 아이들은 금방 울거나 반항하는 반응을 보였다고 한다. 그는 아래와 같이 그 반응을 설명한다 :

> 나는 아이는 어른의 행동들을 따라 해야 한다는 일종의 의무를 만들어 내고, 거기에 더하여, 자신들이 그렇게 할 수 없음을 알고 있다고 믿는다. 수행해야 하는 기준을 인식하는 것과 그 기준을 만족시킬 수 없다는 인식의 결합은 아이가 울고, 반항하는 근거가 된다. 그럼에도 불구하고, 자신들이 만든 기준을 만족시킬 수 있는 아기들은 기쁨의 신호를 보여 준다 : 두 살배기 아기는 한동안 블록으로 6층의 탑을 세우거나, 어려운 퍼즐을 완성한 후에 자발적으로 전형적인 미소를 짓는다……. [미소]는 아기가 자신이 만들어 놓은 기준을 만족시켰음을 알고 있음을 반영하는 사적인 반응이다(Kagan 1984, 127).

이와 같은 질적으로 새로운 자기–인식과 기준에 대한 관심의 결합은 두 살배기 아기가 수치심과 자아 됨, 그리고 양심과 관련하여 매우 취약한 환경에 놓여 있다는 점을 볼 수 있도록 도와준다. 이는 아이가 부모나 성인의 훈계에서 암시되는 '착한 소년 혹은 착한 소녀'가 되도록 하는 기준들을 온전히 이해할 수 있는 인지 능력이나 경험이 충분하지 않은 시기이기 때문이다. 다른 사람들이 자신을 관찰하고 평가하는 것을 새롭게 인식한 새로운 자아로 인해 아기가 절대적으로 의존하고 있는 사람들의 인정과 사랑에 의해 소통되는 중심에, 기대에, 메시지에, 그리고 감정들에 취약하다. 그들이 보여 주는 인정과 불인정의 메시지는 아이의 가슴 가장 깊은 곳에 자아–가치의 매우 정교한 저울을 만들어 강력하게 등록

된다. 동시에 부모와 그들을 대신하는 양육자들은 한계를 정하여 새로운 행동을 강요하고, 아이의 활동이나 충동적인 행동에 대해 나무라거나 책임을 부여하기 시작한다. 어른들과 형제들과의 사회화에서 경험되는 갈등에는 전체적 범위의 감정이 작용한다. 언어와 기억이 활동하는 시기가 된 지금, 갈등에서부터 친밀감에 이르는 전체적인 범위의 감정에는 특별한 느낌들과 인지들, 해석들과 기억들이 자리한다. 아이가 갖고 있는 것으로 보이는 기준과 기대에 대한 점증되는 이해를 바탕으로 확신과 긍지에 대한 일관적인 경험에 비추어 보면, 아이는 정신분석학의 전통에서 '자아 이상'(ego ideal)이라고 부르는 자아의 이상적인 이미지를 구성한다. 아이는 또한 부분적으로는 의식의 수준에 부정적인 정체성의 기초가 되는 그림자 자아를 구성하는데, 이는 가족이나 양육자와 연결된 상황에서 아이들에게 덧붙여진 수치심 – 모욕 감정과 고통스러운 의미들의 파편들이 가져다주는 경험들로부터 구성된다.

이상적 자아와 그림자 자아의 이미지를 구성하는 이러한 의식적이면서 또한 무의식적인 과정을 우리는 양심이 형성되어 아이에게 자리 잡는 과정이라고 부른다. 임의적이고 치욕적인 유형을 모두 포함한 수치심을 구성하는 정서들과 감정들의 집합은 자아 형성의 일환으로써 양심의 형성에 기초적인 요인들로 작용한다.

이 장(章)을 통하여 우리는 자아의 부상에서 모든 유형의 수치심은 균형감과 가치감을 형성하고 유지하는 데 본질적으로 긍정적인 역할을 해주는 것과 그러므로 개인적 가치감의 수호자로서의 수치심을 다루었다고 할 수 있다. 초기 아동의 발달에 대한 고찰은 다음과 같다. 인간은 탁월한 방식으로 느껴진 자아감의 근거인 정서적인 복합성이 감정적인 받침대로 진화해 왔음을 전달하기 시작했다. 그것은 개인이 스스로가 가치 있으며, 자신이 속한 일차적인 집단에서 중요한 구성원임을 느끼는 데 필요한 가치감과 유능감을 유지하도록 도움을 준다. 자아의 가치감과 가치 있는 관계를 위협하는 기록과 감시의 요인들인 섬세한 잣대로서의 어떤 체계도 분명히 이용당하고 왜곡될 수 있다. 다음 장에서 우리는 수치심이 빠지기 쉬운 왜곡의 몇 가지 유형들을 간단하게 조사해 보려고 한다.

제7장

수치심 범위의 교차점

최근 들어 불기 시작한 수치심에 대한 관심은 주로 '중독적 수치심'(toxic shame)에 초점이 맞추어져 왔다. 텔레비전으로 방영된 존 브레드쇼(John Bradshaw)의 강연과 12단계 프로그램(12 Step programs)의 확산된 영향에 의해 '역기능적'(dysfunctional) 가족의 삶과 '공동 의존'(codependence)이라는 언어가 우리들이 일상적으로 나누는 대화의 일부분이 되었다. 중독적 수치심은 약물이나, 술에 중독되어 무능력하거나 혹은 배우자나 자녀들이 정서적·신체적·성적 학대로 고통을 받는 한 부모나, 양친으로 이루어진 형태를 가진 가정에서 초기 아동기에 경험된 유해한 영향과 관련이 있다. 이 책에서 우리는 중독적 수치심의 영적 영향을 이해하고, 그 치유 가능성들을 고찰해 보려고 한다.

그러나 수치심의 경험에는 다른 유형과 수준들이 있다. 여기서 우리는 이렇게 다른 수치심의 몇 가지 역동성에 관하여 깊이 있게 살펴보게 될 것이다. 나는 수치심 경험의 유형을 연속선상에서 조직하는 것이 도움이 된다는 것을 알게 되었다. 이러한 유형들은 우선적으로 각각의 수치심 경험이 나타내는 강도와 이해도, 그리고 왜곡이 가져오는 결과의 정도의 차이와 수치심이 주는 타격의 영향을 보상하거나 혹은 억제하는 데 요구되는 정신적 에너지를 사용하는 것의 차이에 의해 서로 구분된다.

수치심 경험의 선상을 따라 나는 아래에 수치심의 다섯 가지 유형과 정도를 위치시켰는데, 건강한 혹은 '정상적'인 수치심에서부터 점차적으로 왜곡되는 변화의 방향까지 차례로 정리하였다 :

1. 건강한 수치심

건강한 수치심은 인간과 함께 진화하며, 그것은 우리가 사랑하고 의존하고 있는 사람들 및 집단들과 맺는 관계를 보호하기 위해 필수적인 것이다. 건강한 수치심은 우리가 가치 있는 사람이기를 바라는 것을 지켜 주는 기본적인 보호자로서 일한다. 제6장에서 우리는 건강한 수치심에 대한 매우 중요한 두 가지 기능을 확인한 바 있다. 그 하나는 임의적 수치심이고, 다른 하나는 치욕적 수치심이다. 전자는 우리가 느끼거나 하려고 하는 생각이 자아-존중감을 축소하도록 인도하고, 만일 다른 사람들이 이에 대해 안다면 우리에 대한 믿음과 보살핌이 감소할 것임을 알려 주는 거의 본능적인 '조기 경보 시스템'의 기능을 해 준다. 다른 한편으로, 치욕적 수치심은 우리가 우연히 혹은 계획적으로 다른 사람들과 나 자신에게 내가 가치가 없거나, 내가 원하는 것보다 못하다고 생각되는 어떤 측면이 드러날 때, 우리가 느끼게 되는 스며드는 자아-불만감이다. 이 두 종류의 건강한 수치심은 양심에 없어서는 안 될 근거를 구성해 준다.

2. 완벽주의적 수치심

수치심 경험의 연속선상에 있는 두 번째 유형은, 높은 성취를 이루고 인정받고 성공하려는 사람에게 종종 연료로 작용한다. 그러나 모든 왜곡된 수치심 경험과 마찬가지로, 그것을 가진 사람의 마음 혹은 영혼에 진실의 자리로 통하는 의미심장한 억제 기준이 있다. 어린아이는 가장 의존하는 사람의 인정과 확인을 얻기 위해 프로그램과 가치와 그들이 요구하는 행동에 부합하려고 주의를 집중한다. 아이의 가치감에 절대적으로 필요한 이 인정은 비싼 대가를 치러야 받을 수 있는 것이다. 아이는 그 자신의 경험의 평가와 내적 안내와 바람이 발달하는 감각을 부정하는 가운데 이러한 인정과 존중에 대한 대가를 치른다. 위니캇(D. W. Winnicott), 앨리스 밀러 및 다른 학자들의 의견에 따라 나는 완벽주의적 수치심에서 보여 주는 반응의 세트를 '거짓 자아'의 창조라고 부른다. 이는 한 개인이 자신의 '가슴'으로 가는 길을 상실한 상태를 대표하는 것이다. 사람들이 흔히 말하는 대부분의 성인의 삶에서 경험하는 소진은 대체로 개인이 그의 가족과 사회적 집단이 가진 가치의 조건으로부터 자아를 자유롭게 하고 싶은 필요와 연결됨을 추적해 볼 수 있다. 치유는 그의 억압된 가슴과 무력해진 의지로 가는 길을 회복할 수 있도록 도움을 받는 것으로부터 온다.

완벽주의적 수치심은 보통 태어난 지 첫해에 그 최초의 뿌리를 두고 있다. 어떤 특별한 수준에서 아기는 최초의 양육자 혹은 양육자들과의 관계에서 일관적이지 않거나 부적당한 반영을 경험했을 것이다. 최초의 양육자가 우울증, 혼란 혹은 심리적으로나, 신체적으로 아기를 떠나 있을 때 일관성 있는 상호성 혹은 반영이 결핍되는 요인이 될 수 있다. 한 부모나 양친의 어린 시절 자기애적 결핍을 경험했을 경우에는, 아기와 서투

르거나 무뚝뚝한 상호작용을 하거나 혹은 '정서 조율'을 할 수 있는 기회를 제공하는 상황에 무관심한 참여로 이끌어 갈 수 있다. 최초의 양육자는 자신이 맡은 역할에 매우 불안정해하고, 잘못할까 봐 불안해하기 때문에 실제로 아기의 리듬에 대한 감각과 필요를 보지 못한다. 오히려 그는 양육에 관한 어떤 전문가가 처방한 안내와 절차에 모든 초점을 맞춘다. 더 나쁜 것은 이러한 양육자가 아기에게 자아감을 형성하는 거울로서의 역할을 하는 대신, 아기는 양육자 자신의 마음속 깊은 곳에 있는 필요를 재가(裁可)하고 만족시키는 역할을 하도록 요구받게 된다.

이런 상황에서 일어나는 상호작용의 양상은 아기가 모순된 자아 됨의 주관적 감각을 갖도록 하며, 이는 분명치 않은 경계선들을 가진 느낌과 결합된다. 아기는 기쁨-즐거움의 감정에 수치심-모욕감의 경험에 의해 방해받은 찌꺼기들을 축적해 간다. 이런 과정을 지나면서 아기는 신뢰감과 확신, 다른 사람들과의 관계에서 자아가 보여 주는 반응과 주도성으로서의 자아 의존-능력에 대한 감각을 충분히 형성하지 못하게 된다.

현실적으로 위에서 설명한 반영(거울에 비치는)의 결핍은 '얼굴'의 상실이나 축소를 가져온다. 생후 2년이 되면서 자아-인식이 나타날 때, 아기는 중요한 사람들에 의해 불안하거나 부정적인 방향에서 보여지고 평가되는 경험을 구성하는 쪽으로 기울어질 수 있다. 평가절하와 무가치함의 위협에 두려워하는 아기는 부모의 인정과 불인정의 표현에 함축되어 있는 기준에 특별히 민감해진다. 부모의 자아 이상(혹은 종종 부모의 초자아)은 아기가 자신의 것을 만드는 과정에서 이상적인 자아의 어떤 구성과도 대체될 수 있다. 대신 아기는 가치와 능력에 대한 부모의 이상을 완성하고, 그것을 넘어서는 것으로 자아를 설계하려고 노력하게 된다. 자신의 취약한 평가와 경험을 신뢰하지 못하는 아기는 자신의 잠재력에 의해 인도받을 수 있는 가능성을 억압하게 되며, 그것은 무가치하고 인정받지 못했다는 느낌에서 오는 고통을 수반한다. 종종 거짓 자아–정체성, 곧 완벽주의적 자아는 종교적 제재(制裁)와 도덕적 우월성의 계급 이상을 가진 부모에 의해 강화된다. 그런 아이들은 부모들의 조건적 배려에 의해 보상받으며, 종종 그들이 나아가는 다른 사회화된 환경들을 통하여 성과를 얻는다. 종종 그들이 거짓 자아를 소유하고 있었음을 깨닫는 것은 그가 자신의 핵심 자아로부터 소외되어 있었음을 알기 시작하는 때로부터 시간이 많이 흘러간 뒤인데, 이는 인생의 초기에 겪었던 최초의 전쟁에서 가치의 조건을 만족시키기 위해 자리 잡았던 완벽주의적 프로그램에 근거하여 삶을 살아온 결과이며, 그로 인해 결국 자신의 진정한 가슴으로부터 소외되어 온 것이다. 아래에 소개되는 43세 된 여성의 삶을 창문으로 들여다보면, 인생 초기에 경험했던 완벽주의적 수치심과 거짓 자아의 요소들이 만나게 되는 유익한 사례를 제공받게 된다.

  40대 초반의 수전(Susan)은 그녀의 직업전선에서 존경과 성공을 향유하는 사람이다. 그녀는 어머니와 아내로서 매우 유능하며, 그녀가 속한 종교 교단에서 지도자로 인정받고 있다. 나는 그녀가 교단의 지도자로서 공개석상에서 보여 준 탁월한 강연을 듣게 되었다. 그녀는 '신앙의 기초'에 관한 질문을 받았을 때 보기 드문 솔직함과 통찰을 주는 고통을 가지고 그 질문에 온전하게 대답했었는데, 그런 자세는 그녀가 자신의 내적 삶에서 겪은 심오한 변화의 시기를 통하여 경험한 것에서 나온 것이다.

  수전은 자신의 어린 시절의 장면들을 불러내는 것으로부터 이야기를 시작하였다. 그녀는 여름이 매우 긴 중서부 지역의 작은 마을에서 성장했다고 하였다. 아버지는 그녀가 친구들과 긴 시간을 보냈던 '오두막'이라고 불렀던 작은 건물을 지었다. 수전은 "나는 그 오두막에서 많은 시간을 보냈으며 바닥의 먼지들을 쓸어 내곤 했어요. 바닥은 내가 학교에서 배운 개척자들의 집들과 마찬가지로 발로 밟아서 아주 딱딱하게 광택이 났습니다. 나는 오두막 앞의 정원에 서 있는 키 큰 옥수수 줄기들이 살랑거리며 불어오는 바람에 박자를 맞추며 꿈을 꾸었습니다. …… '너의 손가락이 옥수수 잎사귀에 걸려서 잘못된 방법으로 비볐을 때 옥수수 잎사귀가 어떤 느낌이었는지 기억하니?' 나는 바람에서 그것을 들을 수 있었고, 그것은 내 꿈속에 짜여졌습니다."라고 말하였다.

그녀는 일곱 살이던 어느 날 같은 나이의 친구와 두 배 크기의 정원을 가진 가정으로 놀러간 것을 기억했다. 그 정원은 사과나무와 굉장히 큰 들장미 넝쿨로부터 채소들을 분리시키기 위한 배수구 옆에 있었다. "우리가 그 배수구를 따라 걸으며 작은 녹색 사과를 맛보는 동안, 회색빛 머리를 가진 나이 든 화이트(White) 부인(내가 알고 있던 유일한 회색빛 머리를 한 노부인)이 우리를 부르더니, 우리에게 줄 무언가 특별한 것이 있다고 하였습니다. 그 부인이 준 것은 옛 방식으로 만든 푸른 유리 눈을 가진 아기인형이었어요. 우리는 낄낄거리며 그 할머니에게 감사를 드리고는, 계속 숨죽여 웃으며 다시 그 배수구로 급히 돌아왔습니다. 우리는 원하지 않았던 선물에 부담을 느낀 나머지, 사과나무 밑에 구덩이를 파서 그 인형을 묻어 버렸습니다."라고 수전은 말했다.

수전은 그녀의 이야기가 적어도 은유적으로는 오래전에 구덩이에 묻었던 그 인형이 부활한 것과 관련이 있으며, 또한 그것을 받고 묻었던 일을 새롭게 해석하는 것이라고 말하였다. 인형을 회상해 보면서 분명해지는 것은 그 인형은 오랫동안 묻어 두었던 그녀 자신의 깊은 내면의 자아를 회복시키려는 노력의 상징으로 그 역할을 해 준 것이었다고 그녀는

고백하였다. 그녀의 이야기를 듣던 우리들은 아래의 이야기를 통해 그것을 파악하기 시작하였다 :

> 나는 [이런] 강연을 받아들이는 사람은 아닙니다. 실제로 나는 거짓 구실로 이 자리에 있습니다. 그 사람은 분명한 가치관, 인성, 그리고 다른 사람들과 때로는 그녀 자신을 기쁘게 하는 외양을 갖고 있었습니다. 그러나 지난 두 달 동안 나는 여러 면에서 지금까지 내 것이라고 생각해 왔던 그 자아가 지난 세월 동안 만들어 놓은 가면(mask)이었다는 사실을 발견하게 되었습니다. 그 여자는 가사(家事)회의들뿐만 아니라, 문서와 영화 협의회에서 얻은 현명한 암시들과 함께 그녀가 장식한 그럴듯한 방법에 관하여 매력적으로 말했을 수도 있었을 것입니다. 그녀는 하나님이 그녀를 사랑하신다는 것을 알고 있었고, 그녀가 속한 종교 공동체의 문화와 신학에 대하여 매우 깊은 만족과 일체감을 찾았습니다. 나는 그 가면을 쓰고 싶고, 그 사람이 되고 싶고, 그녀가 말하는 신앙의 기초를 주장하고 싶은 강한 유혹에 저항했습니다. …… 지금 나는 붙잡혔습니다. 패러다임의 변화에 붙잡혔는데, 그것은 4주 동안의 고립을 가져온 큰 수술과 하루에 10시간의 수면과 아이들이 없는 상황에서의 자기반성으로 인해 촉발된 단호한 자기분석의 시기에 찾아온 것입니다.

그 수술은 자궁적출과 관련된 것이었다. 그 수술로 절개된 부분이 치유되기 위해서는 눈에 잘 보이지 않는 다른 상처가 아물어야 하거나 혹은 적어도 어떤 면에서는 인정해야 한다는 것을 알게 되었다고 그녀는 말했다. 그것은 마치 그의 정체성과 신앙의 깊은 구조가 무너져 내리는 것과 같았으며, 정체성의 사원(temple)이 그녀 위를 떠다니고, 아무것도 지원하지 못하면서, 그러나 아직 작동하고 기능하는 것과 같았다. 그러나 내면에서는 모든 것이 변해 버렸다. 그녀는 말했다 : "모든 관계, 모든 태도, 모든 기억이 달라 보였고, 그 모든 것을 분석하고 새롭게 정의 내리라고 말하는 것 같았어요. 나는 단지 감정들, 내 감정들에만 관심이 있습니다. 그래서 생각이나, 다른 사람들도 오직 그런 감정들과 관련되어 있을 경우에만 관심을 갖게 됩니다. 때때로 내가 친구를 만나거나 일상적인 일을 할 때, 나는 '이들은 과연 누구인가?'라고 느껴요. 나는 나의 과거에 의해 정의되고, 인성의 포로라고 느낍니다. 나는 사랑받고 싶고, 성취하고 싶지만, 그러나 나는 내가 다른 사람들로부터, 하나님으로부터, 그리고 나로부터 감정들을 일깨워 왔던 과거의 전략들에 대해 많은 회의를 갖고 있습니다."

수전은 정체성과 신앙을 해체하고 새로운 구축을 시작하는 시기로부터 부상되어 발견한 통찰에 관하여 통찰력 있는 설명을 해 주었다. 여기서 특히 의미 있는 것은 그녀가 발견한 것을 다음과 같은 방법으로 설명한 것에 있다 : "분해된 모든 신념체계의 근저에는 정체성이 있습니다. 비록 이 과정이 두려움과 고통으로 가득 찼을지라도, 나는 분해되지 않았어요. …… 거기에는 부인할 수 없는 '내'가 존재합니다. 고통으로 구성되었을 뿐만 아니라 그 고통을 부인하는 내가 말입니다. 그리고 수정하는 일은 이 정체성을 확인하면서 동시에 그것을 위협하도록 합니다." 이렇듯 삭감할 수 없는 진정한 자아의 감각과 하나가 된 수전은 자신의 내면의 세계에서 나오는 독특한 목적에 대한 인식 혹은 역동적인 근원을 찾은 것으로 보였다. 그녀에게 주어진 조지프 캠벨(Joseph Campbell)의 책을 언급하면서, 그녀는 다음과 같이 말했다 : "캠벨은 교육의 힘보다는, 왼손잡이의 길(left-hand path)과 당신이 받은 축복이 가진 실제적인 힘에 관하여 말하고 있습니다. 우리에게 있는 악마들은 우리 자신의 한계이며, 그 한계는 영의 편재의 실현으로부터 우리를 차단합니다. ……
그의 글을 읽으며 나에게 어떤 일이 일어났는가를 희미하게 보게 되었지요. 나는 비전의 탐색에 착수했습니다. 그러나 나의 비전은 뒷걸음치도록 해야 했습니다. 왜냐하면 먼저 내가 소유하지 못하고 묻어 버렸던 본래의 비전을 수정해야만 하기 때문입니다."

수전은 그녀의 이야기를 35년 전 어린 시절에 묻었던 인형을 되찾는 비유로 돌아오는 것으로 끝냈다. "내가 수정할 필요가 있다고 알고 있는 가장 최근의 이미지는 나에게 익숙한 그 어린 소녀였어요. 옛날 노부인이 주었던 인형을 묻었던 그 어린 소녀말입니다. 그 인형은 내가 자궁과 난자를 상실하는 것과 분명히 관련이 있을 거예요. 그러나 나는 그것을 단지 지적으로만 알았습니다. 이제 비전을 탐색하는 나는, 그 인형을 꺼내고, 인형의 파란 사기 눈에 묻은 먼지를 털어내어 자세히 들여다보고, 꼭 안아 주려고 합니다. 사과나무 아래에서 들장미 향기를 맡으며 조용히 서로 흔들어 준 후에 나는 그 어린 소녀가 왜 그 인형을 묻었는지를 조사할 것이고, 묻혀 있는 동안 무엇을 배웠는지, 그리고 왜 나는 조금씩 조금씩 나에게 인형을 준 그 노부인과 같아 보이는가를 물을 것입니다."

3. 소수자의 지위에서 강요된 수치심

수치심은 아동의 사회적 자아–의식을 처음 경험하면서 생긴다. 18개월에서 24개월 사이에 있는 유아들은 거울에 비친 자신을 알아보며 돌연히 그것을 다른 사람들이 바라보고 평가하고 있음을 알게 된다. 생전 처음 유아들은 다른 사람들에 의해 자신들이 평가받고 있음에 의식적으로 주의하게 된다. 형성되기 시작한 지 얼마 되지 않은 그들의 자아와 자아-가치는 매우 예민한 측정에 아주 취약하다. 부모와 양육자들은 그들의 돌봄을 받는 유아들에게 자신의 자아-존중감의 질(質)을 전달한다. 슬프게도, 사회적 차별에 근거한 소수자의 지위는 아이의 가족의 정체성 일부가 되며, 가족의 울타리를 넘어 더 넓은 세계로 나아가기 전에 이미 아이는 영향을 받게 되고, 소수자의 지위에 강요된 수치심의 평가를 받아들일 것이다. 이런 부모와 가족의 수치심이 아이들에게 전달되면 '원인적 수치심'(ascribed shame)을 형성하게 된다. 이런 수치심은 가족이나 그들의 자녀들이 지닌 인성(人性)적 특성과 별로 관계가 없다. 그것은 그들이 전혀 손쓸 수 없는, 무시받는 어떤 사회적 환경의 특성과 절대적으로 관계가 있다. 이런 유형의 수치심 중에서 가장 영향을 미치는 것은 사회경제적 계급, 인종, 인종적 배경, 때로는 종교이며, 가장 흔한 것은 성별이다.

다음에 소개하는 이야기는 인종, 성별, 그리고 사회적 계급에서 오는 소수자의 지위 때문에 강요된 수치심과 아동기의 취약함이 결합되어 적나라하게 나타난 예이다. 그것은 마야 안젤루(Maya Angelou)[6]의 첫 자서전인 「나는 왜 새장에 갇힌 새가 노래하는지를 알고 있다」(*I Know Why the Caged Bird Sings*)이다 :

"왜 나를 쳐다보니?
나는 머물려고 온 게 아닌데……."

나는 내가 나 자신을 기억할 수 없는 것을 그렇게 많이 잊지는 않았다.

---

6) 역자주 : 미국의 저명한 흑인 여성 작가.

다른 일들이 더 중요했었다.

"왜 나를 쳐다보니?
나는 머물려고 온 게 아닌데……."

내가 그 시의 나머지를 기억하든, 기억하지 못하든 그것은 중요하지 않다. 진술의 진실은 손수건을 돌돌 말아 쥔 것과 같아서 내 주먹 안에서 다 젖었으며, 그들이 그것을 빨리 받아들일수록 손바닥이 시원해질 수 있도록 내 손을 펼 수 있게 될 것이다.

"왜 나를 쳐다보니……?"

흑인 감리교 성공회의 어린이 좌석에서는 내 건망증에도 불구하고 아이들이 몸을 흔들고 낄낄거렸던 것을 기억한다.

내가 입은 드레스는 보라색 태피터[7]로 만든 것이었으며, 내가 숨 쉴 때마다 바스락거렸고, 나는 마치 장례 마차의 뒤에 붙이는 조화와 같은 소리를 내는 그것 때문에 공기를 들이마시며 그 수치심을 내뱉었다. 엄마가 옷단에 러플을 달고, 허리에 작고 귀여운 주름을 만드는 것을 보면서, 그 옷을 입으면 내가 무비 스타와 같을 것임을 알았다. (그것은 비단이었고 보기 싫은 색이었다.) 나는 모든 사람이 꿈꾸는 이 세상에 꼭 알맞은 귀여운 어린 백인 소녀들 중에 하나로 보일 것이었다. 검은색 싱거 재봉틀에 부드럽게 걸려 있는 그 드레스는 마치 마술과 같았

---

7) 역자주 : 광택이 있는 **빳빳한** 견직물. 특히 드레스를 만드는 데 쓰임. 흔히 '타프타' 라고 부름.

다. 그리고 사람들이 내가 그 드레스를 입은 모습을 보았을 때, 나에게 달려와 다음과 같이 말해 줄 것이었다. "마구리테(그것은 때로는 '사랑하는 마구리테'일 수도 있다.), 제발 우리를 용서해 주렴. 우리는 네가 누구인지를 몰랐어." 그리고 나는 "물론 여러분은 내가 누구인지를 몰랐을 거예요. 용서해 드릴게요."라고 관대하게 말했을 것이다.

며칠 동안 그 옷은 내 얼굴에 반짝이는 천사의 꽃가루를 뿌리며 돌아다니게 해 줄 것으로 생각했다. 그러나 부활절의 이른 아침에 해가 뜨면서, 그 드레스는 백인여자가 버린 보라색 옷을 주워서 만든 보기 싫은 평범한 것임을 알게 되었다. 그것은 늙은 여자가 입는 것 같은 기장이 긴 옷이기도 했지만, 바셀린을 바르고 그 위에 아칸소산(産) 붉은 찰흙가루를 바른 내 가는 다리를 감추지는 못했다. 색이 바랜 낡은 색은 내 피부를 진흙처럼 더러워 보이게 하였고, 교회에 있는 모든 사람들은 나의 가는 다리를 바라보았다.

그들은 어느 날 내가 더러운 검은 꿈에서 깨어나 일어났을 때 나의 실제 머리가 길고 금발이면 놀라지 않을까? 엄마가 헝클어지고 구불거리는 머리를 펴 주는 곳에, 가지 못하게 하던 그곳으로 데려갈까? 그들이 '나의 아버지는 중국 사람이었을 것'이라고 모든 것을 말한 후 내 연한 하늘색 눈동자가 그들을 최면에 걸리게 할 것이었다(나는 중국이라는 단어를 도자기를 의미하는 것으로 생각했다). 왜냐하면 내 눈은 아주 작고 사시(사팔눈)였기 때문이었다. 그래서 그들은 내가 왜 남쪽 사투리를 쓰지 않고, 흔히 쓰는 속어를 사용하지 않는지 혹은 왜 내가 돼지 꼬리와 코를 억지로 먹어야 했는지를 이해할 수 있었을 것이다. 왜냐하면 난 정말 백인이었고 나의 아름다움을 질투한 계모가 나를 입술이 곱슬한 흑인의 머리와 넓은 발과 연필 하나가 들어갈 수 있을 만큼 이 사이가 벌어진 너무 큰 흑인 여자아이로 바꾸어 놓았기 때문이다.

"네가 보고 있는 것은……." 목사 부인이 내 쪽으로 몸을 기울였는데, 그녀의 얼굴은 미안함으로 가득 차 있었다. 그녀는 나에게 "오늘이 부활절이라는 것을 네게 말하려고 왔어."라고 반복하는데, 단어들이 서로 엉켜지면서 "오늘이 부활절이라는 것을 너에게 말해 주려고 왔어."라고 가장 작은 소리로 말했다. 낄낄대는 소리가 마치 내게 비가 내리는 것을 기다리듯이 녹아내리는 구름같이 공중에 떠 있었다. 나는 두 개의 손가락을 가슴에 대고 화장실에 가야만 한다는 신호를 보이고, 발끝으로 교회 뒤로 걸어갔다. 나는 어디선가 내 뒤에서 부인들이 "주여, 저 아이를 축복하여 주소서." 그리고 "주를 찬양합니다."라고 말하는 소리를 들었다. 나는 머리를 곧게 들었고, 눈을 크게 떴으나 아무것도 보이지 않았다. 교회의 옆 복도를 반쯤 왔을 때 교회는 "주님이 십자가에 달리실 때 당신은 거기 있었는가?"라는 찬송가 소리로 마치 폭발하는 듯했고, 나는 발을 헛디디면서 어린이용 의자로부터 튀어나왔다. 나는 넘어졌고 무언가 말하기 시작했거나 혹은 소리를 치거나 했던 것 같다. 그러나 파란색 감이 혹은 레몬일수도 있는데, 내 다리 사이에 끼어서 압착되었다. 나는 내 입 뒤쪽에서 신맛을 느꼈다. 그러고 나서 내가 문에 다가가기 전에 아픔이 느껴졌고 내 양말 안과 다리 밑으로 마치 불이 난 것 같은 상황이 일어났다. 나는 참으려고 애쓰면서, 그 속도를 줄이려고 했으나 내가 교회 현관에 도착했을 때, 나는 더 이상 참을 수 없었기에 그대로 둘 수밖에 없다는 것을 알았고 혹은 그것은 내 머리에 되돌아와서 내 머리는 마치 땅에 떨어진 수박과 같이 모든 뇌와 침과 혀와 눈들이 사방에 흩어지거나 했을 것이다. 그래서 나는 마당으로 뛰어나가서 누워(소변) 버렸다. 나는 울며 소변을 보면서 화장실이 아닌 우리 집으로 뛰어

갔다. 그 일로 나는 분명히 매를 맞았을 것이고, 심술궂은 아이들은 나를 놀리기 위한 새로운 자료를 가졌을 것이다. 나는 부분적으로는 달콤한 해소를 위해 웃었는데, 그것은 우선 어리석은 교회로부터 자유로워졌다는 것뿐만 아니라, 머리가 깨어진다고 해서 죽지 않는다는 지식으로부터 오는 엄청난 기쁨이었다.

만일 남부의 흑인 소녀에게 성장하는 것이 고통스러운 일이었다면, 그 소녀의 치환(displacement, 置換)을 의식하는 것은, 목에 겨눈 면도칼에 녹이 스는 것이다.

그것은 불필요한 모욕이다(Angelou 1970, 3-6).

소수민족(소수집단)의 위치에 있는 사람들이 당하는 수치심은 수치심에 관한 일반적인 논의에서 무시되어 왔다. 우리는 그것이 갖고 있는 잠재력과 파괴력을 무시할 수는 없다. 그것이 우리가 앞에서 다루었던 하나 혹은 둘 이상의 수치심과 혼합될 때, 그것에 영향을 받은 개인들이나 집단들에게 엄청나게 해를 입히는 불리한 조건을 가져다줄 것이다.[8] 소수민족(소수집단)에게 강요된 수치심을 인정한다는 것은, 이 책 전체를 통하여 개인의 내적 자아를 새롭게 바꾸는 것에 관심을 갖는 것만으로는

---

8) 그런 의미에서 소수민족에게 강요된 수치심을 고찰해 보는 것은 다만 일직선상에 수치심을 놓았을 때 또 하나의 특정한 형태의 수치심의 위치를 찾는 것보다는 오히려 '건강'한 수치심에서부터 '완벽주의 수치심', '중독된 수치심', '파렴치함'에 이르기까지, 어떤 형태의 것에든 수반되어 나타나는 요인을 찾는 것에 의미가 있다고 하겠다. 마야 안젤루가 매우 극적으로 묘사한 것같이 소수민족에게 강요되는 수치심은 다른 어떤 수치심에도 수반되는 것으로 보이는 '목에 겨눈 면도칼에 슨 녹과 같은 것이다'. 내 제자이자 현재는 나의 동료인 캐롤 핏츠(Carol Pitts)는 내가 이 문제에 눈을 뜨게 도와주었다.

개인의 수치심이 치유될 수 없다는 것을 일깨워 주고 있다. 다양한 수치심은 경제적 · 정치적인 정의, 평등, 그리고 사회가 효과적인 포용성에 대한 적극적인 긍정이 없이는 치유될 수 없을 것이다.

4. 중독된 수치심

건강한 수치심을 위한 우리의 능력을 왜곡하는 모든 형태의 수치심은 중독성을 경험한다. 만일 그렇다면, 이런 유형들 중의 하나를 중독된 수치심과 구분해 주는 것은 무엇인가? 여기서 기억해야 할 것은 이러한 유형론(typology)은 수치심에서 등급과 왜곡의 포괄성에 근거하고 있다는 것이다. 그리고 우리는 수치심을 가져다주는 조건이나 기억들을 의식하고 그것으로 인해 오는 고통을 억압하는 데 요구되는 에너지의 양(量)에 근거하여 서로 다른 수치심들을 구분한다. 중독된 수치심은 어린아이가 자신의 생존을 위해 가정이나 사회생활에서 승인받지 않은 '규칙'들에 집착하는 것에 의지해야 하는 상황에 처했을 때 나타나는데, 그것은 이들로 하여금 정서적 관계에서 '이중 잣대'를 유지하게 한다. 예컨대, 어떤 가정의 어린이는 알코올의존자인 아버지에 대하여 그들의 어머니가 보여주는 지속적인 평가절하와 비판적으로 얕보는 태도에 동조하고, 어머니와 한편이 되어야 한다는 분명한 메시지를 받게 된다. 그러나 마찬가지로, 집 밖에서는 아버지가 알코올의존자라는 말을 절대로 하지 않을 뿐만 아니라, 아버지에 대한 아주 작은 언급이라도 있으면 아버지와 가정의 명예를 위하여 매우 강경하게 부인하는 반응을 하였다. 이런 종류의 상황에서 개인의 삶 가운데 대부분의 시간은 '거짓 자아'가 활동하게 된다. 자아의 핵심은 어린이의 삶의 일상적이고 삶에서 사적인 현실들과는 많은 점에서 모순되는 공적인 태도를 형성하고 유지하는 것에 의해 만들어진다. 공적인 자아는 어린이의 직계 가족들에 의해서보다는 다른 사람들을 관찰함으로써 얻게 되는 의미 있는 기준에 따라 창조되어야만 한다. 어린이가 충성과 사랑을 바치는 가장 가깝고 가장 사랑하는 사람들은 ― 자신을 포함하여 ― 그로 인해 심각하게 분열되고 또한 양면감정의 대상이 된다. 상당한 양의 정신적 에너지가 이러한 분열과 양면감정이 가져오는 내적인 고통을 억압하고, 그것에 대처하기 위해 상당한 양의 정신 에너지가 요구된다.

중독된 수치심에 대한 우리의 이해를 더하기 위해 나는 핵심적 자아와 진정한 자아(authentic self)의 가장 심오하게 느껴진 진실에 관한 설명을 '심장'의 은유에 근거하여 해 보려고 한다. 우리가 여기서 논의하고 있는 수치심의 왜곡의 등급은 아마도 '낙담'(broken heart)으로 부를 수 있을 것 같다. 수치심의 왜곡은 어린 시절 부모의 양육과정에서 적절한 상호성과 반영의 결핍에 심각한 신체적·정서적·성적 학대가 더해질 때 핵심적 자아로부터 멀어지는 정도에 따라 심해진다. 더욱 퍼지는 왜곡은 모든 진실된 느낌이나 감정의 표현을 억압하는 가정생활의 양식이 자리 잡은 맥락에서 형성된다. 그런 환경에서는 손상되고 있거나, 이미 손상된 관계를 공적으로 수용될 수 있도록 감추기 위해 솔직한 감정을 숨기고 억압할 수밖에 없다. 이때 어린이는 이렇게 더욱 왜곡된 조건하에서 자아와 자기가치를 파악하기 위해 부모와 양육자들에 대하여 종종 분열된 이미지를 구성하게 된다. 무의식으로 가져간 이러한 분열은 어린이가 사랑하는 부모나 가정을 소유했다는 감각을 보존하도록 용인한다. 그러나 동시에, 어린이는 다음의 두 가지 기회에 의해 자아 안에서 분열을 넓혀 가게 되는데, 그 첫째는 어린이가 자신의 고통을 인식하고 기억하고 있음을 의식하는 것을 억압하고, 둘째는 방어기제를 유지하기 위해 요구되는 정신에너지를 투입하는 것에 의해서이다. 이것이 '낙담'이다.

그런 환경에서 어린이가 경험하는 신체적 · 정서적 · 성적 폭력은 중독된 수치심과 적절하게 연결될 것이다. 그런 경우에 어린이가 자아를 위한 분명한 경계선을 발달시키기는 쉽지 않을 것이다. 그리고 비록 어린이가 매일의 삶에서 공적으로 견딜 만한 담대한 얼굴을 발달시킨다고 해도, 그 아이는 상처받고 자신의 가치에 대해 의심하는 자아를 위해, 사회적으로 보호할 수 있도록 유지해 주는 진정한 친밀감을 위해, 필요하고 허용되는 어떤 종류의 관계에서도 멀어졌거나 방해받는다는 느낌을 받을 가능성이 있다.

우리는 댄(Dan)이라는 사람의 이야기를 통하여 중독된 수치심의 근원과 고통으로 들어가는 용감하고 궁극적으로 힘을 북돋아 주는 창문을 만나게 되었다. 댄이 우리와 함께 나눈 억압된 기억들을 밝히는 길로 들어선 것은 자신의 세 살 난 딸이 그 동네 남자아이에게 괴롭힘을 당하는 것에 대해 그가 극단적이라고 표현한 반응에서 시작되었다. 그 당시 목회자이자 그의 아버지의 사업 파트너였던 댄은 그의 완벽한 기독교 가정의 근원을 보호해 왔던 의심의 여지가 없는 거짓들과 기만들을 파헤치고 해결하는 데 따르는 엄청난 고통으로 특징지을 수 있는 새로운 여정을 시작하게 되었다. 사람들을 돕는 일에 헌신하던 그가 이런 수치심의 감추어진 뿌리들을 다루기 위해 하나님의 은총과 진리의 빛 아래 그의 이야기를 가져다 놓기로 결심하였다.[9]

---

9) 댄의 이야기는 「그림자들로부터의 도피 : 빛을 찾기」(*Escaping the Shadows, Seeking the Light*, Brewer 1991), pp. 23-32에 나오는 그의 논문 "자아를 찾아서 : 거짓 자아"(Uncovering the Self : The False Self)에서 찾을 수 있다. 여기서의 모든 인용들은 댄의 설명에서 온 것이다.

일곱 살 먹은 댄이 말한다 : "하나님은 너를 사랑하시고 너의 인생을 위해 원대한 계획을 갖고 계셔. 하나님이 너를 위해 무엇을 하실 수 있는지 너와 나누고 싶어. 하나님은 말할 수 없는 기쁨과 조건 없는 사랑과 고난 중에 평안, 그리고 행복으로 가득 찬 삶을 주실 거야." 이 문장을 성인이 된 댄이 기억하면서 말하기를, "일곱 살 난 소년으로서 위의 말은 한 점의 흠도 없는 것이었지요. 성실함이 내 존재로부터 흘러나왔으니까요. 내 말로 인해 그날이 내 두 친구가 예수님에게 '네'라고 고백할 수 있는 날이 될 수 있을까요? 나는 기대감으로 압도되었었지요." 성인인 댄이 자신의 소년시절의 전도 노력은 성공적이었다고 우리에게 말해 주었다. 그의 두 친구는 그들의 삶을 예수에게 바쳤다. "이 일은 나의 삶을 영원히 바꾸어 놓았습니다. 이전에 이미 나는 내 자신을 가치도 없고, 이상하고, 더럽고, 외톨이로 보고 있다는 것을 알고 있었어요. 나는 무언가 잘못되어 있었습니다. 아이들이 나와 같이 노는 것은 우리 어머니가 그들에게 사탕이나 과자, 또는 도넛으로 그들의 마음을 샀을 때라고 생각되었어요. 내가 기억할 수 있는 것은 나는 외롭고 혼란스러웠다는 것입니다. 내가 왜 그런 고통을 느꼈는지는 분명하지 않았어요."

댄은 그를 돕는 그룹의 지도자에게 간증에 성공한 것에 대하여 말하였다. 그 지도자는 역시 전도자인 댄의 부모에게 아주 기쁘게 그 사실을 말해 주었다. 댄은 그의 부모로부터 압도적인 확인과 사랑, 긍지를 받았다. 그러나 일주일 정도가 지나자 모든 일은 정상으로 돌아갔고, 댄은 그의 동생들과 함께 부모가 헌신적으로 일하고 있는 종교 기관에서 유모가 돌보는 외로운 삶으로 돌아갔다.

댄은 자신의 이야기를 계속 이어 갔다. "시간이 지나면서 나는 내가 알고 있는 한도 안에서 가장 좋은 기독교인이 되려고 했습니다. 내 신앙에서 단 한 가지 그림자는 가끔 느끼게 되는 성적인 욕구였어요. 내 마음속에서 어머니와 수영을 하면서 성적인 행동을 하는 그림을 그리는 것이 정상이라고 생각했던 기억이 납니다. …… 나는 기독교인으로 그런 잘못된 욕구를 통제하는 법을 배워야만 했어요. 나는 내 마음으로부터 그 모든 더럽고 추한 것들을 끄집어내어 버리고 다시는 그런 생각을 하지 않도록 해야 했습니다. 그 모든 노력에도 불구하고 성적인 사진들의 행진이 반복되어 나타나는 것을 막을 수는 없었지요."

댄이 8세에서 16세 사이에 그의 어머니는 일곱 번이나 자살을 시도했다고 하였다. 그는 여러 번 어머니로부터 면도칼이나 약을 빼앗았어야 했고, 때로는 어머니가 손목을 칼로 그었거나 수면제 과다 복용으로 응급실에 실려 갈 때 같이 간 적도 있었다고 하였다. 한 번은 어머니가 수면제 복용으로 쓰러졌는데, 아버지가 쓰러진 어머니와 댄, 여동생을 차에 밀어 넣고 병원으로 가면서 잠에 빠지지 않도록 어머니의 뺨을 계속 때리라고 한 적도 있었다. "우리는 우리가 살고 있는 지역에서 그 사실이 알려지는 것을 절대로 원하지 않았기 때문에 다른 지역에 있는 병원으로 갔어요. 시간이 지나면서 뺨을 때리는 것으로는 어머니의 잠을 막을 수는 없게 되자 아버지는 소리를 질렀어요. '네 주먹으로 세게 때려! 자, 빨리! 더 세게!' …… 나는 어머니를 때리면서 두려움에 떨었고, 어머니의 얼굴에서 피가 흘러내리는 것을 보았습니다."

두 개의 도시 밖에 있는 병원에 드디어 도착했다. 그의 여동생과 차에서 몇 시간을 홀로 남아 있던 댄은 어머니가 죽었을 것 같은 공포에 사로잡혔다. 공중전화가 눈에 띄자 삼촌에게 도움을 청하는 전화를 걸었다. "전화선 반대편에서 신호 소리가 들리자 내 몸이 복도를 날아가, 얼굴이 벽에 부딪치는 것같이 느꼈어요. 비틀거리면서 나는 아버지와 마주쳤어요. 분노로 몸부림치며 아버지는 내 얼굴에 대고 소리쳤어요. '너는 사람들이 무슨 일이 있었는지 알기를 바라니? 알고 나면 사람들이 너에 대해 나쁘게 생각한다는 것을 몰라? 우리 식구 모두를 나쁘게 생각할거다. 네가 어떻게 우리에게 그런 일을 할 수가 있어!'"

자신의 억압된 기억들을 재발견하면서 알게 된 사실은, 어머니가 자살을 시도했던 시기가 아홉 살 즈음이었는데 그 사건은 점차 희미해졌고, 그가 그녀(어머니)의 아버지라고 생각했다. "그 기간 동안 어머니는 나를 대리 아버지로 이용하면서 그녀가 겪은 과거의 경험들을 재현하셨어요. 내가 자신의 아버지라고 생각되면, 내가 전혀 기억할 수 없는 일을 하곤 했지요. 그러나 나는 그런 다음에는 나를 때릴 것을 알고 있었어요." 댄의 외할아버지는 어머니가 19세 때 자살했다. 외할아버지가 어머니를 성적으로 희롱하고 학대했음을 그에게 말해 주었다. "몇 년이 지난 후에 억압된 충격이 표면으로 떠오르기 시작했을 때, 내가 세 살 때부터 어머니가 나를 침대에 눕혀놓고 나의 성기를 핥았다는 것을 알게 됐습니다. 그리고는 어머니는 흐느껴 울면서, '아버지, 아버지, 왜 내가 이런 짓을 하게 하세요?'라곤 했어요. 그리고는 나를 때렸습니다."

비록 부족함과 결핍에 대한 감정 때문에 괴로워하지만, 어린 시절, 댄과 같은 관계와 경험들을 포함하고 있는 성인들은 자기-개선으로 가는 도전적인 길을 구체화하고 또한 추구하며, 자아를 위한 보상적 변호를 약속하는 성공적인 노력을 추구할 수 있다. 그런 사람들은 그들이 지닌 포부를 가로막는 기능을 하는 어린 시절로부터 오는 유산들을 다루어야만 한다. 과거로부터 가져온 부인되고, 무의식적인 폭력과 무가치함에 대한 감각은 중요한 때에 내면의 방해자로, 그리고 그들의 자신감과 일의 수행을 누구도 모르게 손상시키는 일을 한다. 더 나쁜 것은 부모 자신들이 그들의 어린 시절에 경험했던 폭력과 학대를 재생산하는 경우이다. 이런 재생산은 부모가 그 자신의 어린 시절에 겪은 부모로부터 받은 학대의 경험들과 그들의 신체 조직에 깊숙이 자리 잡은 기억 세포에 운반되어 온, 인식되지 않고 표현되지 않은 분노의 웅덩이를 무의식적으로 확인하게 되면서 나타나는 것이다. 고통스러운 기억들을 교정하기 위해 서로를 지원하는 집단의 사람들과 함께 작업하고, 그러한 기억들을 수용과 은총과 진리의 빛 아래로 가져옴으로써 치유를 추구한 댄은 자신의 삶을 재구성하고 치유를 경험할 수 있는 길을 찾았다. 그는 그의 가정의 중독된 수치심을 만든 배양기의 원천이 되어 준, 성적인 학대와 다른 형태의 학대의 순환에 종지부를 찍기로 자신에게 약속했다.

앨리스 밀러는 다음과 같이 기록했다 :

> 어린이들에게 줄 수 있는 가장 심각한 잔인함은 부모의 사랑과 애정을 상실하지 않고서는 그들의 분노와 고통을 표현할 수 없다는 데 있다. 초기 아동기로부터 자리 잡은 분노는 무의식에 저장되는데, 그것은 기본적으로 건강하고 활력적인 에너지의 원천으로 작용하기도 하지만 같은 양의 에너지는 분노를 억압하는 데 소진된다. 아기의 활력을 희생하면서 부모의 결핍이 성공한 양육은 때때로 자살이나 자살의 형태라고 볼 수 있는 극단적인 약물중독으로 이끌어 간다(Miller 1981).

밀러의 말은 우리가 생각하는 마지막이자 가장 심각한 단계의 중독된 수치심으로 자연스럽게 이끌어 간다.

5. 파렴치함

수치심을 일직선상에 놓고 볼 때 한쪽 끝에는 건강한 수치심이 있고, 그 반대 끝에는 파렴치함이라고 불리는 왜곡의 형태를 발견하게 된다. 이러한 상태는 어린 시절 부모나 양육자와 친밀하고 상호적인 사랑의 관계에 심각한 붕괴가 그 원인이 되는 것으로 보인다. 에릭슨은 아기와 양육의 환경에 있는 사람들을 위하여, 영아의 삶에서 처음 만나는 도전은 그가 기본적 신뢰감이라고 부른 상호적인 정서적 조율과 의지함에 바탕을 둔 관계를 형성하는 것임을 강조하였다. 다른 초기 아동 발달 분야의 학자들도 아기의 응집력 있고 반응적인 자아의 감각이 자리 잡는 데 있어서 부모의 반영의 역할을 지적하고 있다. 반영이란 돌보는 사람들이 아기를 돌보고, 아기에게 정서적인 반응을 보여 줌으로써 아기가 자신이 사랑받고, 알려졌다는 것과 소중한 가치가 있는 자아 됨의 경험을 형성하는 것으로서, 일종의 초점이 맞추어진 반영을 제공하는 것이라는 의미이다. 초기 아동기의 정서 발달을 해석하는 스턴과 그 외의 학자들은 10개월에서 12개월 사이에 있는 아기의 감정적 조율에 관해 다음과 같이 말하고 있다. 즉, 아기는 얼굴 표정과 몸의 움직임과 돌보는 사람들이 보여 주는 인정하고, 반응하는 경험을 통하여 정서적인 소통을 주도하며 동시에 얼굴 표정과 "나는 너를 본다, 나는 너를 느낀다, 나는 너의 신호와 의미, 그리고 그것들을 공유한다."는 것을 경험하게 하는 목소리를 통해서도 정서적인 소통을 주도한다.

영아들도 성인들과 마찬가지로 위에서 말하는 종류의 상호교환에 대한 관심과 욕구는 매우 다양하다. 그러나 이것들이 채워지지 않았다고 해서 타인을 공감적으로 느끼고 인식할 수 있는 개인의 능력들이 영원히 저해되는 것이 아니라는 의미에서 미미한 발단으로 보인다. 이런 종류의 결핍이 학대와 방치, 그리고 형편없는 대우와 결합될 때 발생되는 아이의 공감 결핍은 마음 깊숙이 자리 잡게 되는 분노와 격노(rage)와 결합될 수 있다. 이런 아이들은 '굳은 마음'을 발달시킬 수 있다 ; 그들은 양심(conscience)의 결핍을 지닐 수 있다. 'conscience'의 'con'은 '함께'라는 의미를 가지며 ; 'scientia'는 '아는 방식'이라는 의미를 가진 합성어로서, 원래의 뜻은 '다른 사람들과 함께 느끼고 인식'한다이다. 우리가 여기서 말하는 것은 반사회적 성격의 소유자로서 양심이 굳어진 사람의 극단적인 유형에 관한 것이다. 그는 다른 사람을 해치고 파괴하는 데 일말의 후회감이나 죄책감이나 수치심을 전혀 느끼지 않는 사람으로서 측량할 수 없는 분노를 가진 사람이다.

1991년 1월 중동에서 전쟁이 발발했을 때, 나는 사담 후세인(Saddam Hussein)에 관한 책을 읽었는데, 그 책에는 그의 어린 시절과 청소년기에 대한 부분도 있었다. 거기서 나는 이라크 지도자가 요세프 스탈린(Joseph Stalin)과 아돌프 히틀러(Adolf Hitler)와 많은 공통점을 지니고 있음을 발견하였다. 각각의 이야기에는 부조리(illegitimacy)라는 암시들이 있었다. 각각의 사례는 무자비하게 차갑고, 야심이 많거나 혹은 지적인 아버지나 의붓아버지, 또는 어머니와 함께하는 사람들로부터 폭력적인 학대를 받았음을 밝히고 있다. 이 세 사람은 어린 시절에 어떤 성인으로부터도 가치의 확인 혹은 의미 깊고 진심 어린 사랑을 받은 경험이 전혀 없었다. 그들은 공공인 장소나 사적인 곳에서 학대를 견뎌야 했으며, 그것은 수치심과 신체의 침해라는 전체적인 경험으로 이끌어 갔다. 셋 중 누구에게도 그들의 고통과 분노가 정당하다는 것을 인정하고 확인해 주는 성인이나 혹은 고통받는 그들을 위해 도움을 줄 수 있는 사람을 만나지 못했다. 그들이 절대적인 권력을 요구하는 데 사용한 폭력적인 교묘한 접근들에 나타난 깊은 분노와 외부집단, 필요하다면 자신의 백성들을 향해서까지 불필요한 폭력을 통한 통제의 강화 수단으로써 그들이 보여 준 무자비한 결단에서도 그들이 가진 공통점은 계속된다.

파렴치함은 심각한 왜곡을 나타내는 것으로서 ― 사실은 실패나-억압일 수 있다 ― 그것은 임의적이고 치욕적인 수치심이라고 할 수 있다. 이 범주에 속한 사람에게서 우리는 폭력적인 난폭함에 의해 감정이 끓어오르는 데 한계가 없고, 양심이 없는 인성을 볼 수 있다. 그런 사람들은 영아와 어린아이 시기인 발달 초기에 방치되었거나, 학대를 받았거나, 또한 사랑과 존중, 그리고 배려가 없이 행해진 무관심하고 일관성 없는 양육에서 비롯된 원초적인 신뢰감과 상호성의 단절을 견디어야만 했다. 이는 애착이나 유대관계를 맺지 못했거나, 정서적 조율에 실패했거나, 또는 비언어적이고 언어적인 사랑의 언어를 배우지 못한 데서 비롯된 것이다. 우리는 다른 사람에 대한 공감적인 '감정'과 '앎 혹은 인식'의 결핍에 근거하여 이 상태를 '양심의 공백'이라고 말할 수 있을 것이다. 종종 반사회적 성격자들로 분류되는 사람들은 다른 사람들을 지배하고 파괴하기 위해 살며, 활기 없는 순응이나 혹은 병적이거나, 때로는 교활하고 무자비한 능력을 발휘하기도 한다. 이들은 모두 측정할 수 없는 분노에 의해 나타난다(참고. Wooden 1976 ; Magid & McKelvey 1987 ; Shengold 1989).

찰스 맨슨(Charles Manson)이 테이트-라비안카(Tate-LaBianca) 살인 사건으로 재판을 받을 때 그는 35세였다. 그는 22년이 넘도록 12개소가 넘는 감옥에서 그의 인생을 보냈다. 그는 16세 된 어머니에게서 태어났는데, 그 어머니 캐틀린 매독스(Kathleen Maddox)는 콜로넬 스콧(Colonel Scott)이라는 사람에게 성폭행을 당했다. 맨슨의 출생신고서에는 '이름 없는 매독스'(No Name Maddox)라고 적혀 있다. 그가 두 살 때

켄터키(Kentucky) 주 보이드 카운티(Boyd County)에 사생아 소송을 제기했는데, 그의 아버지는 25달러와 아기 양육비로 한 달에 5달러를 내라는 판결에 동의했다. 그때가 1936년이었다. 그리고 그의 어머니는 맨슨이라는 사람과 결혼을 했고, 자신의 아이에게 찰스라는 이름을 지어 주었다. 태어난 후 그는 할머니와 이모 사이를 오가며 자랐다. 그의 어머니는 한두 시간 어디 좀 다녀오겠다며 그를 할머니나 이모에게 맡기고는, 며칠에서 몇 주씩 돌아오지 않곤 하였다. 맨슨이 다섯 살에서 여덟 살이 될 때까지 어머니는 외삼촌과 함께 주유소를 털다가 종업원을 콜라병으로 때려 의식을 잃게 한 죄로 감옥살이를 하였다. 이 시기 동안 그는 서 버지니아(West Virginia) 주에 살고 있던 이모 부부와 함께 살았는데, 그 당시 이 부부는 후에 맨슨이 복역 중인 감옥의 관계자에게 "종교를 갖기 전까지는 매우 힘든 결혼생활을 했고…… 후에 극단적인 경지까지 갔다."고 말했다.[10]

맨슨은 학교를 오래 다니지 못했다. 그는 일 년 동안 인디애나(Indiana) 주에 있는 양육 가정에서 살았으나, 그의 어머니가 감옥에서 출소할 때 인디애나 폴리스(Indianapolis)로 이사를 왔고, 그를 데려갔다. 그의 어머니는 오랫동안 많은 남자친구들을 만나 그들과 동거했으며, 그러는 동안 맨슨의 어머니나 어머니의 남자친구들로부터 관심을 받지 못했다. 1947년(그가 열세 살이 되었을 때) 그의 어머니는 그를 키워 줄 양육 가정을 찾으려고 노력했으나 실패했다. 아이는 그 군(郡)의 보호 아래 있게 되었고, 결국 인디애나 주의 테르 호우트(Terre Haute)라는 곳에 있는 지볼트 홈

---

10) 여기서의 찰스 맨슨의 이야기와 인용은 Kenneth Wooden, *Weeping in the Playtime of Others : America's Incarcerated Children* (Wooden 1976)에 의존했다. 이 책에서 맨슨의 이야기는 4장, 47–57쪽에 있다.

(Gibault Home)이라는 소년의 집으로 보내졌다. 그곳에 있는 자료는 그에 대해 다음과 같이 기록하고 있다 : "조직에 대한 적응력 부족…… 학교에 대한 그의 태도는 가장 좋았을 때가 보통이었고…… 그가 즐겁고 행복하다고 느낄 때 잠시 동안 좋아할 수 있는 아이로 보였고…… 우울증과 피해망상 경향이 있음." 10개월 후에 그는 지볼트 홈에서 도망쳐 나와 그의 어머니에게로 갔으나 어머니는 받아 주지 않았다. 그는 범죄로 감옥을 들락날락하고 탈옥하는 삶을 살았다. 맨슨이 감금되어 있던 곳에서 그는 정기적으로 매를 맞았다. 13세와 16세 사이에 그는 인디애나 주 플래인필드(Plainfield)에 있는 인디애나 소년학교에 감금되어 있었다. 그곳에서 일하던 자원 봉사자는 "맨슨은 아주 조용하고 수줍은 소년이었으며, 누구와도 어떤 일을 하고 싶어 하지 않았다."고 말했다. 플래인필드에 있을 때 그는 어떤 남자의 공격을 받고 성폭행을 당했다. 그 일 이후에 그 역시 남자들과의 성적인 행위를 하게 되었다. 열아홉 번 만에 그는 그곳을 탈출할 수 있었다. 자동차를 훔치고 상점에서 물건을 훔치면서 동료 한 명과 함께 미국 대륙을 횡단하게 되었는데, 마침 다른 강도범을 잡기 위해 설치한 바리케이드 때문에 정지당했다. 훔친 차를 타고 주 경계를 넘는 것은 연방 범죄에 해당되기 때문에, 16세였던 맨슨은 이제 연방 교도소 체제에 속하게 되었다.

 워싱턴 D. C. 소재 소년을 위한 국립 훈련학교에 있는 그에 대한 기록을 보면, 그는 4년 정도 학교에 다닌 적이 있지만 문맹이었고, 지능지수(IQ)는 109로 나와 있다. 그의 담당자는 "만일 우리가 그것을 가정이라고 부를 수 있다면, 16세인 이 소년은 불우한 가정에서 살았고", 또한 "공격적으로 반사회적이며…… 정서적으로 매우 혼란한 상태에 있는 이 소년은 분명히 정신과적 돌봄이 필요하다."고 그에 대하여 기록하고 있다. 16세 때 맨슨을 평가한 정신과 의사는 "거부와 불안정감과 정신적 트라우마에 대한 두드러진 정도 때문에, 그리고 그의 어머니와의 관계에 있어서 열등감이 너무나 명백했기 때문에, 그는 어머니에 대한 어떤 생각도 지속적으로 억압해야 할 필요를 느꼈다. 그럼에도 불구하고 그는 자신의 초라한 위치와 사생아로서의 출신 배경, 그리고 부모의 사랑을 받지 못한 것 때문에 끊임없이 다른 소년들과 같은 지위를 추구했고…… 그로 인해 사람들을 다루는 어떤 손쉬운 기술을 개발하였다. …… 사람들로 하여금 이 모든 것의 뒤에는 아직도 세상으로부터 사랑과 애정을 확보하려는 노력을 포기하지 않은 지나치게 예민한 소년이 자리하고 있다는 느낌을 갖게 한다."고 하였다.

나머지 이야기는 반복적이고 지루한 내용이다. 직업을 얻어 주기로 약속한 이모의 보호 아래 보석으로 석방되기 직전에 그는 동료 죄수의 목을 면도칼로 그었으며, 또한 성폭행했다. 그 결과, 그는 위험한 존재로 분류되었고 다시 수감되었다. 그는 19세가 되는 1954년에 교도소에서 석방된 사이에 재혼하였으나, 계속 자동차를 훔치고 작은 범죄들을 저지르면서 재투옥이 이어졌다. 1957년 4월, 그의 젊은 아내는 교도소 방문을 중단했는데, 그는 그의 아내가 다른 남자와 동거를 시작했다는 사실을 알게 되었다. 그는 다시는 아내와 아들을 보지 않았다. 테이트-라비앙카(Tate-LaBianca) 살인사건이 일어나기 직전인 1967년, 찰스 맨슨은 10년 형을 살고 석방될 때 교도관에게 감옥에 그대로 머물게 해 달라고 애원하였다 : "감옥은 이제 내 집이 되었어요."라고 말하면서 ; 그는 자신이 '바깥 세상에 적응할 수 있을지' 의심스럽다고 하였다.

테이트-라비앙카 살인사건의 선고심이 있던 법정에서 그는 다음의 진술을 하였다 :

나는 아직 내가 무엇을 하는 사람이고 누구인지 결정하지 못했습니다. …… 나는 감옥에 있었고, 나는 바보였고, 당신의 세상이 성장하는 동안 나는 어린아이로 머물렀습니다. …… 나는 이미 죽었었고, 내 평생 죽었었습니다. …… 당신이 당신의 세상에서 자전거를 탈 때 나는 감옥의 독방의 창문을 통하여 밖을 내다보았고, 잡지의 사진들을 보면서 나도 고등학교를 다니고 졸업파티에도 가고 싶었고, 당신이 할 수 있는 일들을 나도 하고 싶었어요. 그러나 나는 참으로 기뻐요. 형제자매여, 나는 내가 나라서 참으로 기뻐요.

의심할 여지없이 맨슨의 진술은 법정에서 동정을 이끌어 내기 위한 것이었으며, 그의 잘못은 사회가 자신의 인생을 그렇게 만들었기 때문이라고 변명하기 위한 것이었다. 그의 진술은 그가 어떤 사람으로 살아왔으며 무슨 일을 저질렀는가에 대하여 마땅히 느껴야 할 수치심을 부인하는 표현이었다. 그의 마지막 자기-긍정은 그를 비난하는 사람들과 그의 범죄들을 심리하고 선고하는 사람들에 대한 위선과 거짓 자기-정의를 전달하는 의미로 보인다.

수치심이 없는 사람으로 분류되는 모든 사람들(파렴치한들)이 그들의 어린 시절과 청소년 시절을 찰스 맨슨과 같이 감옥에서 보내지는 않는다. 그들 중에 어떤 부류들은 그들 자신과 다른 사람들로부터 존경받는 지위와 권력을 가짐으로써 그 수치심 없는 상태를 포장하기도 하는데, 이들은 그 지위와 권력을 이용하여 법률적·재정적·영적 술책으로 다른 사람들을 조정하고 속인다. 완벽주의자, 중독성과 소수자의 지위에서 강요된 수치심에서 가장 잘 설명된 것과 같이 파렴치함의 위치에 있는 사람은 수치심의 감정이 가져올 의식적인 인식의 고통으로부터 자신들을 보호할 수 있는 방어기제들을 지니고 있다. 우리를 수치스럽게 하는 취약함과 상처들을 다른 사람들에게 숨기기 위해 키우는 날개들은 우리를 수치스럽게 해 주는 것들로부터 우리 자신들을 숨겨 주기도 한다.

우리는 지금까지 건강한 수치심으로부터 파렴치함에 이르는 수치심의 경험의 범위에 관한 5가지의 상태를 살펴보았다. 건강한 수치심을 포함시킨 것은 그것도 개인적인 실수나 결핍 혹은 우리가 인식할 수 있는 결함에 대한 최소한의 억압이나 고통스러운 부인을 담고 있기 때문이었다. 건강한 수치심은 인정하기가 당황스럽다. 그러나 우리는 신뢰와 신임 안에서 우리 자신의 수치심과 결함을 보여 주어야 할 사람들을 선택할 때 신중함과 분별력을 가져야 한다. 그럼에도 불구하고, 그것은 우리가 감당할 수 있는 수치심이다. 그것은 우리를 변화시키고, 성장시키고, 회개시키고, 향상시킨다. 또한 그것은 우리가 수치스러운 존재의 측면들을 수용하고, 그것들과 함께 사는 것을 배우는 과정에 들어가도록 동기를 유발시켜 주기도 한다. 그러나 건강한 수치심의 상태 너머로 들어가면 증가되는 에너지의 양이 우리 자신과 다른 사람들을 향해 방어기제와 부인과 속임수와 손을 잡는 것이 분명해진다. 비록 각각의 수치심에서 우리는 어느 정도는 건강하지 못함과 그 원천에 대하여 의식하고 인식한다고 해도, 각각의 범위에서 우리의 수치스러운 취약성의 상당한 부분이 다른 사람들과 우리 자신들이 제대로 의식할 수 없도록 가면을 쓰거나 숨겨진다. 이제 우리는 우리의 수치심이 호흡을 할 수 있도록 해 주는 왜곡들, 상처들, 그리고 오류를 범하기 쉬운 것들을 우리가 어떻게 억압하고 감추며, 또한 우리가 우리 자신과 다른 사람들로부터 수치심을 감추는 책략들을 이해하고 설명하도록 노력해야만 한다.

제8장

수치심과 은총 :
창세기, 니체, 예수

　NRSV(New Revised Standard Version of the Bible)는 창세기에서 두 번째 창조 이야기를 '최초의 죄와 그에 대한 처벌'(창 3 : 1 – 24)이라는 제목으로 소개한다. 전통적으로 이 구절은 죄와 죄책감의 기원에 대한 성경적 생각을 이해하는 데 기본적인 틀로 알려져 왔다. 그러나 우리가 관심을 가진 수치심의 관점에서 바라보면 그 이야기는 다른 생각을 하게 한다. 그 이야기 중에서 관련 있는 몇 개의 구절을 가지고 세심한 해석학적 방법을 통해 수치심의 역동성을 분석해 보기로 하자. 성경의 그 부분을 수치심에 우리의 관심을 집중해서 살펴보면 그것은 고통스러운 자아–의식이고, 소외이며, 또한 내면의 자아–분열이다.

　그런데 뱀은 여호와 하나님이 지으신 들짐승 중에 가장 간교하니라 뱀이 여자에게 물어 이르되 하나님이 참으로 너희에게 동산 모든 나무의 열매를 먹지 말라 하시더냐 여자가 뱀에게 말하되 동산 나무의 열매를 우리가 먹을 수 있으나 동산 중앙에 있는 나무의 열매는 하나님의 말씀에 너희는 먹지도 말고 만지지도 말라 너희가 죽을까 하노라 하셨느니라 뱀이 여자에게 이르되 너희가 결코 죽지 아니하리라 너희가 그것을 먹는 날에는 너희 눈이 밝아져 하나님과 같이 되어 선악을 알 줄 하나님이 아심이니라 여자가 그 나무를 본즉 먹음직도 하고 보암직도 하고 지혜롭게 할 만큼 탐스럽기도 한 나무인지라 여자가 그 열매를 따 먹고 자기와 함께 있는 남편에게도 주매 그도 먹은지라 아예 그들의 눈이 밝아져 자기들이 벗은 줄을 알고 무화과나무 잎을 엮어 치마로 삼았더라 그들이 그날 바람이 불 때 동산에 거니시는 여호와 하나님의 소리를 듣고 아담과 그의 아내가 여호와 하나님의 낯을 피하여 동산 나무 사이에 숨은지라 여호와 하나님이 아담을 부르시며 그에게 이르시되 네가 어디 있느냐 이르되 내가 동산에서 하나님의 소리를 듣고 내가 벗었으므로 두려워하여 숨었나이다 이르시되 누가 너의 벗었음을 네게 알렸느냐 내가 네게 먹지 말라 명한 그 나무 열매를 네가 먹었느냐 아담이 이르되 하나님이 주셔서 나와 함께 있게 하신 여자 그가 그 나무 열매를 내게 주므로 내가 먹었나이다 여호와 하나님이 여자에게 이르시되 네가 어찌하여 이렇게 하였느냐 여자가 이르되 뱀이 나를 꾀므로 내가 먹었나이다[11]

창세기의 앞부분에서 우리는 그 이야기의 배경을 만나게 된다 : 보는 사람의 눈에 아름다운 풍요로운 낙원, 그리고 배고픔을 채워 주는 풍성한 음식이 있다. 남자와 여자는 서로 조화로운 관계를 즐겼으며, 낙원에

---

11) 창세기 3 : 1~13, 개역개정판

서 살고 있는 동물과는 인정 어린 관계를 유지했다. 그들은 순종으로 맺어진 관계에 참여했으며 아마도 창조자에 대한 경외심과 감사함을 가졌을 것이다.

짐작컨대 인간이 영아기의 특수한 경험을 에덴동산에서 최초의 인간들이 경험했던 경험과 연결 지어 설명한 사람이 에릭 에릭슨이 처음은 아닐 것이다. 그 경험은 우리의 개인적이고 집단적인 신체적 기억으로써 흘러내리는 우유, 사랑과 이해가 가득한 눈빛, 응답적인 돌봄과 수유기의 영아의 경험이 인간이 기억하는 유토피아임을 말해 주는 갈등이 없는 소중함이다. 에릭슨은 많은 문화의 신화들에서 나타나는 낙원으로부터 쫓겨나는 이유로써 대표되는 과일을 먹는 것은 아마도 어머니의 젖가슴으로부터 분리되는 종(種)의 집단적 기억을 상징화한 것으로 볼 수 있다고 생각했는데, 그것은 치아가 새로 나면서 경험되는 폭발적인 통증과 함께 자연발생적이고 징벌과 같은 것으로 찾아온다. 그것은 또한 사랑받음과 양육자가 인자하게 바라보던 모습이 아기에게 불가피하게 제한이 주어짐으로써 오는 낯설음에 대한 종(種)의 기억을 대표하는 것이기도 하며, 또 한편으로는 그들이 그 제한들에 저항하고, 또한 그들에게 향하는 기대와 기준에 부응하는 데 실패한 것에 대한 반응이기도 하다.

구조적으로, 그리고 역동적으로 나는 창세기의 이 구절을 최초로 부모가 우리에게 주는 제한과 지시, 금지, 그리고 우리가 그들의 불승인과 훈육의 목소리를 만나기 시작하던 때, 우리 각자의 삶에서 몽롱한 기억의 신화적 서술과 같은 것으로 이해하지 않을 수 없게 된다. 이제는 먹을 수 없는 과일로부터 분리된 우리의 인식과 뒤섞여서 우리는 이 이야기가 거울에 비친 우리 자신의 이미지와 우리가 우리 자신과 타인의 인식과 평가의 대상이 된다는 고통스러운 자아의식을 인정하게 하는 소름끼치는 증거임을 보여 준다고 할 수 있다.

어거스틴(Augustine)은 아담과 하와는 선악의 지식에 대한 나무의 열매를 교만함을 품고 바라보았다고 주장한다(Augustine 1950, Book XIV, p. 13). 그는 열매와 뱀이 약속한 급격한 성숙의 획득은 교만과 욕망이며, 그것은 결국 불순종의 행동으로 이끌어 갔다고 보았다. 바울과 함께 시작된 기독교 전통에 기초한 어거스틴의 교만에 대한 이해는 우리가 인용한 창세기 3장이 정당화한 것보다 성인과 타락한 의지를 보여 준 최초의 남녀에게 더 큰 책임을 돌렸다. 여기서 보여 준 관점에 따르면 우리의 조상들은 에덴동산에서 최초의 자아-의식을 갖기 시작했다고 볼 수 있다 : 그들은 '자신의 두 발로 서게 되었음을 경험'하면서 동시에 자율성과 불안의 경험에 대한 최초의 암시를 받았다. 그들은 상호적인 선망과 기쁨의 시선으로 서로를 비추어 보는 경험을 하였다. 그들은 금지된, 그리고 유혹하는 과일뿐만 아니라 또한 그들이 이전에 맺었던 신비하고도 강력한 동반자와 금기들(taboos)의 한계를 결정짓는, 창세기 이야기에 나오는 하나님이라고 불리는 이와의 비성찰적인 관계에 대해서도 깊은 호기심을 갖게 되었다. 그들은 신과 같은 (성인) 권위와 권력의 새로운 가능성에 대한 관심과 흥분이 생겨남을 느꼈다. 금지된 과일에 상징화된 유혹하는 뱀의 약속과 합리화를 이 두 사람이 거절하지 못한 것은 이상한 일이 아니다.

불순종을 실행하면서 그들은 그 과일을 먹었다. 그동안 우리가 익혀 왔던 기초적이고 선천적인 정서로서의 수치심에 근거해 보면, 그들의 범죄에 대한 어떤 처벌도 가하기 전에 상호적 반영은 그들이 과일을 서로 맛보는 과정에서 이미 그 성질이 변화되었다. 실반 톰킨스가 주장한 바와 같이 수치-창피의 정서는 그들의 관심-흥분과 기쁨-즐거움에 빠지는 것을 가로막는 역할을 했다. 되짚어 보면 수치심은 그들로 하여금 서로를 의식하게 하고, 그들의 상호적 행복을 개인적인 것으로 돌려놓았다. 긴장한 얼굴과 아래로 내려진 눈, 고개를 숙이고 목과 어깨를 구부린 채 그들은 개별적으로 수치심이 밀려옴을 느꼈다. 왜소함의 개별적인 경험과 자신들의 성기를 무의식중에 가리는 상황에서 그들의 상호적 반영은 이제 그들에게 노출되어, 각자에게, 그리고 그들에게 낯설고, 한심스럽고, 취약하게 비추어졌으며, 그들의 불순종 안에서 서로에게, 그리고 하나님에게 드러났다.

감추고, 가리고, 혼란하고, 남의 탓으로 돌리는 일과 같은 이 모든 문제들은 수치심의 흔적들을 지니고 있다. 이들은 적어도 아래에서 보여주는 수치스러운 자아-인식의 결과들을 포함하는 경험이다 : (1) 고통스러운 자아-의식 ; (2) 자신과 타인을 분리되고 '낯선 사람'으로서 경험하는 일 ; (3) 상호인간적 조화가 가능했던 과거의 비성찰적인 결속으로부터의 이탈 ; (4) 서로가 타인이라는 것과 하나님으로부터 소외되었다는 불안감 ; (5) 그들의 세계에 드리워진 어두운 그림자와 그로 인한 위험과 풍요로움의 금지 ; (6) 이제는 더 떨어져 있고, 더 먼 곳에 있는 권위자와의 관계에서 보는 내향적인 자아-의식과 함께 개인적인 흠집 혹은 잘못에 대한 감각이다.

아담과 하와의 불복종이 가져온 결과들의 목록에서 우리는 그들의 소원함과 소외의 차원들을 보게 된다. 독일어로 '죄'(sin)는 'sünde'이다. 그것은 '분리되다', '절단하다' 혹은 '끊어지다'라는 의미를 가진 'sondern'에서 온 것이다. 창세기 이야기에서 교만과 욕망은 열매를 먹을 수 있는 가능성과 그것이 상징하는 순간의 성숙의 지위에 대한 의지의 집착을 강화시켜 준 장본인이다 : "너는 하나님과 같이 될 것이다." 그들의 죄의 객관적 사실은 하나님을 향한 복종과 애착에 대한 의지를 그들로부터 분리시키고, 그 대신 열매를 따서 먹는 결과로 이끌어 준 사기꾼 뱀의 교활한 약속을 따른 것이다. 수치심은 그들의 의지가 활동하는 것을 저지하고 무시했으며, 그들이 열매를 먹는 것과 고통스러운 자아-반성을 촉진시켜 주었다. 수치심은 아담과 하와가 자신들과 하나님 앞에 노출되고 소외에 대한 다차원적 감각을 촉진하는 주관적 경험이 활동을 시작하도록 해 주었다.

그 되돌릴 수 없음에 비추어 볼 때, 이 창세기의 이야기는 우리에게 비극으로 다가온다. 그것은 의식과 고통스러운 자아-의식을 갖기 시작한다는 의미이다. 이전의 순수한 잠재성이 있는 낙원과 서로와 환경을 의식함이 없이 즐기던 그때로 되돌아갈 수는 없게 되었다. 수세기 동안 이 창세기 이야기의 해석자들은 그것이 지니고 있는 비극적 성격과 반대되는 입장에서 연구해 왔다. 어떤 이들은 우리의 조상들이 경험했던 죄책감을 수치심으로 돌리려고 노력하였다 ; 만일 아담과 하와가 진실로 갈망이나 교만한 자기주장으로 채워졌다면, 더 나아가, 그들이 만일 고의로 규정된 경계선들을 넘어서 타락하고 간사한 의지를 갖게 되어 하나님과 같은 지식과 특권을 주장할 만큼 자유로워졌다면, 그들은 마땅히 처벌을 받아야 하고 주 하나님은 정의로운 분이라고 할 수 있다. 그에 더하여 죄책감은 수치심보다 다루기가 쉬운 것이다. 적어도 죄책감에서 가해자는 의식되는 상대로서, 그들은 공공연한 동기들과 욕망들에 근거하여 행동한다. 또 다른 해석자들은 창조자와 그 이야기에 나오는 배경을 원망하면서, '반칙!' 그리고 '시작'이라고 고함을 지르고는, 창조자가 자신의 형상에 따라 창조하셨다고 하신 인간과 그 세상에 악이 들어오도록 했다는 비난이 자리 잡게 된 것에 주안점을 두고 연구하였다.

나는 이 이야기는, 우리 조상들의 죄를 설명해 주는 것을 포함하여, 우리의 개인적이고 집단적인 변화의 정신역동적이고 신학적인 신실함에 대한 진정한 윤곽을 서술해 준다고 생각한다. 그리고 그러한 변화는 인간이 처음으로 자신이 관계 맺고 있는 세계와 의식적인 자아-인식의 첫 단계가 갖고 있는 한계와 기대를 만나게 되는 고통스러운 차원으로 인도한다. 이 이야기는 수치심에 관한 것이다. 여기서 우리는 분열된 자아가 되어 가는 보편적인 경험의 묘사를 보게 된다. 그 이야기에서 우리는 나 자신으로부터, 다른 사람들로부터, 그리고 궁극적으로는 하나님으로부터 숨어 버리는 것으로 수치심에 대하여 반응하는 우리 자신의 자화상을 보게 된다. 그러나 우리 자신은 결점과 잘못으로 구성된 존재임을 숨길 수 없을 것이다. 그 이야기는 인간의 의지와 욕망이 어떻게 깨어났으며, 또한 어떻게 인간 존재의 근거인 궁극적인 존재로부터 관계가 끊어지면 공허함으로 채워질 수밖에 없다는 약속을 추구하고 바라기 시작하는 사실을 기술하고 있다. 만일 이 주장이 성립 가능하다면, 이 이야기는 수치심에 대한 앞으로의 연구에 특별한 기여를 하게 될 것이다.

우리가 추구하는 접근은 수치심을 진화되어 왔을 정도로 인류에게 선천적으로 주어지고 문화적으로 형성되는 기제로 이해한다. 그리고 그러한 관점은 수치심이 자아의 가치감을 보존해 주고, 다른 사람과의 관계에서 자아가 자신의 가치를 절하하고, 무가치하다는 경험을 하는 것을 피하게 하는 역할을 한다고 본다. 이런 점에서 수치심은 다른 사람들과 혹은 하나님과의 계약관계를 위반하여 그 관계에 해가 미치거나 단절되는 것으로부터 발생되는 것이라고 할 수 있다. 앞에서 톰킨스가 수치심에 관하여 언급한 것을 기억해 보기 바란다. 그는 수치심을 '관심이나 즐거움의 미완성된 절하'라고 기술했다. 수치심은 회복된 기쁨의 경험과 희망을 우리로부터 갈라놓지 않는다. 수치심은 죄를 짓는 행동이 아니다. 오히려 그것은 죄 된 행동과 관련되어 관계의 파괴나 관계로부터 분리시킬 수 있는 잠재성을 가진 객관적인 사실의 주관적인 확대이다. 수치심은 일시적으로 더 심각한 단절을 피할 수 있도록 자아인식적인 평가를 할 수 있는 시간을 줌으로써 죄 짓는 행위를 막아 준다. 왜곡되지 않고 임의로운 형태로서의 수치심은 우리가 민감하고, 신중하고, 정중하며 타인들의 반응과 응답에 적절하게 주의를 기울이게 해 준다. 수치심은 우리들과의 관계 및 타인과의 관계가 처한 상황을 적합하게 인식하도록 해 준다. 이는 나와 다른 사람과 집단의 관계뿐만 아니라, 창세기의 이야기가 일깨워 주듯이, 우리 삶의 원천과의 관계도 포함한다. 디트리히 본회퍼(Dietrich Bonhoeffer)는 20세기의 신학자들 중에 수치심에 관하여 깊은 관심을 가진 몇 안 되는 신학자이다. 그는 "수치심 안에서 인간은 자신이 하나님과 타인과 분리되어 있음을 깨닫게 된다 ; 양심은 인간이 자신과 분리되어 있다는 증거이다"(Bonhoeffer 1965, 24)라고 하였다.

우리 행동의 어떤 유형에 대하여 가치 있는 타인들이 보여 준 적절한 대응, 또한 그것에 대하여 왜곡되었거나 혹은 지나치게 왜곡된 반응으로 인해 수치심이 인간 존재를 범람하는 경험을 할 때, 인간이 비천한 존재가 되는 것을 막기 위해 인간의 내면에서 수치심과는 다른 기제들이 활동을 시작하게 된다.[12] 다시 말하면, 이때 수치심이 우리, 자

---

12) 'abject'(비천한, 비굴한)라는 단어는 라틴어 '집어던지다'(to throw away)의 'abjicio'에서 유래한 'abjectus'에 어원을 두고 있다. 이 단어는 '낮은 상태에 빠지다 ; 무가치한, 초라한, 비열한 ; 낮은, 천한' 등의 의미를 갖고 있다. (*The New Webster Encyclopedia Dictionary of the English Language*〈Chicago : Consolidated Book Publishers, 1980〉).

아, 자기 혹은 고든 올포트(Gordon Allport)가 자아의 핵이라고 불렀던 'proprium'(Allport 1955, 41-42)은 자아가 안전하도록 울타리나 필터를 만들어 방어를 작동시킨다. 정신적으로 견딜 수 없을 정도로 강하게 수치심의 신호가 갑자기 혹은 지속적으로 의식 안으로 들어오는 것을 걸러내기 위해 자아의 방어는 진실을 희생하면서까지 그 역할을 수행하게 된다.[13] 내가 묘사했던 '거짓 자아', '상처받은 자아'는 깨어지며, '파렴치한 자아'는 왜곡된 수치심의 다양한 수준과 강도를 걸러내는 방어적 유형을 구성하는 데 기여한다. 이들 각각의 상태는 과도한 수치심 때문에 형성되는 의미심장한 수준의 방어기제를 특징지어 준 것이다. 다른 측면으로는, 이것들은 각 자아와 타인들로부터, 그리고 적어도 주관적으로는 은총의 하나님으로부터 의미 있는 소외의 수준을 표시해 준다고 볼 수 있다.

어떤 의미에서 왜곡된 수치심과 '정상적' 혹은 '건강한' 수치심 사이의 이론적인 차이를 분명하게 구분하기 어려운 만큼 우리의 창세기 이야기는 심리역동적으로, 그리고 신학적으로 모두 옳다고 하겠다. 우리 중 누구도, 그 이야기가 확인하듯이, 왜곡된 수치심으로부터 도망갈 수는 없다. 사려 깊고 균형 잡힌 부모는 분명히 인생의 초기 단계 동안 어린이의 양육과정에서 발생할 수 있는 모든 종류의 폭력을 감소시킬 수 있다. 영아기의 낙원으로부터 배제되는 것이 징벌적이거나 품위를 잃는 것일 필요는 없다. 그럼에도 불구하고, 아기가 최초로 의식적인 자아인식으로 들어가는 그 몇 달 동안의 친절한 의지의 경험은 아기 자신과 타인들을

---

13) 이 생각을 보다 깊이 있게 발전시키기 위해서는 치료 장면에서 진행된 토론인 '수치심 피하기'(Lewis 1972, chaps. 7 & 10), 그리고 '사회적 관계에서'(Scheff and Retzinger 1991, chap. 1)를 참고할 것.

대상으로 인식하기에 놀라움을 피할 수는 없을 것이다. 아기가 규칙에 주의를 기울이기 시작하고, 그러한 규칙들과 부분적이면서도 동시에 우주적인 관계에서 아기 자신을 평가하는 시기에 접어들면, 점차적으로 매우 의미 있는 수준의 결함과 불충분함 혹은 불완전함을 경험하게 될 것이다. 이 시기에 한계와 요구들, 기대들 및 훈육이 지니고 있는 구조와 의식적이면서, 임의적인 선택이 가능한 새로운 세계에서 다른 이들과 경쟁하는 상황이 전개되어 서로 다른 상황들이 충돌하게 되면, 아이들은 부모와 형제들을 해치고 싶은 생각과 감정을 갖게 될 것이다. 결과적으로 아이들은 수치심 – 굴욕감의 감정을 경험하게 될 것이고, 이는 자아 – 심판, 해석, 의미들을 가져오는 감정들이 자리 잡게 할 것이다. 이들 중 어떤 것은 방어기제를 구성하는 요소들이다.

창세기 3장의 이야기에 나오는 아담과 하와, '타락'의 해석에서 수치심의 역동성에 통찰을 가져오기 위해 우리는 우리 조상들과의 관계를 새롭게 보아야 한다. 만일 그 이야기를 에릭슨이 말하는 '주도성 대 죄책감' 대신, '자율성 대 수치심과 회의감'의 입장에 서서 바꾸어 본다면 뱀, 금지된 열매, 그리고 옷을 입지 않은 것에 대한 수치심을 깨달은 일들을 다른 틀에 놓을 것이다. 그것은 불순종의 의미를 바꾸어 놓을 것이고, 과장된 교만에 대한 어떤 비난에 대해서도 변화를 가져올 것이다.

창세기의 이야기는 인간이 다른 사람이 자신을 보고 있고, 다른 사람들에 의해 평가받는다는 것을 처음으로 인식하게 해 준 최초의 시기를 회상시켜 준다. 고의와 자발성 사이에 끼어서 분열되는 위급상황을 회상하도록 우리를 이끌어 간다(May 1982, chap. 1). 그것은 우리가 인식하게 되는 기준들에 맞추어 살아야 한다는 것과 우리가 준비되기 전에 노출되어 버린 경험들에 의해 기준에 저항하는 것 사이에 일어나는 분열이다. 간단히 말하면, 창세기 3장의 이야기는 영원할 수 없는 순수의 상실이 가져온 의식과 자아-의식이 발달한 인간 발달의 최초의 시기를 회상시켜 주는데, 그 순수성은 반성적 자아-의식과 활동의 제한, 경험과 의미를 설명할 수 없는 능력과 의지의 상호성이 결여된 상황에서 존재하던 것이었다. 우리가 두 다리로 서서 자아의 경계선들이 '나에게, 나의, 나의 것, 예, 아니요'를 형성하기 시작한다는 것은 나와 다른 사람들의 의지들이 충돌을 맞게 된다는 의미이다. 그것은 다른 사람들에 의해 만들어진 기대들 및 한계들과 타협을 맺게 된다는 의미이다. 그것은 또한 자아-의식과 자아인식적 평가가 가져오는 부담을 진다는 의미이기도 하다. 그것은 가장 사랑하는 사람으로부터, 그리고 영혼에 담긴 진실의 가장 깊은 곳으로부터 소외될 수 있는 위험을 감수하는 것이기도 하다. 이러한 발달적 경험들과 위험들은 보편적인 것이다. 그 이야기는 돌이킬 수 없는 자아-책임에로의 발자국을 떼었고, 아기가 언어와 책임 이전에 했던 경험의 잠정적인 낙원으로부터의 값비싼 자유의 본질적인 의미를 묘사해 준다.

만일 어거스틴이 교회의 신학에 강한 영향을 미친 것만큼, 죄와 타락에 대한 이레네우스(Irenaeus)의 신학이 영향을 미쳤다면, 서양 역사의 진행 방향은 많이 달라졌을 것이다. 이레네우스는 우리의 조상들은 미성숙함을 보여 주었을 뿐 아니라, 이상하고도 고통스러운 최초의 자아-의식의 영역으로 떨어진 것으로 보았다. 그는 타락을 인간이 집단적인 삶을 향해 변천해 가는 것으로 보았는데, 여기서는 하나님의 형상으로 완성되어 가는 힘들고 지속적인 성장의 과정에서 하나님의 요구로 죄 없는 그리스도가 십자가에 달려 죽어야 하는 희생적 구속이 강조되지 않는다. 그보다는 오히려 인간이 미성숙함에서부터 하나님의 형상에 이르기까지 온전한 성숙에 이르는 여정에서, 그리스도의 재현(再現) 교리를 통하여 하나님은 그 지점에 옳게 도달할 수 있도록 우리와 함께하시고 지원하신다는 사실을 확인해 주는 것이라고 볼 수 있다. 그렇기 때문에 그리스도를 통하여 하나님은 우리에게 길을 열어 주시고, 우리가 가야 할 여정을 위해 보상적 완성과 능력을 보여 주는 사례의 은총을 예비하신다.[14]

니체와 예수의 복음서에 대한 묵상

프리드리히 니체는 예수 그리스도의 도덕적인 용기와 영웅적인 자기-기부(self-donation)에 탄복하였다. 그는 힘과 스스로의 삶을 스스로 감당해 낼 수 있는 천재성을 가진 고상한 정신을 가진 인간인 초월적 인간(Übermensch)의 이미지를 가진 존재의 예로 예수를 제시하였다. 어떤 값을 치르더라도, 초월적 인간은 자신의 위대함을 실현화시키기 위해 단호한 지지에 초연하면서, 자신의 운명을 성취하는 데 있어 명예를 요구하고 영향을 발휘한다. 니체는 예수가 선택한 길이 지니고 있는 고상함에 감탄하였다. 예수는 그의 추종자들을 불러 모아 하나님의 자녀로서 온전한 위엄과 잠재성의 존중을 주장하며, 그들 스스로 자신의 삶을 기꺼이 내려놓고 예수가 제시한 길이 갖고 있는 가능성을 실현화하려고 하였다. 그러나 니체는 교회가 자기-부정적인 겸손과 자기-포기의 길을 보여 주는 제자도의 개념을 왜곡시킨 것에 대하여 혐오하였다. 그는 교회의 죄와 구원의 교리는 인간의 약함을 보증하는 것이고, 지속적인 미

---

14) 여기서 언급한 어거스틴과 이레네우스의 비교는 존 힉(John Hick)의 1966판 제Ⅱ부와 Ⅲ부를 참고할 것.

성숙에 대하여 세례를 주는 것으로 보았다. 간단히 말하면, 니체는 교회가 그리스도의 자기-기부의 강렬한 영웅주의를 비천한 자기-부정과 미성숙한 필요에 속박받는 모습으로 바꾸어 놓은 것에 대하여 비난하였다. 니체는 사람들을 향해 죄 없고 수동적인 세상 권력의 희생자로 재해석된 그리스도를 따르는 수치스러운 삶을 받아들이라고 가르친다는 죄목으로 교회와 기독교를 기소하였다.

앨리스 밀러의 「만지지 않은 열쇠」(The Untouched Key)라는 책에서는 니체의 어린 시절을 이해할 수 있는 다음과 같은 자료들을 제시해 주었다 ; 아버지는 개신교 목사였고, 어머니는 두 번째 부인인 젊은 여성이었다. 어린 프리드리히는 엄격하고 학자적인 아버지와 친할머니, 그리고 매우 완고하고 경건한 두 명의 고모들과 함께 생후 몇 달을 살았다. 그가 두세 살 되었을 때, 조용하게 가만히 있는 조건으로 아버지가 일하시는 서재에 앉아 있는 것을 허락받곤 했다. 니체가 회상하는 가장 행복한 순간들은 아버지가 연구하다가 잠시 휴식을 취하며 낡은 피아노를 치고, 때로는 즉흥적으로 피아노를 치면서 그를 피아노 의자에 같이 앉게 한 때였다. 세 살 후반쯤에 그의 아버지가 뇌종양으로 보이는 병으로 급격하게 건강이 나빠지면서 고통받기 시작하였다. 11개월 안에 무력해진 아버지는 결국 세상을 떠나게 되었고, 4살이 된 프리드리히는 지배적인 할머니와 완고한 고모들에게 맡겨졌는데, 젊은 어머니는 할머니와 고모들의 상대가 될 수 없는 약한 존재였다. 곧 그 집에서 둘밖에 없는 남자인, 남자 동생도 아버지같이 세상을 떠나게 되었다. 정신분석치료의 훈련을 받은 정신과 의사인 밀러는 니체가 그토록 격렬하게 비난한 기독교는 아버지 사망 후에 직면한 가정환경에서 경험한 억압의 정신과 같은 것으로 보았다. 계속해서 밀러는, "니체가 특징짓는 기독교에 대한 문장들은 그가 자신의 친척들에 대해 어떤 감정을 갖고 있었는가를 알려 주는 열쇠가 된다. 독자들은 그의 책에서 표현하는 '내 고모들' 혹은 '나의 가족'이라는 단어를 '기독교'로 바꾸어서 읽을 필요가 있으며, 만일 그렇게 바꾸어 놓는다면 격렬하게 공격하는 그의 태도가 일리가 있음을 금방 알게 될 것"이라고 기록했다. 밀러는 아래에서 니체의 그러한 차원을 설명해 주는 부분을 인용하고 있다 :

> 기독교에서 복종과 억압의 본능은 앞에 있다 : 여기서 가장 낮은 계층은 자신들의 구원을 추구한다. 죄에 대한 결의론(決疑論), 자기비판, 종교재판은 오락으로, 지루함의 해결책으로서 추구되는 것이다 ; 하나님이라고 불리는 권력을 가진 자에 대한 정서적인 반응은 지속적으로 유지된다(기도라는 수단을 통하여) ; 그리고 가장 높은 것은 도달할 수 없는 선물, '은혜'로 생각한다. 공적인 행위는 배제된다 ; 숨을 곳, 어두워진 방이 기독교인이다. 신체를 혐오하고, 위생은 관능적인 것으로 이해되어 거부되었다 ; 교회는 청결함을 반대하기까지 하였다(무어족이 퇴각한 후 최초의 기독교도들이 공중목욕탕을 폐쇄했는데, 당시 코르도바에만 270개의 공중목욕탕이 있었다). 기독교인도 역시 자기 자신과 타인을 향해 어느 정도의 잔인함을 지니고 있다 ; 자기와 다르다고 생각되는 모든 사람을 증오하는 것 ; 박해의 의지, 음울하고 흥분된 개념들이 지배한다 ; 가장 높은 것을 바라는 상태나 가장 높은 이름에 임명되는 것은 간질병이다 ; 음식은 좋아서 선택하는 것이 아니라 병적인 현상이고 지나치게 신경을 자극하는 것이다. 기독교인은 또한 교활하고 감추어진 경쟁심을 가지고 이 땅의 지배자, 귀족에 대하여 세상적인 악의를 품는다(개인은 '육체'를 버리고, 오직 '영혼'만을 원한다). 마지막으로,

기독교인은 정신, 교만, 용기, 자유, 정신의 해방을 증오한다 ; 기독교인은 감각들, 즐거움 그 자체의 감각을 증오한다(Miller 1990, 111-112 ; 「그리스도의 적」〈The Antichrist〉, sect. 21, pp. 588-589, 「니체 문고」〈The Portable Nietzsche〉[Nietzsche 1959]).

독자는 앨리스 밀러가 말하는 니체에 대한 긴 부분 전체를 그녀가 주장하려는 논제의 온전한 힘을 느끼면서 읽어야만 한다. 내가 니체와 밀러의 논평을 소개하는 목적은 그녀의 주장에 대한 정당성을 확립하려는 것이 아니고, 수치심과 제자도의 문제에 입각하여 복음서의 이야기에 묘사된 예수의 태도에 대한 틀을 만들기 위해서이다. 나는 예수가 사람들을 만나는 이야기들에서 수치심의 역동성이 명료하게 제시되고, 그것을 그 사람들에게 연결시키는 관점에서 볼 때 매우 신선함을 발견하게 된다. 예수가 여자들과 상호작용하는 이야기에서 수치심의 역동성이 많이 드러나는 것은 놀라운 일이다.

간음하다 잡힌 여자의 이야기(요 7 : 53-8 : 11)로 시작해 보자. 내가 지향하는 목적을 위해서는 이 이야기가 역사 비평적 조사에 근거하여 복음서에서 논쟁의 위치에 있다는 것은 그리 중요한 것이 아니다. 중요한 것은 그것이 정경에 포함되었다는 사실이고, 그렇기 때문에 오랜 시간 동안 사람들이 예수의 이미지를 형성하는 데 명백하게 기여하였다는 점이다. 또한 그것은 내가 공유할 다른 묘사들과도 일관된다는 점에서 현재의 목적에 부합한다.

이 이야기들에서 예수는 군중들과 가까이 있었는데, 그 주변에는 일단의 성전 지도자들이 있었으며, 거기에는 '간음을 저지르는 현장에서 잡혔다고' 하는 여자가 있었다. 군중들은 그런 죄를 지은 여자에게 적용되는 법조문을 지적하며 돌로 치라고 하였다. 그들은 이 법조문을 모세의 권위에 귀속시켰다. 그들은 예수에게 어떻게 할 것인가를 요구하였다. (이 상황에는 이중적인 함정이 있다. 당시 이스라엘을 지배하던 로마의 법은 종교적인 법을 위반했을 때 이스라엘의 법원이 어떤 처벌도 내릴 수 없게 하였다 ; 그러므로 돌로 치는 처벌을 허용할 경우 예수는 로마의 정책에 반대하는 위치에 서게 된다 ; 또 한편으로 간음한 여자를 가볍게 다루게 될 때 예수는 법을 가볍게 생각한다는 평가를 받게 될 것이다. 예수를 향한 군중들의 질문은 그를 놀람과 당황으로 몰아감으로써 그가 법의 중요한 차원을 배제한다는 인상을 공적으로 확인시키는 것에 있었다.) 이 이야기에서 우리는 이중적으로 수치스러운 상황의 묘사를 보게 된다 : 예수는 법에 대하여 느슨하고 애매한 태도를 가지고 있음을 잠재적으로 드러냄으로써 수치스럽게 된다 ; 그 여자는 성적으로 잘못된 행동, 그리고 아마도 자신의 몸이 군중에게 노출됨으로써 수치를 겪게 되었다.

 예수는 자신의 반응에 우선 비판자들과 간음한 여자의 편에서 자신의 수치심을 반영하였다. 그는 그들의 질문에 대답하지 않고 눈을 돌려 바라보고는 허리를 굽혀 땅에다 자신의 손으로 글씨를 쓰기 시작했다. 군중들이 그에게 계속 응답을 요구하자 바로 서서 군중들의 시선을 응시하면서 말하기를 "너희 중에 죄 없는 자가 저 여인에게 돌을 던지라."고 하였다. '눈에는 눈으로'와 같이 간단하게 예수는 그 여자와 자신에게 수치심을 던졌고, 결과적으로 그의 말은 군중들에게 되돌아갔다. 그러고 난 후 예수는 다시 무릎을 꿇고 땅에 글 쓰는 일을 계속하였다. 군중들은 흩어졌고, 그곳에는 예수와 그 여인만 남았다. 사람들이 떠난 후 예수는 다시 일어서서, 여자를 바라보며 물었다. "그들은 어디로 갔느냐? 아무도 너를 비난하지 않았느냐?" 그 여인이 대답하기를 "선생님, 아무도 그렇게 하지 않았습니다."라고 말했다. 그리고 그는 "나도 너를 비난하지 않는다. 너는 갈 길을 가거라. 그리고 앞으로 다시는 죄를 다시 짓지 마라."라고 말했다. 예수는 그 여인의 죄책감에 대한 질문을 생략하지는 않고 ("앞으로 더 이상 죄를 짓지 마라."), 오히려 그는 그것들을 문제로 삼은 그 여인의 수치심과 그 오용에 대해 관심을 두었다.

예수와 그가 수치스러운 상황에 있는 사람들을 다룬 가장 생생한 또 다른 이야기들 중 하나는 마가복음 5 : 1~20[15])까지의 이야기로 예수가 귀신 들린 거라사인을 치유하는 내용이다. 예수가 갈릴리 호수를 건너 거라사 지방으로 가는데, 그곳에는 영이 깨끗하지 않은 사람이 살고 있었으며 그 지역에서는 그가 귀신 들린 사람으로 잘 알려져 있었다. 이 사람을 감금하려는 노력은 실패하였다 : "그를 묶은 쇠사슬을 끊어 버리고 족쇄는 조각조각 부숴 버렸다 ; 그리고 아무도 그를 제지할 힘이 없었다." 이 사람은 예수가 오는 것을 보자 그에게 달려가 그 앞에서 엎드렸다. 예수가 그를 향해 "더러운 귀신아 그 사람에게서 나오라."고 말하자, 그는 "가장 높으신 하나님의 아들 예수여, 당신이 나와 무슨 상관이 있나이까? 원하건대 하나님 앞에 맹세하고 나를 괴롭히지 마옵소서." 예수가 그의 이름을 묻자, 그는 "내 이름은 군대니 ; 우리가 많음이니이다."라고 하였다. 예수가 그에게 이르기를 "더러운 귀신들아, 그 사람에게서 나와서 돼지들에게로 들어가 바다로 가라."고 명하였더니 돼지들이 바다로 뛰어 들어갔다.

오늘날에는 일반적으로 성적인 학대를 포함하여 어린 시절 심각하고 오랜 시간 지속된 학대의 결과로 비롯된다는 다중인격장애(multiple

---

15) 역자주 : 성경전서(개역개정판).

personality disorder)는 잘 알려져 있다. 확실히 예수는 이 귀신 들린 사람(그와 같은 모든 사람들에게)에게 대단한 권위와 수용을 보여 줌으로써 그 사람의 분열되고 마치 깨어진 수정과 같은 영혼이 치유함과 재통합을 찾을 수 있었다. 은총은 수치심에게 가장 강렬한 해독제이다. 이 귀신 들린 사람은 그가 수용되고 가치 있음을 느끼면서 은총을 경험했을 것이고, 그로 인해 그의 억압된 기억들이 떠오르게 되면서 결과적으로 그의 분리된 자아들이 통일되고 재통합이 가능해졌다.

이 외에도 복음서에는 예수가 개인적인 혹은 사회적인 수치심을 경험하는 사람들과 상호작용하는 이야기들이 많다. 그중에서 혈루병을 앓는 여인(눅 8 : 43-48), 바리새인과 세리의 기도(눅 18 : 9-14), 예수가 우물가에서 만난 물 긷는 사마리아 여인(요 4 : 7-42), 예수가 세리 삭개오와 부드럽게 관계를 시작하는 이야기로, 예수가 삭개오의 집에 들어가 그와 함께 음식을 먹으면서 깊이 있게 그를 받아들임을 보여 줌으로써 삭개오가 용서를 구하고 새로운 삶을 살게 되는 내용(눅 19 : 1-10)의 이야기를 들 수 있다. 그 모든 이야기들에서 예수는 개인들과 집단 간의 관계를 지배하고 장애물로 작용하는 인종적·종교적 타부를 타개해 나갔다. 또한 예수는 이 사람들에게 그 자신들을 진정으로 바라보게 하고, 그들이 자신과 하나님과 그들의 한 부분인 공동체와 새로운 관계를 찾을 수 있도록 수용과 관심을 전해 주었다. 예수가 종교적으로 적이 되는 바리새인에 대하여, 그리고 바리새인을 향하여 심하게 말할 때도 우주적인 저주가 섞인 인신공격적인 모욕은 결코 하지 않았다. 각각의 사례에서 예수는 부당한 관례나 태도와 같은 특수한 문제를 고발함으로써 바리새인들이 스스로 회개하고 새로운 삶을 살 기회를 갖기를 바랐다. 그는 바리새인들이 자신들의 죄책감을 적절하게 인식할 수 있도록 조심스럽게 접근하였는데, 그것은 그들을 회개로 인도해 주었다. 예수는 그들의 수치심을 일깨우기 위해 그들에게 포괄적인 명칭이나 특성을 부여하는 일은 하지 않았다(눅 11 : 37-52).

완벽주의자의 수치심과 깊은 상처를 가진 니체는 기독교에 맹렬한 분노를 가졌던 자신이 은총과 관련된 예수와 그의 활동에서 자신의 약함과 다른 사람들의 은총에 자신을 개방해야만 한다는 것을 받아들일 수밖에 없다는 사실과 또한 그렇게 할 수 있다는 것을 감지했을 것이다. 이것은 특별히 니체에게 위협이 되었을 것으로 보인다. 어린 시절 그는 아무에게도 기대하지 말 것과 단순히 지금의 자신을 있는 그대로 받아들이고 기뻐해야 한다는 것을 확인하도록 배웠다. 분명히, 그의 영혼의 형제라고 할 수 있는 사르트르(Jean Paul Sartre)가 주장한 바와 같이, 니체는 신적인 존재에게 자신의 핵심이 알려지는 것과 수치심에 대한 생각에 깊은 반감을 표현했다(Schneider 1992, 135-136). 칼 슈나이더(Carl Schneider)는 사르트르와 니체 모두 "고독과 자족하는 자아의 교리라는 함정에 빠져 있다."고 하였는데, 그렇게 되면 자아는 '궁극적인 고독'으로 보게 된다. 은총의 가능성을 직관으로 이해해 보면, 어린 시절 배우고 평생을 그런 생각을 바탕으로 살아온 니체의 본능은 근본적으로 그것을 불신하고 조롱과 경멸하는 마음으로 거부하였을 것이다. 그럼에도 불구하고, 그러한 은총이 그에게 육체적인 감각과 함께 진정으로 다가올 때 그의 저술의 신랄한 탁월함에 에너지와 열정을 부어 넣어 준 분노를 포기했을 수도 있었을 것이다. 그것이 손실을 가져온다고 해도, 비옥한 인간의 마음과 섬세한 영혼이 그 대신 가져다줄 것이 무엇인지 누가 알겠는가?

Faithful Change

Faithful
Change

III부.

신앙과 포스트모던 시대의 삶이 주는 도전들

제 9 장. 현대성에의 자각 : 계몽주의와 해방시키는 신앙
제10장. 문화전쟁을 넘어서
제11장. 신학과 포스트모던적 경험 : 네 가지 응답
제12장. 하나님의 프락시스의 포스트모던 신학을 향하여
제13장. 하나님과 우리의 후손들과 함께 신앙을 지키는 길
제14장. 미개한 사회에서의 도덕과 신앙의 형성

지금은 18세기 계몽주의가 그러했듯이, 아주 작은 일도 의미가 있고 역사에 오랫동안 영향을 미칠 결정적인 시기라고 주장한다. Ⅲ부에서는 이런 시기에 기독교인의 삶과 교육에 대한 함의를 탐구하려고 한다. 미래에 역사학자들은 이러한 주장을 평가할 것이며, 이 변환기에 명칭을 부여할 것이고, 새로운 사고의 형태와 의식의 부상을 가져올 것이다. 현재 이러한 주제들에 대하여 논의하는 사람들은 이 시기를 '후기 현대' 혹은 '포스트모던'이라 부른다.

신앙 발달의 이론과 연구를 다루었던 제Ⅰ부와 9~10장으로 돌아가 우리는 현대사회에서 전형적인 교육을 받은 성인들의 신념 양식과 연결되는 신앙 단계들의 설명을 재검토하게 될 것이다. 단계의 설명을 사용하여 18세기 계몽주의 시대 동안 규범적으로 자리 잡았던 의식과 실천의 형식을 모범으로 삼고 비교하게 될 것인데, 그렇게 함으로써 우리가 살고 있는 현재에 규범으로 자리 잡을 수 있게 되도록 하기 위해서이다. 여기서 시도하는 비교는 신념과 관련하여 깊숙이 퍼진 긴장과 갈등 완화에 빛을 보여 줄 것이고, 현재 우리가 직면하고 있는 '문화 전쟁'에서 윤리적 가치관의 근거를 만들어 줄 것이다. 이 장(章)들에서는 점차적으로 복잡하고 다원적이고 체계적으로 상호의존적이 되어 가고 있는 세계에서

Faithful Change

제기되는 문제를 다룰 수 있는, 그리스도에게 신실하면서도 다른 종교와 세속전통에 속해 있는 사람들과 함께 일할 수 있는 준비가 되어 있는 기독교 지도력을 청해 보려 한다.

11~12장에서는 포스트모던적 신앙의 기독교 신학적이고 윤리적인 근거를 다시 생각하는 도전에 참여하는 길을 제공할 것이다. 우리가 처한 의식과 실천의 이 전환기에서 하나님의 일을 할 때 우리가 어떻게 신뢰를 구분하고, 우리에게 소명적인 신앙을 부여할 수 있을 것인가? 하나님은 이 변화의 시기에 어떻게 자신을 드러내고 활동하시는가? 몇몇의 현대신학이 제기하는 선택들을 살펴보면서, 우리의 건설적인 제안은 계약과 소명에 대한 성경적 심상, 그리고 하나님의 창조적이고, 통치하시고, 해방시키시는 구원의 역사에 근거하여 결론을 내리게 된다. 그리고 그 결론은 하나님과의 협력적 관계에 방향과 규범을 가져다줄 것이다.

이 책의 결론은 우리가 공동으로 책임지고 있는 어린이들과 젊은이들이 온전함과 신앙을 목표로 하는 양육이 가능한 환경과 공동체를 만드는 과제들을 제안하는 것으로 귀결된다. 우리 사회가 직면한 폭력과 소모적인 무례함이 가져다주는 도전을 기술하면서, 13장에서는 교회와 기타의 신앙 공동체들이 가정의 삶을 갱신하는 것과 대도시 중심에 있는 빈민가에서 일어나는 폭력과 그것의 영향을 받아 무능력하게 되는 것을 개선하는 일에 주도적으로 나서야 한다는 점을 요청하게 될 것이다. 앞 장(章)에서는 신학적인 틀을 사용하여 수치심과 폭력과 이 사회의 총기에 대한 집착 사이의 관계에 주목하게 되었는데, 결과적으로 그것은 실천신학으로 하여금 새로운 간 세대적인 교육(intergenerational education)을 위한 지역사회의 센터를 만들고, 늘어나고 있는 감옥과 교도소를 구원과 진정한 교화의 장소로 만들어야 한다는 사실의 심각성을 불러일으켰다.

14장에서는 종교적인 전통을 가진 특별한 학교들[1]에 초점을 맞추었는데, 그곳에서 이루어지고 있는 기독교교육이 어린이들과 젊은이들이 신앙의 변화에 개인적이고 공적인 헌신을 준비할 수 있는 방향으로 접근할 수 있는 길을 모색한다. 결론 부분에서는 다원적 사회와 세계에서 공동선(善)에 대한 열정적인 헌신을 가지고 그리스도의 제자도를 결합하는 기독교인으로 형성되는 비전을 나누게 된다. 이는 기독교의 청년과 그 세대가 '공적교회'(public church)의 지도력을 준비하도록 하는 것에 목적이 있다고 할 수 있다.

---

1) 역자주 : 한국의 기독교학교와 유사함.

Faithful Change

제9장

현대성에의 자각 : 계몽주의와 해방시키는 신앙

많은 날카로운 관찰자들은 오늘 우리가 그 깊이와 중요성에서 18세기 계몽주의와 같은 문화적·지적 변화의 분기점의 한복판에 있다고 주장한다. 그들은 우리가 근본적인 사고의 양식, 사회조직의 형식, 기술, 인간 의식의 구조, 그리고 인간이 비의식(nonconscious)을 다루는 노력과 관련하여 급진적인 변형의 시대에 깊숙이 들어와 있다고 보고 있다. 이 장(章)과 이어지는 장에서는 신앙 단계에서 확인되는 의식의 구조들과 18세기 계몽주의 시대의 전근대적(premodern) 의식에서 근대적 의식으로 이동하는 변천의 과정들을 비교해 보려고 한다. 종합적-인습적(Synthetic-Conventional) 신앙에서 개별적-반성적(Individuative-Reflective) 신앙으로의 변천(transition)이 계몽주의라고 불리는 문화적 의식에서의 변천을 보다 더 잘 이해할 수 있는 모델을 제공해 주는가? 만일 그렇다면 개별적-반성적 단계에서 결합적(Conjunctive) 신앙의 단계로의 이동이 현재 우리가 경험하고 있는 것으로 보이는 의식구조의 변천 과정이 지니고 있는 몇 개의 국면들을 설명해 줄 유용한 모델들을 제공해 줄 수도 있지 않겠는가?

이러한 사안들을 추구하면서 두 개의 보조적인 질문들이 제기될 수 있다 : (1) 신앙 발달 연구와 이론 자체가 어느 정도로 계몽주의 충동의 부산물이며, 그리고 그 때문에 그것의 장점과 단점이 드러났는가? (2) 만일 결합적 신앙 단계의 변천과 이 시대가 지니는 후기 계몽주의를 향하는 범문화적인 투쟁으로 보이는 양상 사이에 유사성이 있다면, 우리는 어떻게 널리 퍼져 있는 사회적이고 개인적인 수준에서 전(前)계몽주의와 전(前)개별적 신앙의 양식과 의식의 변화를 회피하는 억압의 증거들을 설명할 수 있겠는가? 우리는 이 장에서 이러한 질문들을 다루는 것으로 시작하여 그다음 장에서도 계속 논의하게 될 것이다.

계몽주의와 변화

서양 의식의 혁명으로서의 계몽주의는 먼저, 18세기와 관련되어 있다. 비록 그 결정적인 발전은 우선적으로는 18세기의 지식인 엘리트에게 제한되어 있었으나, 그 후 두 번의 세기를 지나면서 유럽과 미국의 사회를 변형시켜 왔다. 계몽주의 사상가들은 문자 그대로 인간 행동의 범위에 대한 이해가 없었고, 자기-이해도 변화되지 않았다. 정치나 정부는 인간평등과 인권에 관한 교리와 사회계약 이론에 대한 해석의 다양성을 통하여 자신의 정부의 정당성을 담보하는 민주주의 이론의 강력한 유산을 남겼다. 과학과 기술 분야는 실험적-분석적 방법론을 이룩한 17세기의 위대한 성취에 의해 이루어졌다. 그들은 물리학과 천문학을 신학으로부터 분리시켰으며, 심리학과 사회학의 과학적 연구를 시작하였다. 종교 분야에서는 계몽주의 사상가들이 분석적 추론의 도구들을 성경적 신앙의 기록에 도입하게 되었다. 교리적 전승이나 성직의 계급뿐만 아니라, 성경 자체도 역사비평이 제기하는 상대화의 영향에 저항할 수 없었다. 계몽주의는 도덕과 신앙을 위한 형식적이고 보편적인 기준을 강조하였으며, 또한 계시 종교가 특별히 주장하는 바를 설명할 수 있는 합리적인 관점을 수립하였다.

역사학자 크레인 브린튼(Craine Brinton)은 자신의 계몽주의 모델에서 다음의 세 가지 구성요소를 제시하였다 : 구체적으로 그것은 (1) 지식과 해방의 도구로서 '이성'(reason)을 향한 열정적 헌신 ; (2) '자연'(혹은 본성, nature)과 '본성적'(인간 본성을 포함하여)인 것이 과학적 연구의 중심적인 대상이 되었고, 진정한 통찰과 규범들의 원천으로서 '자연'(혹은 본성, nature)과 인간의 본성을 포함한 '자연적'(혹은 본성적 natural, 인간 본성을 포함)인 것에로의 방향 전환 ; (3) 국제법에 의해 성취된 평화와 종교의 개혁, 그리고 인간사회의 질병을 정복했다고 하는 '진보'(progress)에 대한 확신(Brinton 1967)이었다. 브린튼의 틀에 몇 가지 요인들을 더 보태야 하겠지만, 그의 구조는 여기서 의도하는 간단한 개관(槪觀)을 정리하는 데 도움이 될 것이다. 임마누엘 칸트(Immanuel Kant)는 1784년에 발표한 논문 "무엇이 계몽주의인가?"에서 다음과 같이 말했다 :

> 계몽주의는 인간이 스스로 만든 미성숙함으로부터 떠나는 것이다. 미성숙은 지성을 타인의 도움 없이는 사용할 수 없는 무능력이다. 그러한 미성숙이 지성의 결함에서 오는 것이 아니라면 자신이 스스로 만든 것이라 할 수 있지만, 그러나 그것은 다른 사람의 안내를 받지 않고 자

신의 지성을 사용할 수 있는 의지와 용기가 없음에서 온다고 하겠다. "Sapere Aude! 너 자신의 지성을 사용할 수 있는 용기를 가지라!" 이것이 계몽주의의 좌우명이다(Friedrich 1949, 132).

18세기에 그토록 빛을 보았던 해방과 지성의 모델의 도구는, 물론 이성(理性)이다. 에른스트 카시러(Ernst Cassirer)는 말했다. 계몽주의 시대는 새로운 힘이 그 안에서 작용하고 있음을 감지했다. …… 18세기는 하나의 단어로 이를 묘사하려고 했으며, 그것을 '이성'이라고 불렀다. 그 시대에 이성은 통일되고 중심되는 요점이 되었다"(Cassirer 1951, 5). 이성을 통하여, 그리고 합리적 방법론에 대한 훈련을 받고 그것을 자신 있게 사용한 계몽주의 사상가들은, 그 시대에 넓고 깊게 퍼져 있던 미신과 분석되지 않은 전통들로부터 개인과 문화가 해방될 것을 기대했다. 그들은 온순한 복종과 설명할 수 없는 지배의 형식으로부터의 해방을 의도했다. 그리고 그들은 경험적 합리성의 도구를 사용하여 매우 오랫동안 침투와 공개를 기다리던 자연(혹은 본성)에 대한 잘 익은 비밀들의 공개를 하려 했다. 카시러는 계몽주의가 반 신성(semidivine), 역동적인 힘, 그리고 계시적인 힘으로서 이성을 붙잡은 것에 대하여 아래의 인용에서 정리하고 있다 :

이성은 이제 천성적인 것으로 보기보다는 후천적으로 습득하는 것으로 보게 되었다. 그것은 진리가 화폐로 만들어져 보관하는 동전과 같이 마음에 있는 보화가 아니다 ; 오히려 그것은 진리의 발견과 결단을 안내하는 독창적인 지적인 힘이다. 이 결단은 모든 실제적인 확실성의 씨앗이며 동시에 필요불가결한 전제이다. 18세기를 통틀어 이성은 그렇게 이해되었다 ; 완전한 지식군(群)도, 원칙도, 진리도 아니고, 일종의 에너지인데 그것은 오직 매체와 그 효과에 의해서만 온전히 이해되는 것이다. 이성이 무엇이며, 무엇을 할 수 있는가를 아는 길은 그것의 결과보다는 오직 그 기능으로, 역할로만 가능하다. 그리고 그것이 지닌 가장 중요한 기능은 묶는 것과 분해하는 것이다. 이성은 사실적이라고 생각되는 모든 것, 경험에 대한 모든 단순한 자료, 그리고 계시와 전승과 권위의 증거에 근거하여 믿은 모든 것을 해체한다 ; 또한 이 모든 것들이 내포하고 있는 가장 간단한 구성요소의 부분들, 그리고 신념과 의견에 관한 마지막 요인을 분석할 때까지 이성은 만족하지 않았다. 이러한 해체 작업 이후에 구조(construction) 작업이 시작되었다. 이성은 흩어진 부분들을 그냥 버려둔 채 멈출 수는 없었기에 그 부분들을 가지고 진정한 전체라고 할 수 있는 새로운 구조를 만들었다. 그러나 이성이 그 진정한 전체를 창조하고, 이성이 만들어 낸 규칙에 따라 흩어진 부분들이 서로 잘 맞았으므로, 이성은 스스로 만든 구조에 대한 완성된 지식을 얻게 되었다(Cassirer 1951, 13–14).

케플러(Kepler), 갈릴레이(Galilei), 뉴턴(Newton) 및 그 외의 학자들의 천체학, 물리학, 수학에 바탕을 두고 이루어진 계몽주의는 자연(본성)에 대한 고전적인 관점을 용해시켰다. "뚜렷한 형식을 가진 고전적이고 중세기적인 세계에 대한 개념은 산산이 부서졌으며, 세계는 즉시로 접근할 수 있는 사물의 질서라는 의미에서 '우주'(cosmos)를 창조하였다. …… 하나의 세계와 하나의 존재, 또는 신(Being)은 형성의 자궁으로부터 끊임없이 도약하며, 각자가 자신을 구체화하면서도 우주의 지치지 않는 역동적인 과정에서 단순한 변천의 단계인 우주의 무한함으로 대치되었다."(Cassirer 1951, 37) 과거로부터 전해 내려오는 세계의 이미지를 해체하는 일을 견디고 ― 그 일을 실행하기도 했다 ― 동시에 엄밀한 조사와 끈기 있는 종합을 통해 자연에서 발견되는 함축적인 타당성과 복잡한 상관성을 밝혀 주는 위치에 서게 된 것은 인간 이성의 탁월함이라고 하겠다. 이렇게 엄청난 능력을 잘 생각해 본 계몽주의 사상가들은 정신의 근본이 되는 새로운 힘과 집중에 눈뜨게 되었다 : "정신의 가장 높은 에너지와 가장 심오한 진리는 영원한 것에서 나오는 것으로 이루어져 있는 것이 아니라, 오히려 그것은 영원한 것에 대항하여 정신이 그 자신을 유지하고 영원한 존재와 동등한 것과 순수한 일치를 입증한다." 영원한 것과 대항할 수 있는 능력으로 인해 정신은 인간으로 하여금 영원한 것을 측정하고 경계를 지을 수 있게 해 주었는데, 그것은 영원한 것의 영역을 제한시키려는 것이 아니라 그것이 지닌 모든 포괄적이고 퍼져 있는 법칙을 알기 위해서였다. 사상에서 발견되고 공식화된 우주의 법칙은 직관적으로 경험된 우주의 무한함과 필연적인 상관성으로 형성된다(Cassirer 1951, 38).

지식의 세계를 재건하고 재정리하는 데 있어서 계몽주의는 그것의 범위를 자연과 자연적인 것으로 구성하였다. 자연의 영역에는 '자연의 빛'(natural light)[2]에 의해 접근할 수 있는 범위에 있는 모든 것이 포함된다. 여기에는 다른 것이 아닌 이성이 지니고 있는 자연적인 힘의 도움으로 조사하고 이해되는 모든 것이 포함된다. 그러므로 자연의 영역은 진리가 오직 계시의 힘으로만 접근할 수 있는 은혜의 영역으로부터 동떨어져서도 성취될 수 있는 것이다. 그러므로 계몽주의에게 믿음과 지식, 계

---

2) 역자주 : 라틴어 'lumen naturale'에서 유래한 개념.

시와 이성 사이에 갈등이나 반대는 불필요한 것이다.

> 자연의 진리는 하나님의 말씀이 아니라 그의 행위에 계시되었다 ; 그것은 성경이나 전승의 증언에 근거하기보다는 언제나 인간에게 분명하게 보여졌다. 그러나 그것은 오직 자연의 징조를 알고 그 주제를 해독(解讀)할 수 있는 사람만이 이해할 수 있다. 자연의 진리는 단순히 말로만 표현될 수는 없다 ; 가장 적절한 표현은 수학적 구조와 도형과 숫자에 있다. 그리고 이러한 상징에서 자연은 온전한 형태와 투명성으로 자신을 드러낸다. …… 자연은 자신이 지니고 있는 분할되지 않고 침범할 수 없는 단일성을 우리 앞에 펼쳐 놓으면서, 우주의 전체적인 계획을 인간의 정신이 인식하고 표현하기를 분명히 기다리고 있다(Cassirer 1951, 43).

브린튼은 17세기가 되어서야 현재가 과거보다 더 나을 것이며, 그렇기 때문에 미래는 인류에게 일관되고 지속적인 발전을 가져다줄 것이라는 확신이 자리 잡기 시작했음을 우리에게 일깨워 준다. 프랑스의 개혁자이며 철학자인 튀르고(Turgot)는 1750년 소르본(Sorbonne) 대학교에서 "인간 정신의 지속적인 발전에 관하여"(On the Successive Advances of the Human Mind)라는 강연을 했는데, 그 강연에서 그는 완성된 진보의 교리를 요약해 주었다. 그의 친구이며 제자인 콩도르세(Condorcet)는 이 생각을 그의 저서 「인간 정신의 역사적 서술에 관한 개요」(Sketch for a Historical Picture of the Human Mind)에 다시 썼다. 이는 궁극적으로 이 세상에서 모든 인간의 신체적인 불멸성에 의해 달성되도록 이끌어 가는 끊임이 없는 진보(발전)의 유토피아에 대한 놀라운 낙관적인 이상을 제공해 주었다(Brinton 책 요약 1967, 521). 계몽주의 사상가들 대부분은 이 같은 지나친 경향을 피했을 뿐만 아니라, 이성을 자아-중심성과 이기적인 감정을 다스리는 종속적인 것으로서의 현실적인 개념으로 이해했다.[3] 그럼에도 불구하고, 해방에 대한 근본적인 정신과 인간이 합리성의 능력을 갖추도록 해 주는 교육의 힘은 그 시대의 낙관주의에 대한 위대한 에너지를 가져다주었다고 하겠다. 프랑스 혁명의 모진 경험을 하기 전까지 이성의 취약성과 인간 본성 안에 깊이 뿌리 내리고 있는 왜곡과 타락이 가지고 있는 힘에 대한 근원적인 질문은 시작되지 않았다.

개별적 - 반성적 신앙 단계의 특성

계몽주의 시대에 최초로 인류를 위해 형성되고 주장된 합리적이고 자율적인 의식의 구조는 아직도 현대 사회에서 살고 있는 개인들에 의해 구성되고 주장되어야만 한다. 비록 지금은 인습 후기(post-conventional)의 비판적 의식을 발달시키는 데 있어서 문화적 모델들, 형판(型板)들과 교육적인 지원이 있다고 해도, 이 혁명은 개인들에게 아직도 칸트가 언급했던 용기와 의지 같은 것을 요구한다. 그리고 그것은 아마도 칸트가 인정했던 것보다 더한 후원과 지원이 요구될 것이다. 지난 30년 동안 집단적으로 분투해 온 민권(civil right)운동을 포함하여, 여성주의자(feminist), 인종적, 민족적, 동성애 및 그 외의 해방운동들은 이 집단들

---

3) 참고. Cassirer 1951, pp. 103-104 : "볼테르(Voltaire)는 '형이상학에 관한 논문'(Treatise on Metaphysics)에서 '열정이 없이는, 명성에 대한 욕망이 없이는, 야망과 허영심이 없이는 인류의 발전도, 기호(嗜好)의 세련됨도, 예술과 학문의 향상도 생각할 수 없다 : 이러한 동력을 가지고 플라톤이 영원한 기하학자라고 부르고, 나는 영원한 기계운전자라고 부른 하나님이 자연에 생명을 불어넣고 장식을 했을 것이다 : 열정은 이 모든 기계들이 움직일 수 있도록 해 주는 바퀴들'이라고 말했다."

에게 정치적·경제적인 공간을 만들어 주었기 때문에 이들이 합리적인 자율성과 그러한 것들을 공적으로 사용할 수 있는 온전한 성숙함을 주장하게 되었다.[4]

나는 개별적-반성적 신앙 단계를 「신앙 발달과 목회적 돌봄」(*Faith Development and Pastoral Care*)에서 다음과 같이 기술하였다.

> 이 단계는 성인 초기나 그 이후에나 나타나는 것을 발견하게 된다. ……특히, 이 단계에서는 함께 혹은 연쇄적으로 두 개의 중요한 운동이 나타난다. 첫째로, 이전 단계에서 지니고 있던 암묵적인 신념 체계, 가치관과 헌신을 비판적으로 검토해야만 한다. 이는 그동안 깊이 뿌리 내리고 있던 검토되지 않은 세계관이나 신념체계가 때로는 고통스러운 혼란을 가져다줄 수도 있음을 의미한다. 익숙하고 당연히 받아들였던 것들을 '객관화'해야만 하고, 낯선 것으로 만들어야만 한다. 그동안 역할들과 관계들에 있어서 자신의 존재성을 지원하기 위해 정리된 의미의 추정된 형태들은 해결해야 할 문제가 되어야만 한다. 삶의 방향을 이끌어 주던 상징들과 이야기들은 이제 비판적인 질문과 해석의 대상이 되어야만 한다. 그러므로 첫 번째 운동은 이전 단계에서 추정적이고 암묵적으로 갖고 있던 신념과 가치체계를 끄집어내는 것과 관련이 있다

---

4) 내가 앞에서 인용한 칸트의 논문을 보면 흥미로운 것을 발견할 수 있다. "이 계몽을 위해 요구되는 모든 것은 '자유'이다 ; 그리고 특히 자유라고 불리는 모든 것이 조금도 해가 되지 않게 하려면 인간이 모든 일에 그의 이성의 공적인 사용을 위한 자유가 되어야 한다"(Friedrich 1949, 134). 비록 칸트의 논문에서 그는 일반적으로 보는 언론의 자유보다는 학문적인 자유에 더 관심을 가졌다고 해도, 그는 현대의 해방운동이 해 온 일을 잘 표현하고 있다 : 즉, 이전에는 종속적인 집단들이었던 그들의 자유와 합리성을 공적 사용에 쓸 수 있으며, 그들 자신이 자신들의 삶과 안녕의 수호자이며, 더 나아가 일상적인 삶의 조건을 만들어 가는 행위적인 참여자라는 사실을 지적해 주었다.

(Fowler 1987, 68).

여기서 우리는 분석적 추론의 각성과 그동안 자아의 구성과 방향에 영향을 주던 암시적인 견해들, 신념들과 가치들을 반성적으로 돌아보려는 노력을 기술하려고 했음을 볼 수 있다. 그것은 개인의 반성적 경험을 비판적인 빛에 비추어 그의 세계관의 추정적인 기초와 요인들이 갖고 있는 타당성을 평가하는 과정이 시작되었음을 말한다. 구조적으로 이러한 움직임은 계몽주의의 신학과 철학, 그리고 우주론에서 받아들인 체계를 비판적으로 해체하는 것과 비교될 수 있다.

계몽주의와 같이 개별적-반성적 단계는 알고 있는 주체가 자아를 만들어 주고 구성의 능력과 비판적 탐구와 반성의 대상이 되는 두 번째의 운동과 비교된다 :

> 둘째로, 그 역할들과 관계들에 의해 구성되고 유지되던 자아는 이전에 정의되던 관계들로부터 떠나 정체성과 가치에 대한 물음과 씨름해야만 한다. 그것이 관계들을 끊으라는 의미는 아니다. 또한 그것은 지금까지의 역할들을 포기하라는 의미도 물론 아니다. 오히려 그것은 이전에는 목표나 가치관을 결정하고 확인할 때 요구되는 권위를 다른 사람에게서 찾았으나 이제는 자신들이 스스로 결정하고 확인할 수 있어야 한다는 의미이다. 역할들과 다른 사람들과의 관계에 의지해 자아를 정의하던 이전과는 달리 이제는 자아가 자신을 정의하고 그 역할들과 관계들을 조율하는 책임의 새로운 성격에 근거해야 한다는 의미이다(Fowler 1987, 68).

계몽주의 시대의 해방의 취지가 이성에 대한 새로운 이해에서부터 온 것은, 개별적-반성적 신앙 단계를 특징지어 주는 비판적인 반성에서 일어나는 두 개의 운동을 위한 토대가 새로운 인지 능력에 근거하는 것과 같다. 첫째로, 그것은 피아제가 말하는 '형식적 조작'의 사고가 충분히 발달해야 가능하다. 이는 추상적 개념을 형성하고 조종하는 데 필요한 조작을 구성한다는 의미이며, '우리의 사고(思考)에 관하여 생각'할 수 있는 능력을 갖추었음을 의미하는 것이다. 그것은 또한 상호적인 현상의 상호관계를 나타내는 상호작용의 정신적 모델의 체계를 이해하고 구성할 수 있음을 의미하는 것이기도 하다(Piaget and Inhelder 1969).

완전한 형식적 사고로 향하는 중재적이고 중요한 발걸음, 특히 그것이 자아와 그가 지니고 있는 함축적인 가치들과 신념세계를 성찰하는 데 쓰일 수 있기 위해서는 새로운 수준의 사회적 관점 취하기(social perspective taking)를 발달시켜야만 한다. 셀만(Selman 1974, 1976)이 주장한 이후에 이 수준을 '제3자(third-person) 관점 취하기'로 부르고 있다. 개별적-반성적 신앙의 이전 단계인 종합적-인습적 신앙은 전형적으로 초기 청소년의 신앙 수준으로 '상호적 대인 관계적(mutual interpersonal) 관점 취하기'가 깊이 자리 잡고 있는 단계이다.

> 의미 있는 타인들의 기대와 평가에 민감하게 조율하는 특징을 가진……
> 종합적-인습적 단계에 속한 개인은 처음에는 자아를 확인해 주고 지원해 주는 외적인 관계에 의지한다. 점진적으로, 가치 있는 타인들의 기대와 인습적인 평가가 이 단계의 신앙을 가진 사람에게 성격의 내면화된 일부분이 된다. 이러한 내면화된 의미 있는 타인들의 내적인 목소리는 상호인간적인 자아에게 안내자이자 속박의 요인이 된다. 그러나 외

적 혹은 내적 자아가 권위와 갈등을 빚을 때, 또는 그들의 후견인이 개인의 발달에 속박이나 억압이 될 때 자아는 그가 뿌리 내리고 있던 상호 인간적 관계를 넘어서서 세상을 바라볼 수 있도록 자아와 타인과의 관계로부터 관점을 구성해야만 한다. 제3자 관점 취하기는 타인의 평가에 대한 기대를 할 수는 있지만, 그것은 상충되는 주장들과 기대들이 있을 수 있다고 보는 다른 시각을 제공해 준다. 제3자 관점 취하기는 신념들과 가치들, 그리고 개인이 발전시킨 삶의 형식을 이루고 있는 요인들과의 관계에서 판단하고 선택할 수 있는 기초를 제공한다(Fowler 1987, 68-69).

제3자 관점은 한 사람이 갖고 있는 세계관과 가치관의 내용을 분석하고 하나의 체계의 부분으로써 이들의 상관관계를 볼 수 있도록 형식적 조작 능력을 사용할 수 있는 길을 열어 준다. 그것은 '초월적 자아'의 인식론적인 토대로 볼 수 있다. 그것은 타율적으로 자리 잡게 된 한 사람의 이념으로부터 "자신의 이념을 가졌다."고 말할 수 있는 비평적 자아인식의 현상이며, 그것은 적어도 부분적으로는 내면화로의 이동을 가능하게 한다(참고. Kegan 1982). 제3자 관점은 또한 자아-타인 관계가 체제의 맥락에 의해 위치하고 속박당할 수 있음을 이해할 수 있도록 해 준다. 여기서 말하는 체제는 경제적·정치적·가족, 그리고 종교적 체제를 모두 포함한다.

계몽주의와 개별적-반성적 신앙에로의 이동 사이의 비교를 요약하기 위해「신앙 발달과 목회적 돌봄」에서 또 다른 인용을 하기로 한다 :

계몽주의는 물려받은 상징들과 신념들, 그리고 전통이 비판적인 이성의 세밀한 조사와 평가의 대상이 되는 문화적 진화 운동을 대표했다. 유사하게, 개별적-반성적 신앙 단계의 발달도 개인이나 공동체가 가지고 있던 이전 단계의 신앙 관점에 관하여 세밀한 검사와 선택의 실천과 연관된다. 많은 면에서 이것은 '비신화화'(demythologizing)의 단계이다. 종교적 전통이 간직하고 있던 교리들, 상징들, 이야기들, 그리고 신화들은 분석과 개념적 공식으로 번역의 주제가 될 수도 있다. …… 폴 틸리히(Paul Tillich)는 상징으로 인식된 상징은 더 이상 상징으로서의 힘을 갖지 못한다는 사실을 지적했다. 상징이 상징화하고, 그것을 대표하는 실재와의 관계에 중재자가 될 수 있었던 강력한 참여는 이제 파괴되었다. 상징의 분석과 개념적 번역이 그 의미를 명확하게 하는 동안, 우리는 의미를 소통하는 과정에서, 상징으로부터 상징의 분석으로 자리가 옮겨졌음을 알아채지 못했다(Fowler 1987, 70).

위의 인용 마지막 줄에서 하나의 운동으로서 계몽주의가 엄청나게 도가 넘치는 자만과 맹목적인 내면의 방향으로 조용히 향하고 있음을 지적하고 있음을 알 수 있다. 그 시대가 따르던 해방시켜 주고 비판적으로 명료화시켜 주는 이성에 흥분하여, 종교와 문화의 전통이 지니고 있는 인간 지혜의 영향을 형성하고 속박하는 것을 지적하지 않은 채로 이성을 왕좌에 앉혔을 때 따라오는 결과들을 간과하였다. 실재에 대한 지식을 분해하고 재구성할 수 있는 가능성과 관련하여 갖게 된 자신감과 그것에 의해 자연의 복합성을 지배하면서도, 사회적·정신적 무의식에 관해서는 놀랍도록 무지하였다. 힘들게 얻은 자아-의식과 합리적 명료성에 대한 지나친 자신감에서 인간의 영혼은 자신의 유한성과 동공을 축소시키고, 이기적인 이념들에 따라 기초를 두고 방어하려고 애쓰는 것에 반감을 갖는다는 것을 짐작하지 못했다.

그러나 균형과 통찰력의 지혜는 혁명의 와중에서 쉽게 이룰 수 있는 것은 아니다. 그러므로 우리는 계몽주의의 용기와 천재성을 기념할 필요가 있다. 그리고 우리는 각 세대에 살았던 사람들이 그들이 만날 위험한 투쟁과 함께 얼마나 발달적 자기-기만이 연관될 것인가에 관계없이 자아-의식을 소유하고 그들의 합리적 자율성을 공적으로 사용하는 계몽주의의 길을 반복하는 용기와 의지를 축하할 필요가 있다.

계몽주의를 넘어서 : 포스트모던 의식을 향하여

9장의 앞머리에서 제시한 두 개의 질문들에 관하여 간단하게 설명하면서 결론을 맺으려 한다. 첫째, 어떤 점에서 신앙 발달 이론과 연구가 계몽주의가 갖고 있던 추진력의 표현이며, 그것의 참여자로서 장점과 한계는 무엇인가? 카시러는 계몽주의의 핵심을 보면 기본적으로 종교에 대하여 반종교적이거나 적대적이지 않다는 점을 우리에게 일깨워 준다.

> 계몽주의가 지니고 있는 가장 강력한 지적인 힘은 믿음을 거부하는 것에 있지 않고, 오히려 그것이 선포하는 새로운 신앙의 형태와 그들이 구현하는 새로운 종교의 형태에 있다. …… 이 시대는 순수한 창조적인 감정과 세상을 개혁하겠다는 의심할 여지가 없는 신앙에 젖어 있던 때였다. 그리고 종교에 있어서도 바로 그러한 개혁을 기대하게 되었다. …… 특히 독일의 계몽주의 사상가들 중에서 추구하던 근본적인 목적은 종교를 분해시키는 것이 아니라 그것의 초월적 의로움(transcendental justification)과 토대에 있었다(Cassirer 1951, 135-136).

신앙 발달 이론에서 사용하는 신앙의 개념은 계몽주의에 의해 필연적으로 만들어졌으며, 계몽주의가 종교를 개혁하려고 노력한 결과의 산물이다. 이러한 이론과 연구는 그것이 신앙의 형식적 정의와 구조주의적 단계의 형식적 특성화를 제공하는 것을 추구할 때 계몽주의로 나아가게 만들었다. 계몽주의 이전까지는 이념적 관점을 구조와 내용으로 분리해 보는 것은 존재하지 않았다. 비록 모든 특정한 종교적 전통들이 평가될 수 있다는 것으로 인해 합리적이고 윤리적인 기초가 확립된 것에 대하여 계몽주의가 가졌던 정도의 확신은 아니었지만, 신앙 발달 이론은 한 개인이나 집단이 가지고 있는 종교적 전통의 내용과 그 전통 자체의 적절성이 알맞은가를 평가하는 데 표준을 제공해 준다. 그럼에도 불구하고, 계몽주의와 후기 계몽주의의 해석학이 의지한 방식이 보여 준 바에 비추어 볼 때, 신앙 발달 이론은 신앙의 구조적 특징은 가장 좋은 의미에서 절반 정도를 설명해 주는 것이고, 어떤 종류의 살아 있는 종교적 신앙의 적절한 연구도 고전적 전통이 주도하는 해석학을 가지고 해석자와 연구자의 주도성에 균형이 맞아야 한다는 것을 알고 있다. 더 나아가, 신앙 발달 이론은 신앙적인 삶에서 정서와 개인적이고 사회적인 무의식을 형성하는 역할의 중요성을 인정하고 체계적으로 설명하려고 노력한다(Fowler 1984, chap. 4).

둘째, 결합적 신앙 단계로의 이동과 오늘의 세계에서 모든 문화가 후기 계몽주의적 의식의 양식을 향하여 투쟁하는 것으로 보이는 현상 사이에서 우리는 유사성을 찾을 수 있는가? 이 질문은 다음 장에서 보다 깊이 있게 다루게 될 것이다. 우리는 계몽주의와 개별적-반성적 신앙을 비교 토론하는 것과 같은 관심을 가지고, 결합적 신앙을 후기 계몽주의가 해석학과 과학 철학에 접근할 때와 같이 다양성의 관점에서 하는 것이 유익할 것인가를 살펴보게 될 것이다.

제2차 세계대전 이후에 우리는 서양의 의식에서 또 다른 혁명이 진행되고 있는 구조적 양식을 이해하고 표현하는 데 도움이 되는 철학적 접근의 기초적인 선(線)을 공식화해 왔다. 그 혁명은 계몽주의에 못지않은 의미 있는 분기점이 될 것으로 보인다(이 운동은 이전에 아인슈타인〈Einstein〉, 비트겐슈타인〈Wittgenstein〉, 하이데거〈Heidegger〉, 화이트헤드〈Whitehead〉, 가다머〈Gadamer〉에 의해 이미 예견된 바 있다). 이런 새로운 의식의 공식화는 19세기에 있었던 결정적으로 중요한 공헌들을 결합해야만 할 것이다. 그 공헌들을 간단히 보면 우선은 완전하게 정리된 진화론, 생물학적·문화적·존재론적 발달을 들 수 있으며, 이념의 비평과 과학적·철학적 사고와 행태를 형성하는 데 있어서 공공연한 관심과 그 반대되는 관심의 역할을 완전히 이해하는 것, 또한 인간 행동의 힘으로서 '권력의 의지'(will to power)와 원한(resentment)에 대한 설명, 그리고 종교, 언어, 사고의 근원적 범주들과 인간의 앎과 가치와 해석 및 행위에 미치는 영향으로써 대단히 교묘한 무의식의 방어기제와 억압을 알려 준 것 등이 있다.

그러나 그러한 철학적 조망들도 역시 20세기의 반성적 경험들이 가져다준 위대한 공헌들과 결합해야만 할 것이다 : 그러한 경험들을 보면, 근본적으로 관여된 모든 것은 과정에 있다는 인식 ; 우주와 경험에 관한 모든 조망이나 관점들, 인간이 관찰한 모든 것들은 서로 상관성이 있다는 사실 ; 과학적으로 연구되는 현상 안에서의 강요와 관여 ; 사고와 의식의 체계를 포함한 모든 체계의 생태학적인 상호의존성 ; 균형추를 끌어당기고 긴장을 매개하는 매개체의 힘을 통한 우주의 유지는 현재에 살고 있는 우리에게 동시적 앎을 가능하게 해 줄 한계가 없이 빠른 컴퓨터라는 갑옷까지 사용하여 인간 능력의 한계를 향한 도전으로써 다채롭고 다원적인 포괄성의 일치를 가져온 것 등이다. 폴 리쾨르(Paul Ricoeur), 마이클 폴라니(Michael Polanyi), 위르겐 하버마스(Jürgen Habermas), 데이비드 봄(David Bohm)과 신학분야에서 데이비드 트레이시(David Tracy)와 고든 카우프만(Gordon Kaufman)과 같은 사상가들은 위에서 지적한 그러한 공식들로 향하고 있음을 알 수 있다. 이 학자들과 그들의 동료, 그리고 그들과 교류한 학자들의 연구를 면밀히 조사해 보면, 앎과 가치 형성에서 '제2의 순수성'(second naiveté)이라 불리는 것과 변증법적이고 다면적인 조망을 가진 구조적 특성을 발견하게 되며, 이는 결합적 신앙에 대하여 서술하려고 노력해 온 것과 유사하다. 이와 같은 철학적 근원들에 대한 확대된 연구와 후기 신앙 단계의 구조에 관련된 새로운 실험적 조사는 결합적 신앙을 더 풍부하고, 그 특성을 보다 명확하게 해 줄 것으로 반응하고 또한 기대하게 해 준다.

의식에서의 문화적 혁명기는 낙심과 두려움을 가져다주지만 동시에 즐거움을 경험하게도 한다. 새롭게 생각하고 새로운 존재 방식으로 살아가라는 요구를 받고 있는 복합성과 새로움에 직면한 전 세계의 많은 집단들이 전 계몽주의의 종교적 헌신과 혹은 쾌락주의적 이념들이 지닌 무분별함이 부활하여 권위적인 토대에 근거한 희망에로 후퇴하고 있다. 다음 장에서 우리는 이 장에서 조사한 계몽주의 너머에 있는 문화적 의식으로의 변화에 수반되는 정치적·종교적·문화적인 몸부림을 분석하게 될 것이다. 아마도 신앙 발달의 이론과 연구는 발달의 문화적 수준의 충돌에 관하여 질서와 이해하는 데 말할 수 있는 언어와 개념적 체계를 제공해 줄 것이고, 이는 위에서 말하는 몸부림이나 투쟁과 긴장을 이해하는 데 기여하게 될 것이다. 이러한 투쟁들을 명료화하는 데 도움이 되는 모델들을 찾는 것은 계몽주의 시대를 살았던 사상가들이 그들이 직면했던 도전들에 대처할 때 찾았던 것과 같이, 오늘의 시대가 주는 도전에 용기와 분명한 사고를 갖기를 원하는 사람들에게도 중요하다.

제10장
___

문화전쟁을
넘어서

　문화와 사회적인 변화의 시기는 사회적 긴장과 갈등을 끓어오르게 한다는 의미를 내포하고 있다. 그것들은 광범위한 혼란을 경험하게 한다. 기존의 제도나 관행들은 변화의 과정을 겪으며 응집성을 상실하게 된다. 별 의심 없이 받아들여지던 공적·사적 삶의 양식들이 문제로 부각되고, 적법성에 대한 물음으로 고통을 겪게 된다. 되돌아보면 이전 장에서 다루었던 18세기 계몽주의에 관한 내용은 그 시대를 경험했던 사람들이 겪었을 실상에 비하여 훨씬 질서 있고 직접적인 것으로 보인다. 정치적 혁명, 국왕 살해나 시민전쟁, 종교적 갈등, 날카로운 지적인 토론, 그리고 광범위한 인구 이동은 18세기를 소란스럽게 만들었다. 현재 우리는 문화적 의식과 사회적 관습의 구조를 근본적으로 바꾸어 놓을 엄청난 변화의 시대를 살고 있다. 지금 우리가 경험하고 있는 변화를 계몽주의 시대가 겪었던 변화와 깊이 있게 비교해 보면 18세기의 경험은 잔잔

한 것으로 보인다.

9장에 토대를 두고 이 장에서 우리가 하려는 것은 성인 신앙의식의 모델로서 이해되는 신앙 발달의 후기 단계가, 어떻게 미국에서 정치와 사회가 서로 화해할 수 없는 차이를 만들어 내고 정중함을 위협하는 긴장을 가져오는가를 밝혀 보려는 노력이라고 할 수 있다. 종교사회학자 제임스 데이비슨 헌터(James Davison Hunter)의 저서에 근거하여, 우리는 그가 현재 미국의 문화적·정치적 투쟁에서 분명하게 나타나고 있는 본질적으로 다른 두 개의 사회도덕적인 기질(temper)을 확인했음을 알게 되었다. 신앙 발달 단계는 문화적 의식의 이러한 기질들을 확장하고 그 내용을 충실하게 만들도록 도와줄 것이고, 더 나아가, 종교적, 정치적, 조직의 삶에 대한 각각의 접근에서 그들의 차이를 보다 분명하게 해 줄 것이다. 나는 헌터가 '정통'(Orthodox)과 '진보'(Progressive)라고 부른 투쟁하는 두 개의 기질 중 어느 한쪽의 무능의 결과에 심각한 정치적인 차이와 무례함의 원인이 있다고 보는 것이 급변하는 이 시대에 우리가 정위(orientation, 定位)와 도덕적 효력(moral leverage)을 유지하는 데 도움이 될 것이라는 점을 입증할 것이다. 나는 사람들이 포스트모던의 이론이 있거나 없거나에 관계없이 우리 모두는 포스트모던적 경험의 중심에서 살고 있다는 사실을 주장하려고 한다. 이는 결합적 신앙 단계의 구조적 특징을 사용하여, 그것을 현대사회에서 그 형태를 이루어 가고 있는 것으로 보이는 실제적인 포스트모던적 의식의 잠정적인 모델의 유형으로서 고려하게 될 것이다. 결론에서는 변화하는 시대에서 종교적·정치적·조직적인 삶의 형태와 사명에 대한 분석의 함축성을 조사하게 될 것이다.

이러한 논의를 위해 미국사회에서 교육받은 성인들에게서 가장 흔하게 나타나는 단계들인 종합적-인습적, 개별적-반성적, 결합적 신앙의 단계에 우리의 관심을 집중하려고 한다. 간단하게 앞 장에서 다룬 몇몇의 주제들을 재음미해 보도록 한다. 거기서 나는 종합적-인습적 신앙의 의식은 전(前)계몽주의적 문화의식의 형태에 뿌리를 둔 것으로 보며, 그것이 중요한 요인으로 보존됨을 주장하였다. 개별적-반성적 신앙 단계는 계몽주의에서 소개된 문화의식의 형태와 대조됨을 강조했으며, 결합적 신앙 단계는 포스트모던적 문화의식 형태의 구조적 모델의 모양을 명시해 주는 전형을 제시해 주었음을 주장하였다. 앞으로 더 나아가기 전에 제임스 데이비슨 헌터에 의해 최근에 미국에서 이루어진 문화, 신앙의식의 형태들에 관한 연구를 조사해 보기로 하자.

문화전쟁

적어도 약 15년 동안 미국에서 종교적 집단과 정치적 집단의 폭넓은 연합이 도덕적인, 그리고 가치에 대한 태도에 분열을 가져왔는데, 그러한 분열은 도저히 화해할 수 없는 것으로 드러났다. 이러한 분열을 둘러싸고 나타난 이슈들에는 낙태 논쟁('Pro-Life' vs. 'Pro-Choice')도 포함되어 있었으며, 그 외에도 예술과 도색(桃色) 사이의 구분을 두고 일어나는 갈등, 공립학교의 문화적 중립과 기독교의 기도를 교실에서의 일상적인 일과로 받아들이는 문제, 그리고 동성애 남성과 여성을 인권이 보장된 관점에서 보아야 하는가에 대한 분열된 견해 등이 있다.

특별히 구분되는 것은 사회보장 프로그램의 수정과 감당할 수 있는 건강관리(healthcare) 제도에 접근할 수 있도록 확장하는 노력에 관한 논쟁이다. 비록 '자유주의'(liberal)와 '보수'(conservative, 혹은 뉴 라이트

〈new right〉)가 이러한 관점들을 구분하는 데 종종 사용되기는 하지만, 자유주의와 보수의 분류는 전통적으로 정치적 노선을 의미하는 개념들 이었으므로, 위에 언급한 논쟁들에서 쉽게 간과할 수 있는 어떤 특징들에 주의를 기울이지 않으면 속임수가 될 수 있다.

이 두 개의 서로 대립되는 집단의 분열된 노선들은 전통적인 종교적·정치적 경계선을 방해한다. 개신교와 천주교, 그리고 유대교 사이에 존재하는 차이의 관점에서 다원주의를 정의한다면, 미국 사회에서 일어나고 있는 문화전쟁의 진정한 싸움은 더 이상 설명할 수 없다. 또한 인종이나 민족의 구분에 따르는 정의도 지금 일어나고 있는 문화적 갈등에서는 특별한 의미가 없는 것으로 입증되었다. 이러한 투쟁과정에서 나타난 반대편의 연합들은 지금까지 익숙하던 전통적인 구분과 대립된다.

제임스 데이비슨 헌터는 미국에서 확실하게 보여지는 가치, 삶의 스타일의 선택 및 공공 정책에 관하여 서로 반대하는 두 개의 넓은 연합으로 특징짓는 개념으로 '정통'과 '진보'를 제안하였다. 기질이라는 단어는 그 각각의 편에 속해 있는 사람들을 통합해 주는 특징을 구성하는 정서적·도덕적·이념적 성향의 조합을 설명할 때 사용될 수 있을 것이다. 우리는 정통파 기질(orthodox temper)과 진보주의 기질(progressive temper)에 대하여 말할 수 있다. 이런 기질들은 그 내용과 과정에서 신앙의 방향들이다. 도덕과 종교에서 그들은 권위의 소재에 관하여 매우 다른 확신을 지니며, 국가의 기원과 그 의미에 대한 규범적 이야기에 관련된 대조적인 신화의 기원과 해석을 지지한다 ; 그들은 각각 정의와 자유의 이상을 소유했다고 주장하지만, 그들은 이 어휘들을 문자적으로, 상호적으로 폐쇄적인 의미로 사용한다는 뉘앙스를 풍긴다.

신념과 도덕의 문제에서 정통파를 따르는 집단들은 권위의 원천을 외적인 것에 둔다. 여기서 권위는 성경에 있고, 전통을 수용하고, 그런 원천을 규범에 따라 해석하는 데 있어서 법적인 성질을 갖는다. 권위는 정착되고 불변하는 실제이다. 정통파 기질은 그들의 전통이 이루어 놓은 도덕적 규칙과 종교적 신념을 위해 우주적으로 구속력이 있는 정당성을 주장할 준비가 되었음을 표현할 때, 자연의 법(laws of nature) 혹은 하나님의 법(laws of God)에 호소한다. 미국의 경우 정통파 기질을 지닌 집단들은 '언덕에 세운 도시'[5]로서 성경적 관점에서 국가의 창시(創始)를 보고, 제정권이 있는 정치적 문서인 독립선언문과 헌법에 성경적 이상(理想)이 배어 있으며, 또한 그 이상에 의해 확인된 것으로 해석할 준비가 되어 있다.

우리는 실제로 근본주의자의 기질과 어떤 복음주의 기독교인들이 어떻게 서로를 존중하는지, 정통파 유대교인들 및 보수적인 천주교 집단들과 전통적 무슬림과 이슬람 국가[6]의 멤버들이 어떻게 서로 동맹을 맺는가를 볼 수 있다. 정통파에게 자유는 경제적인 관점에서 이해되는 경향이 있다. 곧 그들에게 자유는 '자유 기업'을 향한 약속이다. 다시 말하면, 자유는 개인의 경제적인 관심을 정부의 간섭이나 정치적인 강요 없이 추구하는 것이다. 경제에 있어서 정통파의 대변인은 '자유 시장체제'에 대한 신뢰를 표현하며 경제적인 경쟁은 성경의 원칙에 근거한다고 본다. 그들은 경제적 · 영적 자유는 함께 가는 것으로 생각한다. 이 둘 중 하나가 없으면 모두 불가능하다고 주장한다. 이들에게 정의는 일반적으로 유대-기독교 규범에 토대를 둔 도덕적 정의의 관점에서 이해된다. 정의는 하나님의 법에 대한 개인적 · 사회적인 지지를 의미한다. 헌터가 말했

---

[5] 역자주 : 미국 이주 청교도들이 세우고자 했던 이상적 국가, 청도교적 신앙관을 일컫는 말.
[6] 역자주 : 이슬람 국가(Nation of Islam)는 미국에 있는 무슬림 단체를 말한다.

듯이 "정의로운 사회는 …… 도덕적으로 양심적이고 법을 지키는 사회이다. 사람들이 이런 규칙들에 충실할 때 그 사회는 질서가 유지되는 사회가 된다"(Hunter 1991, 112).

반면, 진보주의는 정통파가 권위의 토대로 삼고 있는 특별한 전통들에 의지하는 것을 반대한다. 그들은 부분적으로 국가의 종교적·인본주의적 전통으로부터 유래된 윤리적 원칙들을 지지한다. 국가 창시의 기초문서들이 하나님으로부터 주어졌거나 혹은 자연에 뿌리를 둔 것에 절대적으로 영향을 받았다고 보지 않는다. 오히려, "건국자(建國者)들은 '살아있는 헌법'을 국민에게 주었으며, 아무도 그것을 영원히 농민과 산업화 이전의 문화에 귀속시켜 속박하지 못하며, 변화하는 사회와 함께 성장하고 변화하는 것이다"(Hunter 1991, 113-114). 인간 이성의 가장 높은 표현인 법은 사회가 발전하고 성숙하면서 진화해야만 한다.

진보주의자들의 자유와 정의에 대한 호소는 정통파가 강조하는 것과는 의미심장한 대조를 보여 준다. 여기서 자유는 우선적으로 개인의 사회적·정치적인 권리를 보호하는 데 초점을 맞춘다. 자유에 대한 그런 견해는 국가나, 교회나, 그 어느 것도 상관없이 개인의 삶이 타인 혹은 다른 요인에 의해 침해받는 것으로부터 면제받는 것을 보장한다는 의미를 가진다. 마찬가지로 정의도 모든 개인과 집단들의 평등과 이 세상에서 억압을 끝낸다는 것을 확인하는 것에 초점을 둔다. 진보주의 기질의 지지자들은 나라의 국가적 실행과 정책의 결과로써 국내와 세계의 다른 나라들에서 미국이 경제적 불공정과 정치적 억압에 책임이 있다는 입장을 견지할 준비가 되어 있다. 헌터가 요약한 것과 같이 "문화적 보수주의자들이 자유를 경제적으로(개인적인 경제주도권으로서), 정의를 사회적으로(의로운 삶으로서) 정의내리는 데 반하여, 진보주의자들은 자유를 사회적으로(개인의 권리로서), 정의를 경제적으로(공정으로서) 정의한다"(Hunter 1991, 115).

지금까지 미국에서 일어나고 있는 문화 투쟁에 연관된 두 개의 대표적인 기질에 대한 헌터의 연구를 간단히 살펴보았는데, 이 둘은 신앙의 방향에서 경쟁적이고 갈등적인 양상을 대표하고 있음을 확인해 주었다. 두 기질은 모두 확신적 정서에 토대를 둔다 ; 이들은 상대방과 합리적인 논쟁에 저항하거나 회피하는 경향이 있다. 이 둘은 그들만의 문화적 규범에 호소하고, 자신들의 지지자들로 이루어진 공동체에서 주어지는 강화(discourse, 講話)에 범위를 한정한다. 상대편 대표들과의 회합은 대화보다는 토론으로 이루어지며, 이들 양측의 대표들은 주로 희화화되거나 전형적인 사람들로 나타난다.

문화적 의식의 기질에 대한 모델로서 성인 신앙의 단계

이제 우리의 과제는 정통과 진보로 대비되는 문화적 의식의 모델로서 두 개의 성인 신앙 발달 단계를 설명하는 것과 관련되어 있다. 종합적-인습적 단계의 구조적 특징은 정통파 의식의 틀을 형성하는 데 사용될 수 있다. 개별적-반성적 단계의 구조적 특징은 진보주의 의식의 틀을 형성하는 데 모델로 이용할 수 있을 것이다. 이런 각각의 틀은 각자가 종교, 정치, 조직에서의 삶에 접근하는 것에 입각해서 설명하게 될 것이다. 이 기질의 병렬을 분석한 뒤에, 오늘 우리가 직면한 변화의 시기에 목소리와 중재로 영향을 주려고 노력하는 제3의 기질의 구조적 특징을 제시하는 문화적 의식의 틀을 생각해 보려고 한다. 다음의 도표를 보면, 여기서 제시하는 두 개의 기질을 분석하는 범주들을 볼 수 있다. 그다음 페이지에서는 모델들과 그들 사이에 존재하는 긴장들을 더 충실하게 기술하였다.

신앙 단계/기질	신앙의식	종교	정치	조직
종합적 – 인습적 ; 전(前)계몽주의에 뿌리를 둠 ; 정통파	암묵적 ; 상호인간적 ; 무비판적 ; 권위의 소재는 외적	"나의 가장 친한 친구들 중 몇몇은 ……." ; 우월하다고 생각함 ; 신비 – 지배	지도자나 관련된 집단의 개인의 질로 판단함 ; 유기적 사회	계급적 권위 ; 정보 통제
개별적 – 반성적 ; 계몽주의에 뿌리를 둠 ; 진보주의	명시적 ; 자율적 ; 비판적 – 반성적 ; 권위의 내적 소재	이분법적 ; 경쟁적 진리 주장 ; 폐쇄주의도 상대주의도 아님 ; 비신화화	이념적 ; 자신을 정의할 때 선택된 정치적 · 경제적 철학 주장 ; 사회적 계약	특성화 ; 기능의 구별 ; 합리적 – 관료적 조직

종합적 - 인습적 신앙과 정통파 기질

정통파 기질은 종합적 – 인습적 신앙 단계의 구조적 특성으로 여러 번 나타났다. 이는 전계몽주의의 사고와 경험의 모습을 닮은 의식의 차원들을 많이 갖고 있다는 의미이다. 신앙의식의 관점에서 정통파 기질은 맹목적이고 암묵적으로 주어진 이념을 지지한다. 확실히 그들에게는 심각한 가치 선택을 표현하는 명백한 공식들과 표어들이 있다. 그러나 정통파들은 그들이 전체로서 선택하여 신봉하는 비평적으로 반성적이며, 개념적으로 파악할 수 있는 세계관을 갖고 있지 못하다. 정서적으로 많이 기울어진 이미지들과 상징들은 본능적인 힘이나 내면에 자리한 양심의 소리에 반응하고 판단하는 데 단서들을 제공해 준다. 주로 암묵적인 가치관의 형식화와 방어를 위해 권위는 정통파 집단이나 전통이 가지고 있는 정전(正典)에 비추어 적합하다고 인정되는 종교적 · 정치적 집단, 성경이나 전통의 해석자들 혹은 정치 지도자들에게 주어진다. 그러므로 권위는 개인에게는 외적인 것이며 성경, 집단, 전통 혹은 인정받은 집단의 대리자들에게 소재한다. 그런 권위들의 소재에 의지하면 권위는 개인적인 관점에 한정되어 정당화되는 경향이 있다 : 신뢰는 권위의 대상이 되는 사람의 개인적인 특성에 근거한다. 비록 이념적인 적합성은 주어진 지도자를 권위로 받아들이는 데 일익을 담당하지만, 신뢰를 두는 가장 중요한 이유는 개인적 특성, 카리스마, 같은 생각을 하는 친구들의 동의와 권위를 상징하는 사람들이 대표하는 이슈들의 중요성이 혼합된 것들이 포함된다.

명백하게 종교적인 정통파 기질 편에 있는 개인이나 집단들에게 권위의 소재는 성경을 문자적으로 이해하는 것, 전통에 대한 논쟁의 여지가 없는 가르침, 권위를 인정받은 해석자들의 의견에 굳건하게 자리한다. 다른 종교적 전통, 다른 인종집단에 속한 사람들이나 혹은 다른 민족과의 관계는 개인화되는 경향이 있다. 정통파 기질에 속한 사람들은 다른 인종, 민족 혹은 종교적 집단의 사람들을 말할 때 자기가 속한 집단을 말할 때와는 달리, "나의 가장 친한 친구들 중 몇몇은……."(그들이 지칭하는 특정 외〈外〉집단〈out-group〉의 명칭을 거론하며)이라고 말한다. 검토되지 않은 가정(假定)을 보면 "왜냐하면 나는 그 집단을 대표하는 개인이나 소수의 사람들과 사적이면서도 좋은 관계를 유지하고 있기 때문에, 나는 그들을 잘 이해하고 수용하며, 또한 그쪽의 모든 사람들과 잘 지낼 수 있다."이다. 이런 입장은 개인이 개인적인 혹은 집단의 편견을 가지는 것이 불필요한가 아닌가에 대한 물음을 검토하게 만든다. 그것은 개인이 종교적 전통 사이에서 상징들, 신념들, 세계관들, 그리고 조직화된 문화와 관련된 깊이 자리 잡은 차이들에서 제기되는 이슈들을 무시하도록 한다. 그것은 또한 그런 개인이나 집단에 속한 몇 사람과의 힘든 관계에 근거하여 집단 전체에 대한 부정적인 전형(stereotype)을 일반화하도록 한다. 왜냐하면 정통파는 권위의 소재를 이의 없이 외적인 것에 두고 그것에 감정적인 충성을 다하기 때문에, 그들은 다른 종교 전통에 비하여 자신들의 종교적 전통이 우월하다는 것에 대하여 검토되지 않은 감각을 가지고 살아가고, 또한 행동하게 된다. 이런 자세는 다른 종교 전통에 있는 대리인들을 개종시키려는 일관된 압박으로 이끌어 가게 된다. 이는 분명히 그들이 속한 집단의 도덕적·종교적 행동 규범들을 법제화하는 데 정치적인 주도권을 허용하게 될 것인데, 그들은 보다 확대된 종교적으로 다원적인 사회에 그런 규범들을 강요하려고 할 것이다. 예를 들면, 도덕적 의(義)에 대한 유대-기독교적 규범의 관점에서 사회의 정의를 이해하는 정통파 옹호자들은 종교적·문화적 다원주의는 도덕적 가르침과 입법과 사법적인 절차를 통해야 하며, 그들 자신의 전통과 가르침에 근거한 문화적 동질성을 따라야만 한다는 조건을 내세운다.

정치에 접근하는 데 있어서, 개인화와 명백한 이념적인 분석을 회피하는 경향은 이미 종교와 관련해서도 명시했듯이, 더 넓은 영역으로 나아간다. 실제로 정치 분야에 전념하는 정통주의자들은 정치와 종교 사이의 경계선이 희미하다. 마찬가지로 정치와 개인의 삶의 경계선도 불분명하다. 개인주의자의 정치적 압박감 아래서 가정생활, 우정의 양식과 성적 관계, 그리고 경건과 종교적인 소유에 대한 처신은 모두 정치인의 공적인 삶과 지도력의 형식이 평가되어야만 하는 요인에 따라 나타난다. 이러한 경향은 종종 정치적 강연과 토론에서 감정과 편견을 사용하게 만든다.

정통파를 따르는 개인이나 집단들의 정치적 접근의 기초를 보면 사회를 위한 유기적 은유를 발견하게 된다. 퍼디난드 퇸니스(Ferdinand

Toennies)의 고전적 분석의 관점에서 보면 정통파들은 공동사회를 꿈꾸고 바랐는데, 그런 사회는 깊이 공유된 가치와 신념으로 합의된 연합을 이루고, 모든 구성원들의 개인적이고 사적인 삶 사이에 일치를 이루며, 그곳에서의 사회적 갈등은 도덕적으로 귀족인 지도자 계급의 지도력에 의해 피할 수 있다(Toennies 1963). 유기적 사회의 비전에는 종교와 정치에서 남자, 여자, 어린이들의 역할과 지위가 정해져 있다. 가정과 종교적 공동체에서 가부장적인 모델들이 가장 호감을 받는 권한과 지원을 부여받는다. 이런 위탁은 정통파의 주요한 정치적 선입견으로 옮겨 가게 된다.

사회와 정치에 대한 유기적 은유에 맹목적으로 의지하게 되면 정통파의 접근이 조직의 삶에도 당연히 옮겨 간다. 유기적 사회들은 권위의 위계적 양식이 자리 잡도록 영향을 주는데, 종종 엘리트 지도층은 맹목적으로 허용된 자연적이고 성스럽게 부여된 권한을 즐긴다. 그런 류의 조직에서 지도력은 위에서부터 오는 정보의 흐름을 통제하면서, 권력의 수단으로써 정보의 통제를 이용한다. 종속자들에 의한 개인적인 주도권과 독립적인 책임은 조심스럽게 실행되어야만 하는데, 그것은 위계적인 권위가 위협받지 않도록 하기 위함이다. 이들이 설득할 때는 조직의 지도력은 권위에 신비 – 지배(mystery – mastery)의 방식으로 접근한다. 위의 문장은 데이비드 베이칸(David Bakan)의 말을 인용했는데, 그 문장의 의미를 살펴보면, 지도자는 추정되는 우월한 경험과 지식, 그리고 준비와 지혜를 바탕으로 하여 그의 유권자들을 위한 결정을 내리게 되며, 그러한 결정은 추종자들에게 접근하기 수월한 것에 근거하여 결정을 내릴 수 있는 과정이나 데이터가 없이 일방적인 협의와 소통에 따른다는 의미를 가진다고 하겠다. 그런 지도자들은 그들의 판단과 지식의 특성과 근원을 신비롭게 유지함으로써, 그들을 둘러싸고 있는 권력의 특수한 분위기를 강화시키며, 그들을 향한 추종자들의 의존감에 대한 실제적인 타당성을 높여 준다(Bakan 1966).

현재 미국 사회에서 진행되고 있는 정통파와 진보주의 사이의 문화 전쟁의 차이를 보다 깊이 있게 알아보기 위해 진보주의 기질을 비교·분석해 보기로 한다.

개별적 - 반성적 신앙과 진보주의 기질

진보주의 기질은 18세기 계몽주의의 영향에 의해 서구 사회(들)에 소개된 많은 과정적 이상들을 존중하고 보존한다. 그들은 전승받은 전통들과 그 앎의 정신에 대한 계몽주의적 회의를 그대로 간직하고 있으며, 주제를 알기 위해 그것을 구성하고 있는 요소를 분석적으로 밝혀낼 수 있음을 이해한다. 상관적으로, 가장 진보주의에 가까운 개인이나 집단은 개별적-반성적 신앙 단계의 구조적 특징을 보여 준다. 그들은 개인적인, 그리고 정치적인 관심사에 대하여 선택해야 할 경우 권위의 소재를 합리적인 사람들이 지니고 있다고 추정되는 경험, 반성적 판단, 그리고 개인의 양심에 근거하여 선택하는 경향이 있다. 이성을 사용하는 훈련을 통하여 객관성이 가지는 힘을 높이 평가하는 것이 가능해진 이들은 개인의 비판적이고 반성적인 신중함에 최상의 특권과 같은 것을 부여하는 경향이 있다.

신앙의식의 관점에서 보면, 진보주의는 분석을 위해 비판적이고 반성적인 절차를 받아들이며, 이념적인 조망이나 신학적인 입장의 내용을 분명하게 밝힌다. 비록 권위 있는 경전이나 전통의 가르침에 대하여 존중하지만, 진보주의 종교인들은 개인적인 경험과 이성, 그리고 새로운 상황들과 계속적으로 변화하는 조건들과의 타협에 근거하여 수용된 전통들에 대한 개별적인 비평과 개인적인 논평의 권리를 보존한다. 신앙의식에서 진보주의자들은 검토되지 않은 전승된 교리에 바탕을 둔 권위에 호소하는 일이나, 우선적으로 교회의 권위의 정당성에 의존하는 주장에 저항하는 경향이 있다. 이들은 권위의 소재를 자아의 내면에 둔다.

종교에 접근할 때, 진보파들은 성경이나 전통에 접근할 때 '비신화화'라는 방식을 채택한다. 그러한 접근에서, 그들이 표현하고 보존하려는 의미를 위해 신화들, 비유들, 상징들, 그리고 성경이나 전통에 있는 우화들은 가정과 경험, 교육받은 현대인들의 지식의 관점에 근거해 분석된다. 이러한 의미들은 개념적인 공식들에서 바꾸어 말하게 될 수 있다. 따라서 전근대적인 세계관과 과학 이전의 미신의 껍질을 벗어버리는 한편, 그들의 현대적 의식이 받아들일 수 있는 관점에서 그들의 실존적 지혜에 쉽게 영향을 받게 된다. 이들은 주장된 진리와 그들의 정의에 대한 명백한 공식화를 요구한다. 그들은 주어진 지위와 주장된 진리를 위하거나 혹은 반대하는 양분된 결정에로 기울어진다. 모호함과 역설은 종종 혼미하게, 또한 흐릿한 사고를 만들어 내는 경향이 있다. 경험과 이성, 개인의 양심에 바탕을 둔 개인적 판단에 충실한 것과 주어진 종교적·도덕적 전통의 중요성을 약화시키는 태도의 결합은 진보주의자들로 하여금 신앙의 문제에서 자주 문화적·도덕적 상대주의자들로 드러나게 한다.

이들의 정치적 접근의 기초는 사회적 계약이라는 은유에 의지하고 있음을 발견하게 된다. 고전적인 진보적 정치이론에서 보면, 합리적이고 자율적이며, 이기적인 자아는 사회들이 형성된 때부터 기초 단위를 이룬다. 사회적 회원의 자격은 자발적인 것으로 보며, 정치적 사회를 위한 계약상의 기초는 개인적인 양심과 개인이 구상하는 선(善)의 추구를 행사하는 데 필수적인 동등한 권리와 자유를 존중한다는 상호적인 동의에 의거한다. 계급의 권위에 위협을 주지 않도록, 종속자들에 의한 개인적인 주도권과 독립적인 책임은 조심스럽게 행사되어야만 한다. 진보주의자들의 비전(vision)에서 사람들은, 전통적인 사회에서처럼 그들이 가진 회원자격에 의해 정의되는 것이 아니라, 도덕적인 선택과 정치적인 가치관, 그리고 자신이 선택한 연합과 이념적으로 정의된 집단 분류에 의해 자신들을 정의한다. 진보주의자들에게는 자아의 공적 · 사적 영역 사이에 확실한 경계선이 있다. 강도(强度)에 대한 다양한 단계와 함께, 이들은 각 개인이나 집단이 삶의 스타일의 선택과 종교생활을 하거나, 하지 않거나에 대한 자유를 포함하여, 사회에서 그들 자신이 생각하는 선을 추구할 자유가 있음을 강하게 주장한다. 진보주의자의 입장에서 보면, 타인들에게 상처를 주거나 그들의 권리를 침해하지 않는 한, 성인들이 그들의 사적인 삶의 영역에서 무엇을 하든지 그것은 정부나 이웃의 관심사가 될 수 없다.

임의(任意)주의자와 사회적 계약의 원리들은 진보주의자들이 조직의 삶에 접근하는 방식을 알려 준다. 헌법들, 조례(條例)들, 헌장(憲章)들, 그리고 권력과 책임에 대한 명백한 묘사들은 그들이 선호하는 조직의 삶의 유토피아를 특징짓는다. 계급보다는 능력주의가 현직의 지도력의 역할들을 선택하는 데 결정적인 요인이 되어야만 한다. 지도력은 자주 순환되어야만 하는데, 이는 소수에게 권력이 집중되는 것을 피하기 위함이다. 전문성과 기능의 차이를 존중하는 조직의 합리적이고, 관료적인 형식은 진보주의자들이 계약들을 맺을 때 선입견적애호(predilection)와 잘 맞는다. 이들은 협력하는 사람들의 의지적이고 계약적인 창조물로, 개인들의 확대된 문서로 조직을 생각하는 경향이 있다. 각 기관이나 단체는 합리적이고 자율적이며 자기이익을 추구하는 조직의 인물(corporate persona)로서 기능한다. 개인들과 마찬가지로 단체도 역시 그들만이 생각하는 특별한 선(善)을 추구할 권리를 갖고 있으나, 다만 이 권리는 다른 단체들의 평등한 권리와 그들의 번영에 필요한 공통적인 사회적 조건을 유지하는 데 협력한다는 공공의 약속에 의해서 억제당한다.

때로는 지나치기도 하지만, 개인의 합리적 능력을 존중하는 진보주의자들은, 이론에서는 종종 공개 토론과 이성과 진실의 확고함에 대한 확실한 신뢰를 옹호하는데, 만일 속박받지 않는 경우 논쟁하는 상대들을 동의와 진전으로 이끌어 갈 것이다. 실천에서, 이들이 가진 의식적인 합리성에 대한 지나친 자신감이 무의식적으로 왜곡시키는 사실들의 망각과 합쳐지면서, 조직들이 진보주의적 경계를 넘어 버리는 큰 어려움을 가져다줄 수 있다. 이런 자기-기만의 특수한 형태는 종종 진보주의자들에게 독선적인 도덕적 우월성의 논조(論調)를 갖게 하는데, 이것은 때때로 정통주의자들이 공중(公衆) 앞에서 보여 주는 도덕적 독선과 전혀 다름이 없는 잘난 체하는 자세로 볼 수 있다.

정통파와 진보주의 기질의 약분 불가능성(Incommensurability)[7]

정통파와 진보주의 기질의 구조적 차이들을 성인 신앙 단계들의 방식으로 병렬과 비교해 보면 이 둘 사이의 차이가 얼마나 엄청난 것인가를 보여 준다. 이 두 기질은 본질적인 차이뿐 아니라, 그들이 가진 세계관과

---

7) 역자주 : 같은 표준으로 잴 수 없다는 의미.

가치관의 내용에서도 서로 다르다 ; 우리는 또한 그들이 앎의 획득과 가치의 형성에서도, 기초적 조작과 관련해서도 근본적으로 다르다는 것을 보아 왔다. 아래의 병렬을 참고해 보기로 하자 :

정통파		진보주의
외적 권위의 소재	대	내적 권위의 소재
학습의 문자적 혹은 상징적 해석	대	비신화화적 해석
유기적인 정치적 해석	대	사회적 계약의 은유
함축적이고, 암묵적인 이념	대	명백한 개념적 이념
경제적인 관점에서의 자유	대	인권의 관점에서의 자유
도적적으로 바름으로서의 정의	대	평등과 공정함으로서의 정의
공적인 삶과 사적인 삶 사이의 희미한 경계선	대	공적인 삶과 사적인 삶 사이의 분명한 경계선

우리가 위에 나타난 절차적이고 조작적인 차이를 인식할 때, 서로가 변해야 한다는 것을 설득하는 것은 제쳐 놓고라도, 이 두 기질들이 왜 서로 소통하는 것이 그토록 어려운 일인가가 분명해진다. 더 나아가, 이 두 편의 대표들이 만나 서로 논쟁하는 경우, 그들은 가장 반대편에 자리 잡는 경향이 있다. 거기에는 몇 가지 이유가 있다. 흔히 논쟁은 길거리에서 행해지고, 또한 종종 반대되는 관점으로 나누어진 신문이나 텔레비전 기자들이 취재를 하게 된다. 그런 행사들에는 낙태를 시행하는 병원 앞에서 낙태를 반대하는 피켓을 든 분노한 사람들도 포함될 수 있다. 그들은 사형수가 사형집행을 기다리는 동안 주 교도소에서 사형제도의 도덕적 문제를 내세우며 그 제도를 반대하는 집단으로 나타나 충돌할 수도 있다. 이 두 기질의 대표자들은 그 형식이 대립적이고, 적어도 부분적으로는 프로그램의 본래 의도가 연예와 상업적인 이익을 목적으로 공

급되는 "Firing Line"[8]과 그와 유사한 프로그램에서 보통 충돌한다. 정치적인 캠페인에서 그들의 충돌은 텔레비전과 라디오의 15와 20초의 비트를 통해 일어난다. 위에 언급한 미디어에서, 그들의 목적은 우선적으로 상대방의 이미지와 그가 대표하는 모든 가치들을 손상시키는 것이다.

이 두 기질 사이에서 일어나는 갈등들이 지니는 특수한 독성(毒性)은 이들이 현재 위협받고 있는 세계를 보고, 존재하는 방식들을 인식하면 부분적으로 이해될 수 있으리라 생각한다. 비록 이런 위협감을 양편 모두 부분적으로 의식하고 있다고 해도, 우리가 문화적이고 사회적인 의식의 구조가 스며드는 변화의 시기에 있음을 점점 더 분명하게 보고 있다. 정통파와 진보주의 계열의 대표들이 지닌 날카로움은 아마도 18세기 계몽주의의 영향을 왜소하게 만들 만큼 매우 강력한 의식의 혁명에 직면하면서 지금까지 익숙했던 확실성의 상실에서 오는 것일 수도 있다.

포스트모던 의식 : 정통파와 진보주의를 넘어서

나는 현재를 문화적 의식의 진화가 이루어지는 분기점이라고 생각한다. 서문에서 지적했듯이, 많은 대학들의 다양한 영역에서 포스트모던적 사고의 양식에 관하여 논의되고 있다. 그러나 여기서 내가 주장하고 싶은 것은 나의 관심은 학문의 세계에서 포스트모던적 사고의 이론들을 제시하거나 영향을 주는 것에 있지 않다는 것이다. 개인들이나 집단들이 포스트모더니즘에 대한 학문적인 이론들을 가지고 있는가의 여부에 관계없이, 성찰적인가의 여부에 관계없이, 우리 모두는 지금 포스트

---

8) 역자주 : 미국의 시사 TV 프로그램.

모던 경험에 연결되어 있다. 아래에 이런 경험의 몇 가지 요인들을 제시하였다 :

- 평범한 시민들뿐만 아니라 지도자에 이르기까지 그들을 둘러싸고 있는 인간과 자연의 아우성과 투쟁에 관련된 이미지들과 보도들의 압도적인 범위에 걸친 매일의 경험과 즉시적인 전 세계적인(global) 소통
- 경제적 상호의존성과 유동성의 전 세계적인 체제와 그들이 금융시장과 이자율에 미치는 영향은 지역의 산업들과 기업들을 폐쇄시키고, 한 대륙에서 다른 대륙으로 직업을 이동시키는 일
- 전례 없이 수월한 정보의 입수 가능성과 서로 다른 전통들과 역사들에 대한 접근성과 함께 특수한 문화적 전통에 대한 관심과 요구의 부활. 이런 요인들은 역설적으로 광범위하게 확장되고 강화되고 있는 피비린내 나는 민족적 · 인종적 · 종교적 · 국가적인 갈등들과 병렬(juxtaposed)되어 있다.
- 지구 생물권의 생태학적 상호의존성과 취약성에 대한 점증되는 인식. 우리가 갖고 있는 이동성, 텔레-커뮤니케이션의 기술과 전자 스크린이 주는 빠른 정보의 중재로 인해 더욱더 쉽게 세계에 참여할 수 있게 되면서, 우리는 그 어느 때보다도 자연의 리듬으로부터 더 멀리 분리되게 되었다. 계절의 변화에 대한 예측, 자기-소생(self-renewal)과 적응에 관한 자연의 능력에 대한 근본적인 확신을 의미하는 자연의 리듬은 현대의 기술적 발달의 결과로 심각하게 교란되고 있다.
- 중공업의 세계, 반 숙련된 노동자들을 고용한 조립 라인의 세계, 인쇄된 매체에 의해 해석이 이루어지는 세계, 라디오와 텔레비전에 의해 확대되는 세계, 석유 사용의 확대에 따른 더욱 빨라지는 속도에 끌려

가는 세계들로 대표되는 현대 세계는 종언을 고하고 있다.
● 데카르트의 인식론과 과학의 실증주의의 세계가 끝나면서, 이제 그 자리는 상대성 이론들과 불확정성, 양자역학, 혼돈, 새로운 우주론들의 부상에 기초하여 형성된 힘의 패러다임들인 컴퓨터 기술의 혁명적인 사용에 의해 대치되었다.

포스트모던에 대한 많은 학문적인 분석들이 현대성을 특징지어 주는 개념의 해체(deconstruction)와 사고의 양식에 주의를 집중하였으나, 포스트모던적 사고의 형태와 이해에서 드러나는 형식을 실천적 사고와 의식의 형식으로 특징지으려는 노력은 별로 없었음을 나는 알고 있다. 신앙 발달의 연구를 통한 우리의 조사와 이론에서 발견한 것은 우리가 분석한 두 기질의 범주들을 사용하여 포스트모던적 의식의 구조를 만들기 위한 예비적인 모델을 형성하는 데 유익하다는 것이었다. 아래에 소개하는 도표에서 실천적 포스트모던 기질과 결합적 신앙 단계의 몇 가지 요인들을 보게 될 것이다 :

신앙 단계/기질	신앙의식	종교	정치	조직
결합적 ; 후기 계몽주의에 조망의 부상 ; 실천적 포스트모던	복합적인 전망과 체계 ; 제2차 순수 ; 포용한 다원주의에 대한 헌신	모든 실재의 조망들의 구성 ; 하나님의 실재는 인간의 구성을 넘어선다 ; 의식과 무의식의 통합	복합적인 현실들 ; 복합적인 체계 ; 이념의 범위를 넘어서다 ; 생태학적 상호의존 ; 계약	생태학적 네트워크 ; 복합-관계적 프로젝트 지향 ; 정보를 추구하는 융통성

명백하게, 그리고 함축적으로, 포스트모던적 의식은 체계와 체계인식과 함께 자리한다. 여기서 내가 의미하는 것은 포스트모던적 의식은 신앙의식의 결합적 양식과 유사하다는 것이다. '결합적'(conjunctive)

이라는 어휘는 니콜라스 쿠사(Nicholas of Cusa)가 사용한 '대립의 일치'(coincidentia oppositorum)라는 말을 사용(私用)한 것으로부터 온 것으로, 결합은 반대되는 것들이 한 틀 안에 있음을 의미한다. 포스트모던 의식의 경우 ― 하나의 복수적인 범위의 모델들을 갖는다는 의미의 ― 복수적 체계들의 병렬과 문자 그대로 체계들 중의 체계들의 병렬이 있다. 이런 의식의 포스트모던적인 복수적 체계의 형태의 구성은 우리 시대의 성찰적인 사람들에게 실천적 필요를 대표하는 것이고, 우리가 이런 구성을 설명할 수 있는 적절한 이론들과 인식이 있는가의 여부나, 좋거나 싫거나에 관계없이 일어나고 있다는 것이 나의 주장이다.

포스트모던 신앙의식에는 적나라한 사실들, 진리들, 사건들은 없다는 인식이 있다. 모든 앎은 해석이 관여되어 있다 ; 해석은 어떤 체계나, 체계들에서 다른 견해로 만들어진 의미들을 구성하는 사람들이 가지고 있는 다른 관점들로 인해 다르거나 겹칠 수 있다. 만일 복합적인 진리라고 불리는 문제가 모델이 되고, 또 이해시키려면 역설적이고 반대되는 관점들을 포함한 복수적인 관점들은 반드시 간주되고 대등하게 취급해야만 한다. 고전적 전통이 종종 보유하고 있는 것에서 온 신화들과 상징들을 인지하고, 이런 종류의 진실한 풍요로움을 가져옴으로써 신앙에서의 포스트모던적 의식은 제2의 혹은 의지적 순수로 그 모습을 드러낸다(Ricoeur 1967). 포스트모던 양식에서 개인들이나 집단들은 특정한 종교적 전통에 대한 충성심을 가질 가능성이 크다. 그들은 우리가 해석의 전통들을 받아들이는 것 외에 다른 선택이 없음을 알고 있기 때문에 앎에 대해 우리가 처한 상황들과 요구들이 가진 복잡성은 영구적으로 계시된 지위를 따르고 있는 고전적 전통들이 지닌 풍요로움을 향해 인식론적 겸허함의 자세를 갖도록 권고한다. 이렇듯 실천적인 포스트모던적 입장에서, 그것은 상대주의를 피할 수 있다는 것에 의미를 둘 수 있으며, 한편으로 상관성을 인정하고, 그와 함께 그런 관점들이 포용한 다원주의 한 가운데서 필요로 하는 헌신을 의미 있게 한다.

인식론적 겸허함은 모든 실재에 대한 조망이 인간의 정신과 상상력의 건설적인 행위가 관여되어 있음을 인식하는 것과 상관되어 있다. 우주와 소우주적인 체계와의 관계에서 상상하는 하나님은 우리의 상상적이고 인식론적 구성을 넘어서는 존재로서 인정할 준비가 되어 있다. 더 나아가, 실천적 포스트모던 신앙은 인간으로 하여금 정신과 영은 의식과 무의식의 범위를 가지며 이러한 내적 체계를 통합하여 살아갈 수 있도록 주의와 실천을 요구한다.

나는 실천적 포스트모던적 정치의 형성에 대해 적절한 취급을 할 마음은 없다. 그럼에도 불구하고, 신앙과 종교가 암시하는 많은 특징들은 정치적인 절차가 필요하다는 사실이 분명해 보인다. 우리는 이미 의사소통 체계와 함께 재정적이고 경제적인 체계의 방식들이 정부와 경제적 자율성의 역할을 상대화시킨다는 것을 받아들이기 시작하였다. 그에 더하여, 냉전의 종식과 강요된 이념적 일치의 표방 아래 살아왔던 국가들의 분해는 실천적 포스트모던적 접근에서 상호의존성의 현실들에 주의를 기울일 필요가 있음을 시사해 준다. 그 현실이 우파이든 좌파이든 관계없이 광범위한 이념들은 이미 폐물이 되었고, 지속적으로 왜곡되고 있음을 보여 준다.

조직의 삶에서 포스트모던적 접근들은 기획 지향적인 팀의 생태와 상호작용적인 의사소통의 네트워크와 연결되는 방향으로 향하고 있다. 지리적인 집중화는 더 이상 필요성이 없게 되었으며, 전화, 팩스와 인터넷, 그리고 텔레비전을 이용한 원격회의를 통한 연결의 방식이 자리 잡았다.

컨설턴트들과 임시 전문가들의 사용의 증가는 기업의 풍토와 가치 환경들에 변화를 가져왔고, 한편으로는 쌓여 있는 정보로 인한 융통성은 시장 가능성들과 개인적 적응성, 그리고 지속적인 기술적 향상으로 인해 기업의 응답을 유발한다.

조직적인 삶에서의 이러한 변화들이 주는 경제적인 함의는 후기 산업사회의 사회적이고 경제적인 상황에 거의 20년간 영향을 주고 있다는 것이다. 새로운 조직의 양식 아래서 번창한 사람들은 경제적 보상과 풍요로운 여가 활동들을 즐길 수 있고, 그와 유사한 이동양식과 다양성, 그리고 방해받지 않을 수 있는 특정한 장소에 갈 수 있다. 생산과 관료적 활동들에서 보다 전통적인 현대적 역할로부터 배제된 많은 사람들 중에는 광범위한 실업, 중산층의 감소, 미국에서 영구적인 경제적 최하층이 형성되어 극단적으로 이탈과 분열적인 경험을 하게 하였다.

결론 : 공적교회, 지도력, 그리고 신앙의 변화

나는 요즘 미국에서 정통파와 진보주의 기질로 대표되는 연합들 사이에서 벌어지고 있는 투쟁은 그러한 기질들을 심각하게 신앙의 차원에서 보아야만 이해할 수 있다는 사실을 주장했다. 이 두 가지 기질의 구조적 특징을 성인 신앙 단계를 사용하여 대조하고 비교해 봄으로써 그들이 존중하는 가치들과 세계관들, 그리고 그것들을 유지하는 방식들이 얼마나 깊이 자리 잡고 있으며, 동시에 그들을 같은 표준으로는 설명할 수 없다는 것을 보여 주려고 노력하였다. 두 기질의 대표들 사이의 의사소통과 협력에서 극복할 수 없는 벽이 더욱 높아지는 것을 양쪽 사람들이, 내가 포스트모던 상황의 항목에서 요약한 바와 같이, 매일의 경험에 직면하면서 느끼는 반향(resonance)과 권력의 상실을 부분적으로 인식하는 것은 의미심장한 판단을 가져왔다.

우리 사회의 종교적 공동체들, 정치적 지도자들, 그리고 전문가들과 기관의 지도자들은 적어도 이 책에서 제공하는 분석과 관련하여 매우 중요한 세 가지의 도전에 직면하고 있다. 첫째로, 우리는 의식적으로, 그리고 효과적으로 문화적 의식이 변화하고 있는 시대에 살고 있으며, 이런 시기에 신앙의 실천적 포스트모던 태도가 지니고 있는 구조적인 관점에서 자신들의 신앙을 포용한 정치적·문화적 지도력 집단인 실제적인 소수를 양육하고 지원하라는 요구를 받고 있다는 사실을 나는 믿고 있다. 약간 무디게 말하자면, 이 첫 번째 과제는 미국사회에서 결합적 신앙을 주장하고 그 모델이 될 수 있도록 준비하는 정치적·문화적 지도자들을 양육하고 지원하는 일이다. 19~20세기의 법학자인 올리버 웬델 홈스(Oliver Wendell Holmes)가 언젠가 "복합성의 이쪽의 단순성을 위해 나는 당신에게 무화과를 주지 않겠다. 그러나 복합성의 다른 쪽의 단순성을 위해 나는 내가 가진 모든 것을 당신에게 주겠다."고 말했다.

결합적 신앙과 실천적 포스트모던 접근들은 복합성의 다른 쪽의 단순성을 요한다. 그에 더하여, 보다 넓은 사회에서 환영받는 힘의 원천들로서 신앙에서의 다원성과 다양성을 확인하는 그들 자신의 신앙 전통에 확고하게 서 있으면서도 동시에 충분히 융통성을 가진 지도력 집단을 요구한다. 미국에서, 그런 지도력 집단들은 종교적 신앙의 비제도적이고 자유로운 활동을 보장한다는 점에서 헌법의 수정을 설득력 있게 주장할 필요가 있다. 이 점은 '교회와 국가 사이에 있는 벽'에 대한 무력한 강조와는 대조를 이룬다고 하겠다. 우리는 강요되거나 혹은 사유화된 신앙이 아니라, 권고하는 모델을 창조하는 공동체들로 이끌어 갈 필요가 있다.

그런 지도력 집단들은 공적교회와 유대교를 위한 평신도와 목회 지도력을 제공할 수 있는데, 그 회중들은 깊고 특별한 신앙 헌신을 나그네와 공동의 선을 위한 적극적인 돌봄에 헌신하는 원칙적이고 특수한 개방성과 결합하였다(참고. Fowler 1991).

둘째로, 정치적·문화적 지도자들이 신앙과 일상적인 삶 사이에 존재하는 차이에 관한 토론과 대화의 환경을 바꾸는 데 도움을 줄 필요가 있다는 점이다. 우리는 극단의 입장에서 토론이 정의되는 선전 방법 때문에 타격을 받은 신용에 대한 대안을 찾을 필요가 있다. 우리는 상대방들을 가장 역기능적인 형식으로, 그리고 악마화하면서 개인이나 집단을 양쪽으로 편을 갈라 사회적·도덕적 갈등을 촉진시키고, 이용함으로써 반드시 다루어야 할 진정한 문제들로부터 주의를 분산시키는 대중매체의 환경을 바꿔야만 한다. 더 나아가, 우리는 미묘한 차이가 있는 이슈의 탐구가 모델이 되고 가르쳐지는 곳에 대화와 토론의 장을 만들도록 격려해야만 한다. 우리는 대학의 캠퍼스는 원래 무기와 같은 수단이 없이 사람들이 전쟁을 할 수 있는 투쟁의 현장이었음을 기억해야만 한다. 공적교회들과 정치적 지도자들은 예의를 주고받고, 깊이 있는 토론을 배우고 모델이 되는 캠퍼스들을 창조하고 유지하도록 요구받고 있다. 미국에서 우리는 민감한 이슈들을 너무 일찍 법정으로 보냄으로써 그런 문제들에 대한 공적 토론을 회피하거나 중지하게 되어 도덕적·정치적인 문제들을 법적으로 해결하는 양식으로 바꾸도록 잘 조언을 받고 있다.

마지막으로, 종교와 정치적 공동체의 지도자들은 하나의 사회로서 우리의 정치적·경제적, 그리고 도덕적 가치체계에서 궁극성의 차원을 인정하고 그와 함께 건설적으로 일하도록 우리를 도와야 할 필요가 있다. 신앙은 개인적이고 집합적인 표현에서 인간에게 본질적인 부분이다. 실천적인 포스트모던적 접근의 용기를 가지고, 우리는 새로운 세기(new millennium)가 제기할 집합적인 도전들에 직면하는 데 있어서 안내와 용기의 원천들로서 우리가 가지고 있는 독특한 전통들이 주는 풍요로움과 지혜를 얻을 수 있는 길을 열 수 있다. 우리에게 다가오고 있는 포스트모던 시대에, 교회들은 하늘나라의 문지기라는 인식으로부터 벗어나 이 땅 위에 정의와 사랑이 넘치는 하나님의 연방(God's Commonwealth)을 건설하는 데 요구되는 지도자들로 부름을 받았다. 우리는 공적인 삶에서 '구원'받는 신앙에 집중하는 것으로부터 벗어나, 통합하고 능력을 부여하는 '지시'하는 신앙의 가능성으로 이끌어 가도록 부름을 받았다.

제11장

신학과 포스트모던적 경험 : 네 가지 응답

문화적 의식의 변화 한가운데에 있다고 주장하는 입장에서 보면, 신학의 작업에서 우리는 지금 '시간들 사이의' 시간에 있다고 주장할 수 있으며 이는 매우 흔한 일이다. 최근에 미국에서 출간된 논문집의 제목은 「현대의 끝자락에서의 신학」(*Theology at the End of Modernity*)이다. 그 논문집에는 포스트모던적 사고의 양식과 부상하는 포스트모던 의식과의 대화에서 신학적 성찰을 정리하려는 노력의 많은 징조들이 있다.

지적인 면에서 포스트모던적 사고의 출현은 계몽주의에 의해 확립된 사상의 기본적인 특징에 대하여 갖고 있던 확신의 상실을 의미한다. 신학에서 특별히 중요한 다음의 세 가지 위협적인 특징들이 있다 : (1) 합리적이고, 무관심하고, 객관적이고, 무역사적(ahistorical)[9]인 인식론적 이

---

[9] 역자주 : 역사에 무관심함을 의미하는 개념으로, 반역사(antihistory)와는 다른 의미이다.

상에 대한 헌신 ; (2) 과학과 진리의 중재자의 지위에서 구현된 합리성의 향상 ; (3) 하나님에 대한 사적이고, 주관적이고, 자기 확인적인 경험의 격하(格下)이다(참고. Fowler 1991 ; Placher 1989).

신학자 린넬 캐디(Linell Cady)가 쓴 아래의 간결한 구절에서는 포스트모던주의에 대하여 현대에서 이루어지고 있는 학문적인 토의의 대부분을 담고 있다 :

> 포스트모던주의 운동은 분명히 계몽주의 연구과제와 객관적인 실제를 이해하기 위해 무역사적이고, 무관심한 능력으로서의 이성에 대한 고무적인 비전이 관련되어 있다. 그 소재의 특수성의 초월성과는 상관없이, 합리성은 역사적인 맥락에 의해 근본적으로 형성되는 것으로 이해된다. 우리는 해석의 전통에서, 그리고 그것을 통하여 사고하게 되는데, 이때 이성적 과정에서 상징들과 편견들, 그리고 관심들이 어쩔 수 없이 형성되며 그것은 우리의 사고에 영향을 미치게 된다. 어떤 의미에서 현대성은 초기 근대 계몽주의 연구과제들과 동등하며, 이런 실증주의로의 방향 전환이 포스트모던적 방향으로 이동하게 되었다(Cady 1991, 86).

캐디가 강조한 사고의 급진적인 역사 실증주의에 더하여, 우리는 20세기의 성찰적 경험이 가져온 아래의 공헌들을 고려하면서 포스트모던적 사상과 이론을 볼 필요가 있다 :

- 과정에 있는 모든 것은 근본적으로 그 과정에 참여한다는 인식 ;
- 우주와 경험에 대한 모든 관점들은 서로에게, 그리고 관찰하는 것들

이 상관되어 있다는 상관성 ;
- 어떤 연구자도 과학적으로 연구되는 현상 내에서의 연루와 침입 ;
- 사고와 의식의 체계를 포함한 모든 체계의 생태학적 상호의존성 ;
- 모든 상징적, 의미의 체계들, 언어의 은유적 성질과 그들이 사용하는 모델들의 문화적 · 종교적 · 과학적, 그리고 은유적 성질의 구성적 특성(Fowler 1991).

현대성의 끝자락에서 신학이 직면한 도전의 중심에는 하나님의 프락시스(Praxis of God)에 관한 묘사를 환기시키고 형성해야 하는 실천신학적 과제가 있다. 이 과제는 하나님의 프락시스에 응답하고 협력하는 데 있어서 포스트모던 시대의 사람들과 문화가 그들의 삶과 제도적 체계를 형성할 가능성을 주장하는 데 도움을 주는 도전이다.

11장과 그다음 장에서는 포스트모던 시대에 하나님의 프락시스의 신학의 방향으로 나아갈 것이다. 이 장에서는 포스트모던적 조건들과 의식을 설명하기 위한 약속을 지닌 네 가지 신학적 책략들에 대한 개관을 하게 된다. 12장은 오늘 이 시대에 하나님의 프락시스에 관한 믿을 만한 서술을 이끌어 내려고 노력하는 건설적인 실천신학적 접근의 윤곽을 그려 보게 된다. 이 장에서 앞에서 조사된 네 가지 책략들의 각각의 차원들은 결합될 것이다. 그리고 그것을 통해 하나님의 현존과 더불어 자연과 역사에 주는 영향에 관한 설명을 가능한 한 하나의 방법으로 직접적으로 제안하고자 한다. 이런 노력에서 우리는 공적으로 말할 수 있는 신학의 형성에 대한 필요성과 그 어려움을 인정하게 될 것이다.

포스트모던적 경험을 설명하는 네 가지 신학적 책략들

나는 이제 포스트모던 경험의 범위와 그 경험에 대한 지적인 성찰을 향한 네 가지 무리(cluster)의 신학적 응답을 간단히 개관하려고 한다. 그 네 가지 접근들을 기술하는 데 있어서 포괄적이거나 상세하게 할 생각은 없으며, 오히려 유형으로써 그것을 묘사하려고 한다. 각각의 무리를 다룰 때 나는 특별히 두 개의 이슈들에 초점을 맞추게 될 것인데, 그 이슈는 (1) 포스트모던 경험을 위한 신학적 조명에서 그것에 참여하고 준비하는 독특한 책략과 (2) 하나님의 프락시스와 그에 응답하는 인간의 소명에 대한 특성화이다.

이 개관의 의도는 건설적(constructive)이다. 포스트모던 경험의 도전이나 초대의 부분은 복합적인 관점들의 계몽적인 측면들을 유지하고, 서로 간의 긴장을 유지하는 것이다. 그러나 우리가 그 긴장들이 계몽적이고, 상호적이라는 사실을 알게 된다고 해도, 그 긴장들은 실제적이고 깊이 뿌리내린 차이에서 오는 것이다. 그 대부분은 사고나 혹은 이론의 수준에서 화해할 수 없는 것들이다. 내가 제안하는 것은 이런 긴장의 많은 부분이 화해할 수 있고, 또한 화해해야만 한다는 것이며, 그런 화해는 이론에서가 아니라 실천에서 이루어져야 한다는 것이다. 나는 신학이 포스트모던주의에 위치하고, 역사적, 상대적으로 유효하면서도 동시에 그 조건들에 개방적이 되려면 언제나 프락시스로부터 시작되고 프락시스로 돌아와야 한다고 믿는다.

해방신학과 정치신학의 접근

급진적인 다원주의와 상대성에 대한 경험은 미국에서 근대주의자가 가지고 있던 의식에 대한 확신을 파괴시킨 요인들 중, 그 중심이 되는 것이었다. 대조적으로, 나는 유럽인들에게는 현대적인 틀에서 신학이 지닌 가능성을 훼손하는 가장 강력한 요인은 20세기에 일어난 홀로코스트(holocausts)의 경험이라고 본다. 유럽의 신학들에서 이런 마비시키고 심오하게 분열적이고 파괴적인 사건들은 어떤 종류의 공적신학의 시작에서도 신정론(神正論, Theodicy)이 근본적인 이슈가 되어야만 한다는 생각을 하게 하였다. 그것들은 '고난'(suffering)이 포스트모던 경험과 맺는 계약의 장소로 만들었다. 요하네스 메츠(Johannes Metz)는 "나는 결코 다시는 아우슈비츠(Auschwitz)에 몰려 신학을 하지 않을 것이다."라고 말했다(Metz in Schüssler Fiorenza and Tracy 1984, 26–33).

독일에서의 정치신학(예. Moltmann 1967, 1973 ; Metz 1979 ; Soelle 1975), 남미에서의 해방신학(예. Gutiérrez 1973 ; Segundo 1976 ; Bonino 1976 ; Sobrino 1978), 그리고 미국의 흑인들을 중심으로 한 신학(예. Cone 1970 ; Washington 1967 ; Jones 1973)에서는 광범위한 고난과 세상에서 삶의 기회의 불평등과 같은 문제들이 우리 시대에 기독교 신앙과 교회의 부름에 대한 새로운 해석의 출발점이 되어 왔다. 아마도 나의 동료인 레베카 찹(Rebecca Chopp)보다 해방신학과 정치신학으로 대표되는 현대신학의 도전을 더 잘 이해한 사람은 없을 것이다. 아래에 찹의 생각을 인용해 보기로 한다 ;

고난을 성찰의 한가운데로 가져온 해방신학은 인간의 실존과 기독교의 전통, 그리고 현재의 기독교적 경험을 다시 생각하게 한다. 신학은 인간의 고난에 대해 어떤 말을 할 수 있는가? 하나님에 의해 창조된 인간과 인류를 파괴한 주체는 누구인가? 하나님은 누구이며, 역사가 돌봄보다는 더 많은 고난에 의해 기록될 때 하나님은 어디에 계셨는가? ······

그러한 물음들은 오늘날 하나님에 대한 지식이 고난의 한가운데서 식별된다는 해방신학의 본성을 인정하는 것이다. ······ 자유를 위한 고난과 그 추구는 인간 경험의 근본적인 현실이며, 또한 역사에 있어서 하나님과 그리스도, 교회의 소재(所在)이기도 하다. 해방신학은 인간 실존에서 행동과 책략, 그리고 변화를 추구한다 ; 해방신학은 기독교의 증인으로 정의와 평등, 자유를 요구한다. 결과적으로 해방신학은 하나님에 대한 새로운 언어이며, 현재의 역사적 상황에서 고난을 당하는 사람들의 목소리를 들으려 한다.

하나님에 대한 새로운 언어로서의 해방신학은 현대적·진보적 신학에 대한 반대에서 공식화되었다. 역사적인 상황에서 하나님의 언어가 되려고 시도하는 현대신학은 당면 과제의 진정성을 탐색하는 것에 그 초점의 중심이 있음을 발견했다. ······ 해방신학에서는 부르주아적 개인은 더 이상 일차적인 주체가 될 수 없으며, 진정성과 의미는 더 이상 신학에서 중심적인 위기가 될 수 없다. 이제 신학의 초점은 역사에서 사람들로부터 어떤 목소리나 정체성도 부인되었던 역사의 비주체들(nonsubjects)에 맞추어진다. 이런 초점에 의해 기독교는 전향되고, 인간의 힘과 사회적 구조의 변형을 위해 고난받고 일하고 있는 사람들과 실천의 결속(praxis of solidarity)을 이루어야 한다는 주장이 가능하다. 그런 초점의 중심을 통하여 하나님의 은총의 성만찬은 고난과 희망에 대한 동일시가 가시화되며, 그 과정에서 하나님의 사랑의 봉사가 미래로 향하는 신앙에 개방된다(Chopp 1986, 3-4).

해방·정치신학은 분명히 실천신학임에 주목해야 한다. 그 신학들은 피해자들과의 동일시와 결속의 프락시스로부터 발생했으며, 그 프락시스로 돌아간다. 그들은 세계에서 그리스도가 발견되는 곳에 고난이 있다는 확신을 가지고 산다. 해방·정치신학은 고난과 신정론의 문제에서 직접적으로 포스트모던 경험에 참여한다. 이들은 실존주의의 유아(solipsistic, 唯我)[10]적 절망과 현상학의 회의적 중립을 배척하려 노력한다. 이들은 박탈당한 사람들과의 결속의 자세와는 별개로 해석학의 해방하는 힘에 의문을 던진다. 그들은 지배받던 자가 주체(참고. 역사의 주체와 대리인)가 되는 권능과의 관계에서 하나님의 프락시스를 찾으며, 인간의 프락시스 안에서는 계급과 인종, 성 혹은 경제적 특권에 근거하여 지배하는 구조를 파괴하는 방향으로 이끌어 간다.

우주론적(Cosmological) 접근 : 창조와 새로운 공통의 이야기

포스트모던 경험을 말하는 두 번째의 유망한 신학적 책략은 창조와 우주의 진화에 대한 과학적인 설명과 관련하여 폭넓게 형성된 동의의 결과로 이루어졌다. 여기서 말하는 접근들은 포스트모던주의가 가져다준 생물학, 우주와 이론 물리학, 그리고 생화학이 가능하게 만들어 주었다. 토마스 베리(Thomas Berry)가 '새로운 공통 이야기'로 확인한 통일된 우주론과 함께 새로운 과학적인 관심은 창조교리에 근거를 둔 새로운 신학적인 접근을 요구하거나 혹은 가능하게 해 주었다. 현재 많은 사상가들은 창조에서 지속적인 하나님의 역할에 대하여 재고(再考)하기 위한 공유된

---

10) 역자주 : 자기중심주의자.

틀을 명료화하였다. 그중에 몇은 확장되고 계속 변화하고 있는 우주에서 인간이 질 책임의 방향과 한계에 관한 규범적인 특징들을 제공하는 신학적 인류학들을 발달시켰다.

이 접근의 특징을 설명하기 위해 나는 샐리 맥페이그(Sallie McFague)의 논문을 인용하려고 한다. 그녀는 포스트모던 과학이 밝혀 준 우주적 실재의 그림을 그려 주었다 :

> 그 실재가 제공하는 그림은 유기적이고 역동적이고 개방적인 것으로서, 관계들에서 모든 구성요소의 부분들 중에 속한 개인들이나 상호관계보다 더 중심적이다. 우주는 전체이다 : 그 공통적인 역사는 150억 년 전으로 소급(遡及)되며, 오늘날 우리가 관찰할 수 있는 우주의 몇 십 억의 은하계가 엄청나게 복잡한 변형들을 통하여 점진적으로 부상되었다. 거기에는 우리가 살고 있는 아주 작은 지구 행성도 포함된다. 우리가 살고 있는 행성을 만들어 주는 모든 것인 박테리아에서부터 석탄, 로빈새, 물, 강철, 들꽃들, 떡갈나무들, 사슴, 인간은 모두 동일한 기원을 가지고 있으며, 어떤 단계에서는 서로 관계가 있다(McFague 1991, 25).

맥페이그는 신학적 작업을 위해 새로운 우주의 이야기를 우리가 사용(私用)할 때 영향을 주는 특징들을 다음의 다섯 가지로 정리해 주었다. (1) 이 이야기에서 의미하는 공간과 시간의 척도는 광대하다. 그것은 인간을 너무 쉽게 인간 중심주의에서 벗어나게 해 준다. (2) 이 이야기 혹은 설화(narrative, 說話)는 시작과 중간과 아마도 끝을 가지고 있을 것이다. 그 이야기는 역동적이고 아직 끝나지 않은 엄청나게 길고 더 포괄적인 우주의 이야기의 빛 안에서 그동안 인간의 역사들을 습관적으로 분리해서 보던 우리의 방식을 바꿀 것을 요구한다. (3) 공통의 이야기는 분명 모두 그런 것으로 혹은 그렇게 될 통일된 이야기이다. 모든 것들은 공통의 기원을 갖고 있으며, 그러므로 그 모든 것들은 상호관계적이고 상호의존적이다. 그렇다고 해도, 맥페이그는 이런 공통성이 개별화(individuation)의 결여를 나타내지는 않는다고 말한다 : "두 개의 폭발하는 별들이나, 두 개의 단풍나무 잎들의 엽맥(葉脈)이거나에 관계없이 두 개의 사물은 같은 것이 아니다 ; 개성(individuality)은 다만 인간적인 현상이 아니라 우주적인 것이다"(McFague 1991, 32). (4) 이러한 공통의 이야기는 우주의 다(多)수준적이고 위계적인 특성을 드러내는 것으로, 이는 양자적 에너지가 인간을 포함한 믿을 수 없을 정도로 복합적인 수준들의 세트로 흘러가는 것에서 드러나는 것이다. 맥페이그는 이는 "삶은 조합(organization)의 형태이지, 실체 혹은 물질은 아니기 때문에 살아있는 사물과 생명 없는 사물 사이의 절대적인 구분은 존재하지 않는다."는 의미라고 말한다(McFague 1991, 33). 같은 관점에서 이안 바버(Ian Barbour)는 "당신의 손과 두뇌에 있는 화학적인 요인들은 별들의 용광로에서 연마되는 것이다."(Barbour 1989, 147)라고 했다. (5) 특정한 종교적 전통들의 창조 이야기들과 대조해 보면, 새로 부상되는 공통의 창조 이야기는 공적인 것이고, 그것에 대해 배우고 싶어 하는 모든 이들에게 개방되어 있다는 것이다. 그것은 일부 혹은 모든 종교적 전통에 의해 재신화화가 가능하며, 그렇기 때문에 인간이 소유한 다양하면서도 종종 갈등을 야기하는 종교 전통들을 위한 건설적이고 일치를 가져다줄 수 있는 만남의 장소가 될 수 있다.

　'새로운 공통의 이야기'의 틀에서 포스트모던적 경험을 말하는 신학들은 우리들의 삶과 기관들과 전통들을 그토록 광활하게 확대되고 통일되고 깜짝 놀랄 만한 그림의 빛 안에서 재해석하도록 초대하면서 우리를 참여시킨다. 하나님의 프락시스는 우주적 과정 안에서 창조적 원천과 양식으로 드러나는데, 이는 현실을 풍요롭게 하고, 구별해 주고, 더 복합적인 자유와 의식을 가져오는 표현을 가능하게 한다. 비록 개인적인 인간들의 경험 혹은 더 큰 집합체들의 경험으로부터 떨어져 있는 거리가 먼 곳에서 작용하지만, 이 관점은 하나님의 창조적인 신실함 안에서 자연과 역사의 통일된 과정의 강력하고 포괄적인 이미지들을 환기시켜 준다.

해석학적(Hermeneutical) 접근 : '고전'(Classic)으로서의 기독교 신앙

폴 틸리히의 상관성적 접근(correlational approach)을 개정한 천주교 신학자인 데이비드 트레이시는 해석학적 방법론을 기독교 신앙이 주장하는 통합성과 규범을 거듭 주장하는 무엇보다 중요한 도구로 만들었으며, 또 한편으로는 포스트모던 경험의 근본적인 상대성을 인정하고 명료화하였다. 그렇게 하기 위해 트레이시는 한스 게오르그 가다머(Hans Georg Gadamer)가 제시한 '고전'에 대한 생각을 자기 것으로 만들어, 고전을 종교적 전통들이 지니고 있는 깊이와 풍요로움을 존중하는 데 사용하였다. 그는 종교적 고전의 개념을 인간이 축적해 온 과학의 해석학적 이해와 결부시켰다. 그의 접근에 능력을 부여한 것은 고전적·종교적 전통들을 구성하고 있는 '원본들'(texts)의 권위에 대한 일련의 확신이었다. 그는 그 원본들에 적절하게, 그리고 조심스럽게 접근한다면 그들은 현재의 계시에 대한 원천들이 되어 줄 것을 믿었다. 그 이유를 살펴보기로 하자.

어떤 형식의 문학에서도 '고전'은 특정한 맥락과 시간에서 탄생한 인간정신의 표현이다. 고전은 경험의 어떤 차원을 개방하고 초점을 맞추어 주는 기능을 하게 되는데, 그 경험은 다른 시간과 맥락에서 온 사람들이 말하고 확대하고 그것으로부터 정보를 얻게 되는 마음을 끌어들이는 힘과 깊이를 가지고 있다. 고전은 일깨워 주고 불러내 준다고 할 수 있는데, 그것을 폴 리쾨르의 언어로 표현하면 '의미들의 과잉'(surplus of meanings)이다. 따라서 이들은 해석의 갈등을 불러일으킨다.

트레이시가 사용하는 어휘인 '종교적 고전'은 고전에 대한 큰 사고(思考)의 특별한 예라고 할 수 있다. 문학에서의 고전과 같이 종교적 고전은 인간 정신의 표현이다. 그러나 그에 더하여 종교적 고전은 '노출-은폐 사건들'(disclosure-concealment events)이라고 불릴 수 있는 것을 보존하고, 그것에 강력하게 접근할 수 있는 순간들을 만들어 주는 특별한 성질을 갖고 있다. 종교적 전통은 우리가 '계시'라고 부르는 노출-은폐와 같은 사건들을 상호적으로 해석하는 연속물로 구성되어 있다. 트레이시는 계시는 온전한 존재(Whole)의 권능에 의한 온전한 존재의 노출이라고 말한다. 이런 노출의 순간들은 동시에 은폐의 순간이기도 하다. 하나님의 자기-노출은 하나님의 존재를 결코 고갈시키지 않으나, 반면에 노출 사건들에 대한 우리의 이해와 표현은 그 사건들에 대해 결코 충분하고 적절하게 설명해 주지 못한다. 종교적 고전에 참여함으로써 노출-은폐 사건들이 가져온 표현에 우리가 접근할 수 있게 된다. 그런 순간들은 우리에게 현재의 계시의 순간들이 된다.

트레이시에게 있어 실천신학이 해야 할 일은 기독교의 고전을 설명과 행동이 요구되는 현재 상황들의 해석을 통해 상호적인 비평적 상관성 안으로 가져오는 것이다. 우리는 상호적인 해석의 변증법과 하나님과 힘을 합해 형성한 지적이고 영적인 명료성과 그로 인해 생겨난 방향 감각을 가지고 고전의 원본들을 경험할 수 있다.

트레이시의 상관적·해석학적인 접근은 종교적·이념적 다원주의와 상대성의 포스트모던 경험을 설명해 준다. 그는 그것을 궁극적 존재에게 중재적인 관계로서의 역할을 하는 독특한 종교적 전통들의 통합성을 확신함으로써 가능하게 하였다. 하나님의 프락시스에 관한 그의 설명은, 현재와 상황적 이슈들의 해석된 형식과의 관계에서, 원본(성경)이 가진 노출시키는 권능에 접근하게 해 주는 해석학적 통로가 현재적 계시가 나타나도록 허용한다는 확신에 근거하고 있다.

설화적 – 언어학적(Narrative – Linguistic) 접근 : 기독교 신앙과 교회의 이야기

내가 제시하는 네 번째 신학적 책략은 주관적인 종교 경험에서 우주적이라고 추측되는 대상을 하나님과 동일시하는 데 대한 현대신학의 포스트모던적 비평을 그 시작점으로 삼는다. 문화적 – 언어학적 접근은 모든 우주적인 것들을 거부하고, 독특한 전통에 자리한 진리의 위치를 찬양하는 포스트모던적 분위기의 차원을 받아들인다. 칼 바르트(Karl Barth)의 교회교리(Church Dogmatics)에 깊은 영향을 받은 경향으로, 이 접근을 옹호하는 학자들은 신학의 과제는 교회를 그렇게 갱신하는 것인데, 대조적으로 그것은 세속적인 포스트모던 세계가 그 자체의 세속성을 인정하는 것이기도 하다. 미국에서 '후기 자유주의'(postliberalism)로 불리는 이 운동의 중심에는 예일 대학교의 신학자 조지 린드벡(George Lindbeck)이 있다.

린드벡의 저서 「교리의 본질」(The Nature of Doctrine)의 중심적인 주제를 살펴보면 이 접근을 명료화할 수 있을 것이다. 린드벡은 교리의 세 가지 이해들을 다음과 같이 구분한다. 첫 번째는, 명제적 이해

(propositional understanding)의 접근이 있다. 여기서 교리는 성경과 경험에 계시된 하나님의 진리를 신조(creeds)와 고백(confessions), 그리고 명제적 진술로써 명확하게 공식화된다. 이 맥락에서 정통주의 신앙은 진술되고 보존된 것으로 계시된 진리들을 지적, 정서적, 행동적으로 동의한다는 의미이다. 이 접근에서 가장 문자적인 형태는, 용인된 교리적 진술들을 표현하고, 그들이 주장하는 규범을 구성하고 있는 부분이 된다는 바로 그 자체의 언어와 어휘들을 갖고 있다.

두 번째는, 경험적–표현적(experiential–expressive) 접근이라는 교리의 이해이다. 19세기와 20세기의 '자유주의' 신학들과 관련 있는 이 접근에서 린드벡은 사람들 중에서 우주적인 종교적 경험을 할 수 있는 능력과 특질이 있다고 추측하는 입장들과 연결시켜 이 개념을 사용하였다. 각각의 종교적·신앙적 전통은 독특한 설화, 상징, 의식(儀式)의 전통과 함께 이런 우주적·종교적 경험이 일깨워지고 다양한 형태를 이루게 된다. 이 관점에서 교리는 이러한 더 우주적인 경험의 독특한 형성을 표현하고 상징화하는 데 열쇠로 작용한다. 린드벡은 여기서 '진리'에 대한 질문을 기능적 고찰, 특히 도덕적 책임과 개인적 성실함의 가치에 위치하여 받는다고 주장한다. 이 관점에서 교리는 그 규범적인 지위를 상실한다고 린드벡은 단언한다 ; 정통주의적 관행은 교구적이고 교섭할 수 있는 것이 되고 ; 종교적 전통들은 일차적으로 도구적 관심들이 된다.

세 번째는, 문화적–언어학적 접근으로서의 이해이다. 여기서 교리는 신앙 공동체들에서 규정적이고, 생성적인 창조성의 원천으로 일한다. 이런 입장에서 볼 때, 개인의 신앙은 신앙 공동체에서 하나님의 말씀과 성만찬을 운영하고 거기에 참여함으로써 발생된다. 신앙의 의식들, 몸짓들, 언어와 설화는 구성원에게 신앙의 심오한 구조적 문법으로 자리 잡는다. 이런 언어를 사용하는 데 있어서, 린드벡은 개인이 모국어를 어떻게 배워서 자신 있게 구사할 수 있는가를 비교하는 것에 의존한다. 인간은 문법의 규칙에 어떤 주의도 기울이기 전에 이미 문법적으로 말하는 것을 배운다. 문법의 규칙은 나중에 사람들이 그들이 부여받은 언어의 사용과 확장에서 생식(generative, 生殖)[11]적이 되면서 중요해진다. 교리의 명백한 진술들은 마치 문법의 규칙들이 진리의 새로운 현실들과 차원들에 이름을 붙이고 표현하기 위해 언어를 확장하는 것과 같은 방식으로 교회에 도움을 준다. 신앙 공동체들이 그들의 미션을 형성하고, 끊임없이 변화하고 있는 상황에 응답할 때, 그들은 정통(신앙의 규칙, regulae fidei)이 지니고 있는 문법적인 규칙의 안내를 필요로 한다. 이들은 맹목적으로 반복해야만 하는 문자적 공식화(公式化)가 아니라, 신앙을 성실하게 일깨워 주고, 양육하고, 인도하는 은유들과 이미지들을 신선하게 만들어 내도록 안내하는 데 생식적이고 조절하는 원천들이다. (교리와의 관계에서 '생식적 창의성'을 이렇게 강조하는 것은 린드벡이나 그의 후학들이 아니라 저자의 입장이 더 반영되었음을 인정해야만 할 것 같다.)

린드벡은 교회의 정체성을 위해 교회의 언어와 전례(典禮)의 형성하는 힘을 강조하였고, 동시에 교리의 조절하고 생식하는 역할을 명료화하였다. 그의 제자들인 스탠리 하우어와스(Stanley Hauerwas), 조지 스트룹(George Stroup) 및 기타의 학자들은 교회의 정체성과 제자도를 형성하는 데 근거가 되는 '설화'로서 기독교 신앙을 강조하였다. "교회가 교회답게 하라."는 바르트의 관점을 반영하면서, 문화적-언어적 접근을 따

---

[11] 역자주 : '생산하는' 혹은 '발생'의 의미를 가지며, 에릭슨이 성인기에 나타나는 자아의 힘으로 제시한 개념이다.

르는 신학자들은 교회의 편에서는 종파적 신실함이 지닌 공적 영향을 주장하지만, 동시에 그들은 신앙에 대한 공적 위탁과 논쟁에 대해 비난하는 경향이 있음을 지적해야만 할 것이다.[12]

하나님의 프락시스의 포스트모던 신학에 대한 물음

앞에서 소개한 신학적 접근에 관한 설명은 포스트모던 시대에 하나님의 프락시스 신학을 형성하는 데 관심을 가진 사람들에게 무언가 본질적인 것을 제공한다. 레베카 찹의 목소리로 대변된 해방신학과 정치신학은 우리에게 전쟁으로 1억 이상의 사람들이 죽은 세기(century)와 세계 인구의 삼분의 일이 비참한 빈곤 속에서 살고 있는 시대에 대하여 강력하게 일깨워 주며, 우리가 감히 하나님의 현존과 자연과 역사의 과정에서 효과적인 영향에 관하여 그럴듯하게 말할 수 없게 해 주었다. 고난의 주제를 중심으로 삼고 하나님이 자연과 인간의 고난에서 인간과 연대하실지의 여부에 대한 질문을 하도록 압박하게 만든 이 신학들은 멀리 떨어져 있고, 분리되고, 완전하게 초월적인 하나님에 대한 모든 신학들을 배제하였다. 그들은 하나님을 참여와 정의, 해방에 대한 열망의 관점에서 그 이미지를 강조하였으며, 또한 그 영은 현세와 내세에서 해방과 구원

---

[12] 린드벡이 루터 교회 배경을 갖고 있는 것에 비해 개혁교회의 배경을 가진 성서신학자인 월터 브루그만(Walter Brueggemann)은 이 점에 대한 중요한 교정 자료를 제시하였다. 열왕기하 18~19장의 주해(exegetical)연구에서, 그는 교회는 두 개의 언어를 말해야 한다고 강력하게 주장하였다 ; 그 하나는 야훼의 약속들과 신실함에 대한 이야기들과 기억들에 의지하여 도시의 벽의 뒤를 사용하는 언어와 사람들이 공적인 삶을 설명하는 것에 근거한 이야기의 증언, 제안, 항의를 통한 벽 위에서 사용하는 언어이다(Brueggemann 1989, 3-34).

을 의미하는 자이다.

공통적인 창조 이야기에서 하나님의 저자(authorship) 됨과 관여에 대한 새로운 우주론들과 새로운 생물학들이 가져온 가능성에 기초한 신학자들은 자연과 역사, 신체와 정신, 물질과 영혼, 구조와 과정을 분리하는 신학들과는 멀리하라고 우리를 재촉한다. 그들은 우리의 종교적 전통들이 제공한 창조에 대한 신화적인 설화들이 확장된 우주의 은유들과 모델들에 너무 빠르게 적응하는 것을 조심하라고 강조한다. 그러나 그런 주의를 준 후에, 그들은 지구적인 상호의존성을 인식하게 된 오늘의 시대에 충분한 신비주의가 어떻게 그 모든 다양성을 가진 인류가 하나님의 계속되는 창조 사역의 일부로 부름을 받고, 어떻게 인간과 나머지 자연계의 삶이 질서와 균형을 유지하는가의 문제에 대한 해명을 제시하는 확고한 창조 신학의 동반자가 될 수 있는가를 발견하는 데 풍부하게 암시적인 실례(實例)들을 제공해 주었다.

지금 우리가 살고 있는 포스트모던 시대는 다양한 종교적인 전통들과 신앙과 타협해야 하는 도전들에 직면하고 있는데, 이때 고전적 접근의 입장과 같이 종교적 전통들은 상대주의의 치명적인 자리에 빠지지 않으면서도 자신들의 전통들 못지않게 다른 전통들이 지닌 통합적이고 계시적인 권능을 확신하는 역설적인 확신으로 우리를 불러들이는 신학자들로부터 힘을 얻게 된다. 심각한 의미에서 다른 종교들과의 대화는 경험이 있고, 뿌리가 깊이 내린 종교적인 사람들을 필요로 하는데, 이는 그들의 고전적 전통들에 들어가기 위해 다른 전통들을 가진 신앙적 위치에서 형성된 사람들을 초대한다는 의미이다.

그것이 진실한 것일 때, 이런 종류의 초대가 함축하고 있는 것은 개종을 심각한 대화에 헌신하는 것으로 대신하는 언약인 것이다. 그것은 다른 고전들에 관심을 갖는 데 요구되는 초대와 학문연구를 받아들이는 데 동등하게 중요한 언약인 것이다. 이러한 변화를 다른 사람들의 신앙과 전통들에 깊이 들어가게 하려면, 나의 전통에 돌아와 그것을 더욱 풍요롭게, 깊이 있게, 그리고 자신의 계시적인 고전이 갖고 있는 중요성을 더욱 깊이 인식하는 것이다.

종교적인 전통들 사이의 공통점들을 지나칠 정도로 너무 쉽게 찾으려는 것에 반대하는 네 번째 접근이 들려주는 단호한 목소리는, 종교적 전통들의 주장에는 종종 상호적인 배타성의 특성이 있음을 우리에게 강조해 주고 있다. 그들은 신앙의 언어들, 공동체에서의 훈련, 음악, 활동들과 감정들을 포함한 신앙의 실천들은 단순히 우리의 의식적 신념과 관념적 주장보다 훨씬 더 깊다는 것을 온전하게 인식하기를 바라고 있다. 그들은 종교적 전통들에 관해서도 각각의 전통들이 갖고 있는 차이를 존중하기를 우리에게 권고한다. 그들은 우리의 독특한 전통에 대하여 그것은 반드시 필요한 것이라고 우리가 느끼기를 바라는 것으로 보인다. 그리고 그들의 성서적 신앙의 입장에서 본다면, 이 세상이 하나님의 나라를 아는 것에 관심을 갖는 것보다는, 세상(혹은 기독교 신앙의 옹호자들)이 기독교 신앙의 진리들과 세상의 지혜 사이에 일어나는 갈등을 피하는 일과 연결시키는 문제에 지나치게 관심을 쏟고 있음을 인지해야만 한다는 것에 더 관심을 가진다.

이렇게 각각 다른 네 개의 목소리가 합창을 할 수 있는가? 이들이 우리 앞에 차려 놓은 네 개의 접근들이 제시한 관심들을 나타내면서 하나님의 프락시스와 인간의 파트너십에 충실한 신학을 제시할 가능성이 있는가? 다음 장에서 그런 질문들을 담은 접근의 개요를 제시하려고 한다.

제12장

하나님의 프락시스의 포스트모던 신학을 향하여

11장에서 소개한 4개의 신학적 책략들은 하나님의 프락시스와 관련된 이슈들에 대하여 설명하는 것보다, 포스트모던 사상 및 경험과 관련된 것과의 관계에서 그 특징을 말하는 것이 훨씬 쉬운 일이다. 이해할 수 있으나 쉽게 극복할 수 없는 이유로 인해, 각각의 신학적 책략들을 하나님의 프락시스를 적절하게 설명하는 일에 초점을 맞추는 것은 어려운 일이다. 나의 이런 자극적인 표현이 의미하는 바는 '하나님의 인간과의 상호작용을 포함하여, 진화하는 우주의 과정들에서 하나님의 관여와 인도하심의 특징적인 양식들'을 뜻하는 것이다(Fowler 1991, 31).

근대의 마지막에 이르러서는, 하나님의 섭리의 교리는 반성적 신학에서 문자 그대로 상실되었다. 그럴 만한 이유들이 있었는데, 그것은 계몽주의로부터 줄기가 돋은 지적 전통들과 관계가 있다. 그 외에도 다음과 같은 사실들을 지적할 수 있을 것이다 : 자연과 역사에 대한 후기 칸트

학파의 분기점 ; 자연과학에서 우주론의 실증주의와 그 소멸 ; 사회과학에서 가치-자유적 연구에 대한 헌신 ; 유신론을 향한 포이에르바하(Feuerbach)와 프로이트의 객관화 이론들로부터의 과격한 도전들 ; 니체와 그 탈구조주의 후계자들에 의해 하나님에 대한 인습적인 개념의 해체 ; 성서학 연구들에서 비신화화(demythologization)라는 환원주의적 책략들 ; 바르트의 고백적 접근에서 개혁신학의 우세 ; 철학에서 언어학적인 분석으로의 전환 ; 역사 철학의 와해이다.

우리가 살고 있는 이 시대에 하나님의 섭리에 관한 통일된 사고를 손상시키는 것과 동일하게, 아니면 그보다 더 중요한 것은, 우리를 포스트모던 시대로 밀어 넣은 집단적 경험들이었다. 아마도 수백만 명에게 하나님에 대한 현대신학은 제1차 세계대전의 가스로 가득 찬 참호들과 피로 덮인 전장에서 죽기 시작했으며, 홀로코스트에 의해 근본적인 물음이 제기되었음을 말하는 것으로 충분할 것이다. 디트리히 본회퍼(Dietrich Bonhoeffer)가 말했듯이 "하나님은 세상으로 천천히 나와 십자가로 향했다".

"근대 후기에 죽은 하나님은 누구인가?"를 묻는 것은 중요하다. 역사 속에서의 하나님의 현존과 활동에서, 어떤 비전들이 더 이상 믿을 수 없고 중요하지 않은가? 이것은 매우 복잡한 질문이며, 여기서 우리가 적절한 설명을 시작할 수 없는 것이다. 그러나 분명한 것은 많은 사람들에게 죽어 가는 하나님은 적어도 아래의 명제들을 포함한다 :

- 피할 수 없는 인간의 발전에서 희망과 확신으로 상징화된 하나님 ;
- 전지전능하고, 편재(偏在)하시는 고전적인 유신론의 무감각하고, 주권적 하나님 ;

- 인간은 아담과 하와의 불순종으로 인한 피할 수 없는 죄의 굴레를 쓰면서, 또한 그에 대한 책임을 져야만 한다고 말하는 수치스러운 타락의 교리와 연결되는 하나님 ;
- 부모의 초자아(superego)의 명령을 강화하는 것에 주된 역할을 가진 도덕주의적 하나님 ;
- 군주제, 사회－민주적 혹은 자본적－민주주의 형식의 다양성에서, 왕관과 제단의 결탁을 적법화하고, 경제적 권력과 사회적 계급체계의 양식들에 따르는 복 주시는 하나님 ;
- '자유 시장 경제'로부터 핵전쟁의 기피와 자연의 보존과 치유에 이르기까지 모든 일을 인자하고 선하게 운영하시는 '눈에 보이지 않는 손'을 가진 하나님 ;
- '명시된 운명'과 세계 제국주의의 국가주의적 교리의 하나님 ;
- 부의 복음에 대한 하나님 ;
- 남성성을 가진 하나님

적어도 후기 현대 사회에 살고 있는 인구의 어느 부분 중에서 전통적인 이미지를 가진 하나님에 대하여 죽음이 주어졌을 때, 우리는 어떻게 포스트모던적 언어로 하나님의 프락시스를 묘사해야만 하는가? 어떤 언어와 은유로 우리는 다중 체계적이고, 문화적으로 복수적이며, 생태학적으로 위협을 받고 있는 세계에서 하나님의 현존과 행위를 나타내도록 요구해야 하는가? 포스트모던 주의가 하나님에 대한 묘사들 중의 한 범위의 생존에 종결을 짓는 동안, 그것은 또한 우리에게 다른 가능성을 제공해 줄 것이다.

이런 질문들에 신학적인 응답을 찾으려고 노력하는 과정에서, 나는 프락시스의 이미지를 통하여 과제에 접근하는 신학자로부터 도움을 받았다. 피터 하지슨(Peter Hodgson)이 1989년에 발표한 「역사에서의 하나님」(*God in History*)이 바로 그것이다. 그의 책에서 핵심되는 구절을 아래에 인용하기로 한다 :

> 나의 논제는, 하나님이 세계에서 유효하게 드러내는 것은 관찰이 가능한 행위들을 수행하는 개인 대행자로서가 아니며, 일정한 영감이나 매력도 아니고, 추상적인 이상으로서도 아니고, 동반자나 혹은 친구의 은유적 역할에서도 아니라는 것이다. 오히려 하나님은 역사적 과정 안에서 형태를 갖춘, 변형의 힘을 가진 특별한 형태나 양식에서 나타난다. 그 역사적인 과정은 결정적인 방향으로 나아가는데, 그것은 새로운 전체로, 요인들의 다양성을 창조적으로 통일하는 것이며, 인간의 연대, 확장된 자유, 체계적 억압의 해체, 상처받고 부서진 것을 치유하고, 자연적인 것을 돌보는 창조적인 종합으로 나아가는 것이다. 형태는 영향이나 현존으로서, 비인간적이고 일반화된 것으로서가 아니다. 그 이유는, 그것은 역동적이고 특별하며 구조를 가지는 것을 암시하면서도, 하나님의 행위의 인격화로 인해 잠재적으로 오도하는 것을 피하기 때문이다. 역사 속에서 하나님이 무엇을 하시는가를 보면, 단순히 "하나님으로 거기 계셨다." 혹은 "우리를 앞으로 나아가라고 부르는 것" 혹은 개인적 '역할'을 생각하는 것이 아니고, 다중 측면적인 변형을 형성하는 것이다. 하나님은 주시고, 개방하시고, 어떤 면에서는 존재감으로, 규범적인 형태와 같은, 그런 프락시스의 모범으로 역사하신다. 이것이 바로 내가 의미하는 신적인 형태(gestalt)이다(Hodgson 1989, 205).

'형태'는 양식, 형성하기, 형태를 만들기, 행위와 존재의 변형하는 양식이다. 당신은 하지슨이 추상적인 언어로 무엇을 말하려고 하는지 이해했는가? 사람들과 나라들의 역사에서 대표되는 약진(躍進)의 사건들 뒤에서, 총명한 관찰자는 길게 연결된 선에서 한 점에 모아지는 섭리를 발견할 수 있음을 암시해 준다. 우리가 미국에서 시민 인권운동에 관하여 혹은 남아프리카 공화국에서 아파르트헤이트(apartheid)[13]를 통일된 사람들의 뒤로 보내 버린 일에 관하여 말하거나에 관계없이, 비록 항상 눈에 보이지는 않았지만, 약진을 가능하게 만들어 주는 집중되는 신실함의 선들이 있다. 눈에 보이는 것에서조차도, 이런 운동들의 지도자들도 세상이 그 이름을 전혀 들어 보지 못한 신실한 사람들의 공동체들에서 영향받고 양육되어 왔다. 하지슨은 우리로 하여금 바로 이것을 볼 수 있도록 도우려고 노력한 것이다.

하지슨은 하나님은 역사 속에서 형성하고 변형하는 힘으로 프락시스의 특별한 형태와 양식에 생명을 불어넣고 나타내셨다는 것을 우리에게 말하고 있다. 그가 제안하는 이런 신적인 프락시스의 형태는 역사를 결정적 방향으로 움직여 간다. 하나님의 프락시스의 형태는 아래와 같은 방향으로 이동한다.

- 타협하지 않으며 다양성을 부인하지 않고 오히려 새로운 상승작용을 가져오는 존재의 통일 ;
- 타인과 자연과 인간 연대를 만드는 창조적 종합의 형성 ;
- 자유의 향상과 정의로운 공동체들의 형성 ;

---

13) 역자주 : 남아프리카 공화국에서 흑인 차별 정책으로 오랫동안 자리하고 있었던 제도.

- 체계적 억압의 파괴와 제도들의 재정립 ;
- 상처받고 짓밟힌 사람들의 치유와 삶의 기회들의 진정한 평등화 ;
- 자연을 돌보고 지구, 하늘, 물, 남녀의 인간들, 동물들과의 상호성에 입각한 우리의 화해의 돌봄[14]

　트레이시가 발전시킨 '고전'이라는 개념과 모든 사상의 전통적인 특성에 근거한 포스트모던적 강조에 의해 인정받은 대로, 성경의 규범적인 상상적 원천들과 함께 하나님의 프락시스에 대하여 우리의 공적 생각을 재고(再考)하는 일을 시작하는 것은 합리적이다. 성경적 신앙은 우주와의 관계에서 하나님의 프락시스와 신실함을 상징화하는 계약(covenant)의 기본적 은유를 제안한다. 우리가 여기서 사용하는 '계약'이라는 단어는 하나님과 이스라엘과의 특수한 관계에만 국한되는 것이 아니라, 노아의 계약에서와 같이(창 9 : 8–17), 오히려 그것은 모든 창조물과 모든 인류에 대한 신실함의 우주적인 서약을 의미한다. 그것은 확장되는 우주의 통일과 원동력에 하나님의 계약적인 돌봄의 장이 갖고 있는 힘에 의해 일관성과 균형이 주어진다는 확신을 전달하는 것이다. 계약이 갖고 있는

---

14) 하지슨이 자연과 역사에서 활동적인 신적인 프락시스의 형태가 가진 이미지를 주장하지만, 역사에서 인간의 마음을 사로잡고 파괴적 영향력을 촉진할 수 있도록 압력을 가하는 악의 형태 역시 있음을 지적하는 것이 중요하다. 악의 형태와 신에 반대하는 현실과 영향을 인정하는 것이 이원론(二元論)을 인정하거나 혹은 악의 존재론적 지위가 가지는 힘을 인정해 주는 것은 아니다. 그럼에도 불구하고, 그런 영향은 제도적이고 문화적으로 스며드는 형식을 취한다는 것을 인식해야 한다. 그것들은 이름을 붙이고, 가면을 벗기고, 반대를 필요로 한다. 그들은 심오한 신뢰와 통치에 대한 헌신만이 아니라, 해방시키고 구원하시는 하나님의 프락시스도 충족시켜야만 한다. 이런 관점에서, 월터 윙크(Walter Wink)의 저서, 특히 『권력에의 참여 : 지배의 세계에서의 식별(識別)과 저항』(Engaging the Powers : Discernment and Resistance in a World of Domination〈Minneapolis : Fortress Press, 1992〉)은 반드시 필요한 책이다.

권능 안에서 하나님의 프락시스는 성경적으로 세 개의 위대한 포괄적인 양식들의 관점에서 볼 수 있다 : (1) 하나님은 창조하신다 – 진화하는 우주에 대한 하나님의 기원과 지속적으로 양육하심 ; (2) 하나님은 통치하신다 – 창조에서 모든 체계적 수준, 자유의 형식들의 존중, 그리고 올바른 관계성과 번창을 목표로 하나님은 구성하시고, 정돈하시고, 그리고 관계를 유지하심 ; (3) 하나님은 해방시키시고, 구원하신다 – 창조와 생명에 반대하는 존재들과의 사이와 관계를 개선하고 회복하는 지속적이고 값비싼 프락시스는 고통 안에서 대립적인 자유와 하나님의 목적들에 대한 적의와 신적인 희망을 채우는 귀중한 교차되는 가능성들을 형성하는 결과들을 낳는다. (이런 생각의 초기의 발달을 이해하기 위해서는 Fowler 1985, 1987 ; Niebuhr 1960 참조) 아래에서 신적 프락시스의 이런 양식들을 좀 더 자세히 살펴보기로 한다.

1. 하나님의 창조하시는 프락시스

창조하시는 하나님의 프락시스에 대한 포스트모던적 생각은 '새로운 공통의 이야기'로부터 큰 자극을 받았다. 이론 물리학자들은 중력의 상호작용, 약하고 강한 힘들, 그리고 전자력(電磁力)이 보여 주는 수학적 모델들이 약속하는 '위대한 통합 이론들'에 관해 연구하고 있는데, 이 연구에 따르면 팽창하고 있는 우주에서 균형과 조화를 유지해 주는 4개의 힘을 가지고 있다는 것이다. '빅뱅(Big Bang) 이론'은 우주의 시작 – 문자 그대로, 무에서의 창조(creatio ex nihilo : Davies 1984, 1988)인 것이다. 최근의 진화에 대한 생물학적인 연구와 과정 철학 관점의 결합은 종(種)들이 나타나고, 진화하고, 종종 사라지는 양식들을 밝혀 주었다. 그러나 전체적으로, 각 종들이 나타나는 단계에서 생명은 복잡성이 증가하고 내적 분화를 이루었으며, 이런 증가와 분화는 의식에서의 질적인 확장과 지속적으로 경험을 풍부하게 해 주는 방향으로 나아갔다(Birch & Cobb 1981). 생물학자들과 천체 물리학자들은 창조 과정에서 이례적인 자유의 순간들이 있음을 지적한다. 진화에는 도약이 있다 ; 분명한 전례 혹은 원인 설명도 없이 순수한 신비로움이 나타난다. 무계획과 기회에 근거해 이런 양식들을 설명하려는 노력들은 급격하게 쇠퇴되었다. 첫째 서열에 있는 과학자들 중에 방법론적인 무신론은 상당히 줄었다. 그들 중 모든 체계적 수준에서 자연에 나타난 아름다움, 복잡한 질서, 목적성, 그리고 놀라운 예외들을 존중하는 이들이 나타나고 있다.

하나님의 프락시스의 신학자들은 전통적인 신학적·성경적 이미지들을 너무 쉽게 과학자들과 우주론자들의 시적 은유들과 동일시하려는 유혹에 넘어가지 않아야 한다. 그러나 조심스러운 연구를 통해 과학자들과 신학자들이 포스트모던의 시발점을 공유함으로써 역동적인 우주에서 복합적인 일체를 보여 주는 힘으로 창조에서 하나님의 프락시스의 공적 신학의 근거를 세울 수 있을 것이다. 그런 작업은 현재 상이(相異)하고 파편화된 신학을 다시 통합하기 위한 지적인 기초들을 제공해 줄 수 있을 것이다. 더 나아가, 그런 작업은 온전한 영성 — 신비주의의 재탄생 — 을 배양해 줄 것이며, 이는 자연이 타락하는 양식을 바꾸어 줄 것이며, 자연과 생태적으로 정의로운 관계에서 살도록 집단적으로 배울 수 있는 길을 열어 줄 수도 있을 것이다.

2. 하나님의 통치하시는 프락시스

창조된 사회적 질서에서 올바른 관계성을 지향하는 구조로서의 자연과 역사의 과정에서 하나님의 현존과 프락시스를 우리는 어떻게 포스트모던적인 서술의 형태로 시작해 갈 수 있을 것인가? 창조에 대한 우리의 논의를 토대로 하여, 우리는 아마도 그런 구조는 확장되는 우주에서 균형과 궤도의 보존을 유지하는 데서 오는 힘에 의해 구성되는 적합성에서 발견할 수 있다는 것을 제안하면서 시작할 수 있을 것이다. 그것은 생화학적 과정에서 요소의 결합을 지배하는 법칙에서 탐지할 수 있을 것이다. 그런 구조는 세포의 재생산을 안내하고 유기체의 유전학적 완전성을 결정짓는 복잡한 부호화의 작용에서 식별할 수 있다.

이제 인간의 삶과 사회로 우리의 관심을 돌려 보기로 하자. 그런 구조는 인간 공동체들이 번영하기 위해 요구되는 신뢰와 충성, 상호 배려와 윤리적 민감성이라는 근본적인 조건들에서 구별될 수 있다. 정의와 올바른 관계성을 지향하는 구조는 부패한 정권들이 불의와 기만의 내적 양식으로부터 무너지는 것만큼, 외적인 반대와 수정으로도 무너질 때 작용하는 것을 볼 수 있다. 나는 여기서 자아-손상과 파괴가 없이는 모욕이나 혹은 모독이 될 수 없는 창조와 진화의 과정에서 포스트모던적 탐구와 정의와 올바른 관계성을 의도하는 이성과 정당성의 구조인 심오한 로고스의 심상 형성의 가능성을 가리키고 있는 것이다(Fowler 1987, 1991).

포스트모던적 사고는 계몽주의가 종교의 권위와 도덕, 그리고 문화적 전통들에 대해 너무 쉽게 이해하는 것에 도전한다. 분명히 말하건대, 우리는 모든 지역적인 사회적 관습 혹은 작은 마을이나 부족 문화의 인습적인 도덕의 모든 경향에서 보편적인 윤리적 원칙들을 발견할 수 있기를 기대하지 않는다. 그럼에도 불구하고, 하나님의 지시하는 프락시스는 전통적인 도덕적 지혜의 실천신학적 재사용을 주장해야만 한다. 십계명의 타당성을 재생시켜야만 하며, 예수의 사랑의 계명에 대한 윤리적 진실과 명령에 대하여 심각하게 생각해야만 한다. 많은 점에서, 그리고 몇

세기 동안 세계의 종교적 전통들은 그들의 고전에 도덕적 로고스의 표현을 포함해 왔다. 도교는 도(Tao, 道)로, 토라는 법(Law)이나 길(Way)로, 불교는 여덟 겹의 길(Eightfold path)로, 힌두교는 덕(Dharma, 德)으로, 스토아주의(Stoicism)의 가르침은 자연의 법 혹은 정의의 관념으로 이해되고 있는바, 이 모든 상징들은 인간의 삶의 과정에서 올바른 관계성을 지향하는 구조를 공식화하고 명확히 하려는 노력을 보여 주는 것이다.

현대성은 우리로 하여금 특정 집단들이나 계급들의 도덕을 하나님의 뜻 혹은 자연법의 명령과 너무 쉽게 동일시하는 억압적인 잠재성에 대해 심각하게 염려하도록 해 주었다. 각 개인의 가치와 권위를 확인하고, 개인이 자신만의 선에 대한 개념을 추구할 수 있는 권리를 강조하는 현대성은 우리가 도덕적 억압에 대항하도록 지속적으로 경계할 필요가 있음을 경고해 주었다. 그러나 포스트모던주의는 균형의 회복을 촉구한다. 도덕적인 삶의 기초가 되는 전승되고, 자리 잡고 있는 문맥상의 공식화에 주의를 기울여야만 한다. 사람들이 공동의 선에 공헌할 수 있도록 하는 덕목들은 필수 불가결한 것이다. 그런 덕목들은 우리가 하나님의 통치하시는 프락시스를 식별하고 그것에 동조하도록 돕는다.

3. 하나님의 해방시키시고 구원하시는 프락시스

하나님의 창조와 통치의 프락시스 과정에서, 인간은 존재론적인 소명을 받도록 진화되었는데, 그것은 창조에의 특별한 부름과 역할이다. 반복하지만, 계약의 성서적인 이미지를 따라서 우리는 하나님과 협력하도록 진화되었다(혹은 하나님의 프락시스가 우리를 진화시켰다). 우리는 창조적이고, 통치하시며, 해방시키시고, 구원하시는 하나님의 행위의 부분이 될 반성적 의식의 능력(혹은 그것에 반대되는)을 발달시킨 종(種)이다. 이런 진화되는 소명을 통하여, 우리는 '하나님의 형상'(imago dei)이라고 하는 가장 의미 깊은 정체성을 주장하게 되는데, 하나님의 형상이란 하나님과 유사한 창조물로 진화된다는 의미이다. 우리는 하나님과 영적인 교제를 나누기 위한 목적으로 진화되어 가며, 그 이유는 우리가 사람들과 공동체를 창조하고 유지하고, 자연과 함께 역동적인 상호적 존중을 유지하며 살아가기 위해서이다. 하나님은 우리를 창조세계를 돌보고 온전하게 하기 위한 그분이 지향하는 목적의 부분이 되도록 부르셨다. 우리는 창조하시고, 통치하시고, 해방시키시고-구원하시는 하나님의 사역에서 협력하는 존재론적 소명을 위해 부름을 받았고, 진화되었다.

그러나, 동시에 개인적으로, 집단적으로 우리는 최대한으로 활용한 창조물이다. 우리는 우리의 사고와 행위 — 그리고 그들의 규칙 — 의 낡은 형식들을 폐물이 되게 하는 의식과 기술의 형태들을 발달시켰다. 우리의 확장된 의식의 지평은 우리의 유한성과 한계에 대한 감각을 심화시켜 주었다. 우리는 흥분하기 쉬운 결합체이다 : 반성적인 자기-초월의 변화하는 단계들을 가진 창조물인 우리 인간은 복합적인 수준에서 '체제'라는 그물들에 걸려들며 살지만, 그래도 우리는 자유의지와 책임에 대한 감각을 가지고 있다. 이런 긴장은 한편으로는 우리를 자기-기만과 과도한 교만으로 이끌어 갈 수 있지만, 또 한편으로는 체념과 절망에 빠지게 한다. 우리가 가지고 있는 도덕적 억제와 이웃에 대한 사랑의 능력은 취약하다. 아기였을 때 적절한 돌봄을 받지 못하고, 아동이었을 때 지속적으로 학대받은 사람이라면, 그는 남은 생애를 죄 없는 타인들에게 분노를 표하는 것으로 그의 지능과 교활함을 사용할 것이다. 그런 사람이 대기업 구조나 체제에서 정의되는 권위적인 역할을 맡았다면, 초기 어린 시절 가정에서 경험했던 숨겨진 상처들과 억압되었던 수치심을 행동화하는 데 자신의 권력을 이용할 것이다. 정기적으로 우리는 경제적인 손익을 지향하는 가치들을 정의의 분배에 대한 약속으로 대신한다. 우리는 기술이 지닌 탁월하고 위험한 정열을 임의로 쓸 수 있다. 우리가 지니고 있는 윤리적 감각은 그것의 적용 범위를 따라가기가 힘들다. 이 모든 것들은 우리의 도덕의 방어감각과 우리의 유한한 한계에 대한 저항감과 혼합되어 있다. 하나님의 실재와 영의 충분한 근거와는 별개로, 이런 결합은 행복의 순간들을 가져다준다 ; 그러나 더 자주 그것은 심각한 불안의 암류(暗流)를 만든다. 이런 불안은 우리의 죄의 근거이다.

우리를 해방시키시고 구원하시는 하나님의 프락시스와 그 일의 협력자로서 인간을 부르심에 관하여 말할 때, 우리는 신학이 공적(公的)이 되기에 가장 힘든 장소에 오게 된다. 창조에 대한 '공통의 이야기'와 함께 인간의 책임과 참여를 위한 믿을 만한 주장이 가능해진다. 우리는 과학에서, 의학에서, 그리고 공중 건강 분야에서 어떻게 인간이 창조세계를 돌보는 데 일부분이 될 수 있는가를 볼 수 있다. 우리는 예술에서, 건축에서, 미학에서, 일반적으로 어떻게 하나님과 함께 창조의 협력자가 될 수 있는가를 볼 수 있다. 또한 부모의 양육과 교육에서 우리가 어떻게 창조에 참여하고 강화시킬 수 있는가를 볼 수 있다. 마찬가지로, 우리는 올바른 관계성을 관리하시고 유지하시는 하나님의 프락시스에 참여하라고 인간을 부르시는 공적으로 이해할 수 있는 차원에서도 볼 수 있다.

사회에서 정의와 선한 질서를 성취하고 유지하기 위한 적절한 법을 만들고자 하는 계속되는 투쟁은 하나님의 통치하시는 프락시스의 공적 수단의 핵심이다. 이와 동일하게 국가 사이의 평화를 유지하는 일과 공동의 선을 지향하는 국제적인 경제적 관계의 규칙은 하나님과 함께 공동 통치자가 되는 일이라는 높은 수준의 도전이 그 구성요소가 된다. 범죄

정의 체계의 교정 서비스에서 형벌을 유지하려는 노력과 해방된 사람들을 위한 새로운 정부를 만들려는 노력은 모두 하나님의 통치하시는 사역(work)에서 우리가 협동하는 책임의 모든 측면들이다.

그러나 우리는 어떻게 공적으로 이해할 수 있는 방법으로 하나님의 해방과 구원의 프락시스를 말할 수 있을 것인가? 결론적으로, 하나님의 프락시스를 공적으로 말하고 싶어 하는 기독교인들은 자연과 역사(歷史)의 과정에서 하나님의 고난에 참여하는 것에 대하여 말하는 것을 회피할 수 없을 것이다. 해방신학이 가장 분명하게 해 주었듯이, 하나님의 프락시스는 고난받고 억압받는 이들과 연대를 맺게 된다. 직접적으로 신체적·정치적 고난을 받는 사람들과의 연대도 중요하지만, 또 한편으로 마음의 무정함으로, 타락한 의지로, 하나님의 목적과는 반대되는 일을 함으로 고난받는 사람들을 위한 판단과 견고한 사랑의 양식들도 역시 옳다. 여기서 하나님의 프락시스에 관한 신학은 그리스도로서 신실하게 죽으신 예수를 강조해야만 한다. 그 죽음과 그 뒤에 온 부활은 역사에서 하나님이 참여하시고 변형시키시는 일을 구성해 준 전형이라고 할 수 있다. 이 전형은 우리가 살고 있는 이 시대의 역사적 과정에서 구원하시고 변형시키시는 프락시스의 양식을 보고 믿도록 우리를 경고하고, 또한 그것에 참여하도록 격려한다.

결론

다만 윤곽의 개요에 불과하다고 볼 수 있는 이 장에서 제시한 관점은, 하나님의 프락시스와 인류의 계약적 소명이 기독교적이고 성경적인 이미지의 방향을 가리키고 있음을 강조한다. 그렇다고 이 설명이 기독교적 소명의 신학만을 지향한다는 것은 아니다. 오히려, 그것은 인간 소명에 대한 기독교적 이해를 강조하는 것이다. 마찬가지로, 그것은 선교나 공적인 현존, 그리고 교회의 영향에 한정된 하나님의 프락시스 신학으로 제한시키는 것은 아니다. 오히려, 그것은 자연과 역사의 과정에서 훨씬 더 넓은 하나님의 프락시스에 대한 기독교적 이해를 특징짓는 것에 그 목적을 둔다. 하나님의 프락시스가 결코 교회에 국한되는 것은 아니다.

현대성의 끝자락에서, 교회와 신학이 특별하게 부름 받은 것은 하나님의 프락시스가 구별되고 신뢰받는 이미지를 제시하기 위함이다. 우리의 이미지들이 제시된 대로 수용되거나 혹은 그러한 수용이 우리가 주장하는 다른 사람들과의 연대의 조건이 되어 줄 것으로 생각하지 않는다. 포스트모던 시대는 희망과 용기를 중재하는 확신적 이미지들을 필요로 한다. 우리는 정의의 모델과 해방시키는 프락시스에의 관여와 그것이 하나님의 프락시스의 부분임을 이해하는 공동체들을 필요로 한다. 교회는 포스트모던 세계에서 신실한 약속의 삶을 증언하고, 하나님의 사역에서 우리의 존재론적인 소명을 받아들이는 인간의 가능성을 위해 부름 받았다. 하나님의 영의 현존과 권능을 믿으며 그러한 공적 증언과 공적 현존을 제공하는 것은 새로운 세기로 들어갈 때 우리의 소명의 중심에 자리해야 한다.

* * *

나는 이 장(章)의 초고를 예수 그리스도의 오심을 기다리는 대림절 기간에 썼다. 크리스마스 이브에 나는 예수 탄생을 재현하는 연극을 보았는데, 그 연극은 하나님이 인간으로 오심을 재현한 믿을 수 없을 만큼 강렬하고 층을 이루는 묘사였다. 사람들로 가득 찬 교회에서 성가대와 오르간의 지원을 받은 어린이들과 성인들, 그리고 5주 된 아기가 모두 함께 내가 상상할 수 있는 가장 탁월한 신학적인 주장을 재확인할 수 있었다 : 첫째, 우리가 갖고 있는 근원(Source)에 우리의 존재 근거를 다시 두게 해 주었고 ; 둘째, 하나님과 확실하게 연결됨으로써 우리의 불안이 대체되었고 ; 셋째, 우리의 증오를 포기하고 서로를 사랑할 수 있는 능력을 주었고 ; 넷째, 수치심을 해체하고 하나님에게 우리의 가치를 재확인해 주었으며 ; 다섯째, 죄로부터 우리를 놓아 주었으며, 우리의 소명을 회복시켜 주었고 ; 마지막으로, 온전한 은총과 진리이신 말씀(로고스)이 인간이 되셨음을 다시 알려 주었다.

포스트모던 사고는 과연 이런 예외적인 성육신을 감싸 안을 수 있도록 우리의 마음과 심장의 틈새를 다시 열어 줄 만큼 충분히 성공할 수 있는가? 우리의 치유와 회복에 근거가 되는 이 극적인 사건에서 하나님의 프락시스 신학을 포스트모던적으로 개정하는 것에 대하여 주저하지 않을 수 있는가? 우리는 창조와 역사적으로 한계가 없는 구원의 이야기인 '새로운 공통의 이야기'를 '의미들'이라고 하는 한 우주에 담을 수 있을 것인가? 우리 각자는 이런 질문들에 답해야만 한다.

이 장을 끝내면서 이 말을 해야만 할 것 같다 : 내가 그 연극을 보고, 캐럴을 부르면서 나 자신에게 위의 질문들을 하면서 깨달은 것은 '그 이야기는 기독교 지역에서 살고 있는 우리가 알고 있었던 것보다 훨씬 더 강한 공적인 힘과 진실을 담고 있다는 점'이었다. 이만큼 나는 도덕적으로 확신한다 : 하나님의 프락시스는 우리의 교회의 프락시스보다 훨씬 크고 넓다. 계약의 성경적 주제와 하나님과 동반자가 되는 우리의 소명과 상관된 주제는 기독교적 소명으로만 이해할 수 있는 것이 아니다. 공개적으로 제공된 이 고전적이고, 해방시키고, 구원하는 설화의 이야기는 포스트모던 시대에 기독교 영역에 있는 실천신학자들이 해야 할 일이라고 할 수 있는 신앙의 공동체들을 형성하는 데 도움을 주는 개혁의 요소를 보유하고 있다.

제13장
___

하나님과 우리의 후손들과 함께 신앙을 지키는 길

앞 장에서 언급한 실천신학적인 비전에 대한 시험은 우리가 현재 살고, 또 일하고 있는 사회적·정치적 맥락에서 견디어야 하는 도전의 상황에서 우리가 그 관점들을 가져올 때 만나게 된다. 13장과 그다음 장은 하나님의 프락시스 신학과 하나님의 사역에서 동반자로 부름을 받은 것에 대한 그런 종류의 시험을 대표한다. 이 장(章)은 교회와 다른 종교 공동체들이 폭력의 도전들에 — 특히 도심의 어린이들과 청소년 세대를 빨아들이는 위협인 폭력 — 대처할 수 있는 효과적인 지도력을 제공하도록 부름 받았음에 대하여 말하려고 한다. 이 책의 결론 부분에서는 다원적이고 성장하는 포스트모던 사회에서 도덕과 신앙으로 형성된 지도력을 제공해 줄 수 있는 교회 및 교회와 연결된 학교가 짊어질 수 있는 역할들에 대한 관점들을 보여 주려 한다. 이때 변화시키고 이끌어 가는 신앙은 하나님의 프락시스를 따르고 또한 그것과 제휴하는 것에 근거한다.

위기/오늘의 계시록

여기에 나오는 글렌다 존슨(Glenda Johnson) 판사는 조지아 주 풀튼 카운티(Fulton County) 청소년 법원의 재판장이다. 존슨 재판장은 내가 살고 있는 조지아 주에서 가장 넓고 큰 도시의 청소년 재판 관할권을 가지고 있다. 풀튼 카운티는 애틀랜타(Atlanta) 대도시권 중심의 대부분을 포함한다. 최근의 연설에서 존슨 판사는 '청소년 폭력'에 대하여 상심과 격분의 마음을 가지고 말하였다. 비행청소년 법원 판사들의 국가 위원회가 수집한 수치에 의존하여 존슨 판사는 다음과 같은 결과를 알려 주었다 :

- 작년에 미국에서 백만 명이 넘는 어린이들과 청소년들이 비행 범죄 행위와 관련된 사건들로 청소년 법원으로 넘겨졌다.
- 작년에 거의 25만 명의 어린이들이 학대와 무관심으로 법원에 연루되었다.
- 거의 50만 명의 어린이들이 임시로 자신들을 돌보아 줄 후견인을 배정받기 위해 법원의 체제에 연루되었다. 여기 소개하는 수치(數値)는 지난 30년 동안 세 배로 증가되었음을 보여 준다.

존슨 판사는 1985년을 지목했는데, 그해는 코카인 가루가 거리를 휩쓸고 마치 전염병과 같이 전파되던 때였는데, 이때 청소년 범죄와 폭력이 급진적으로 증가하였다. 국가적으로, 1987년과 1991년 사이에 전국적으로 살인으로 체포된 청소년의 수가 85% 증가하였다. 이런 수치를 소개한 후 존슨 판사는 풀튼 카운티에 있는 자신의 관할권으로 말머리를 돌렸다. 거의 비슷한 시기인 1987과 1991년 사이에 풀튼 카운티는 마약과 관련된 범죄가 경이적인 수치인 1,700% 증가하였음을 보여 주었다. 그는 급작스럽게 마약을 수월하게 구할 수 있게 된 것과 위의 수치 사이에 상관성이 있음을 강조하였다. 이 기간에 풀튼 카운티에서 청소년에 의해 저질러진 심각한 범죄가 300% 증가하였다. 그리고 가장 두려운 것은 같은 기간에 1급 살인으로 청소년 법정에 선 어린이의 수가 600% 증가했다는 점이다.

이러한 통계를 보다 인간적인 차원에서 살펴보기로 하자. 존슨 판사가 최근 한 월요일 아침에 자신의 서기가 인사를 하면서 그 주간의 소송 자료 중 주말에 18세 이하의 십 대 5명이 중범죄로 경찰에 체포된 사건도 포함되어 있다는 소식을 들었음을 자세히 말해 주었는데, 5명 중 2명은 가중폭행으로, 또 다른 2명은 살인죄로, 나머지 1명은 강간으로 체포되었다고 하였다. 그러고 난 후 그 판사가 자리에 앉기 전에, 그의 동료 판사 중에 한 사람이 지난주에 특별히 놀라운 법적 의무를 지운 사실을 알려 주었다. 이 사건은 15세 소년이 정신장애가 있는 노숙자에게 주머니를 비우라고 요구한 일과 깊이 관련되었다. 그 노숙자가 핑계를 대고 그 소년의 말을 미처 이해하지 못하자 참지 못한 그 소년은 그의 다리에 총을 쏘았다. 그 사람이 고통으로 바닥에 쓰러져 있는 동안 그 소년은 노숙자의 몸을 뒤져 값어치 있는 것을 찾았다. 부서진 라이터 외에 아무것도 찾지 못한 이 소년은 그 남자의 머리에 총을 정면으로 발사해 머리를 날려 버리는 것으로 자신의 분노와 좌절감을 표현하였다. "15세 된 소년이 사소한 도둑질을 하기 위해 정신장애를 가진 노숙자가 가진 오직 하나인 생명을 탈취한 사건을 다루어야 하는 미국에 있는 우리 사회, 공동체들, 가정들, 학교들은 어떻게 된 것입니까?"라고 존슨 판사는 물었다.

존슨 판사의 연설은 우리 모두가 이미 인식하고 있었다고 믿고 있었던 몇 가지 요인들의 분명한 상관성을 생생하게 해 주었다. 그 인식은 이 나라의 성인사회에 침투해 있는 폭력과 그것을 용납하는 것에 대한 것이다. 이는 '현실'로서 영화와 텔레비전으로 매개되는 폭력을 포함한다 ; 폭력은 가정에서 일어나는 너무 많은 학대와 잔인함으로 인해 발생한다 ; 폭력은 우리 사회의 길거리에서 법 집행자들, 포주들, 마약상들에 의해 무자비하게 채워지고 있다 ; 많은 경찰들이 어린이들과 청소년들(특히 인종적으로 히스패닉 배경과 유색인종)을 향한 잔인성과 호전성을 보여 주고 있다 ; 그리고 모든 폭력은 권총, 엽총, 반 자동 무기, 그리고 급사시키는 소총과 같은 허가된 무기와 불법무기들을 구하는 것이 용이하기 때문이다. 그러나 무엇보다도, 어린이들이 어린이들에게 행하는 이런 폭력은 우리 사회가 그들을 포기했다는 그들의 느낌을 반영하는 것이다. 도심에서 어린 흑인소년들은 어릴 때부터 마약 판매에 대한 유혹을 받는다. 애틀랜타에 있는 카터 센터에 속한 폭력 특별조사단의 프래드 스미스(Fred Smith)는 이런 문제에 연루된 청소년들 중에는 '예쁜 시체'[15]의 이미지를 가진 빠르고 위험하게 위협적인 삶을 선택하는 것을 합리화하기도 한다는 사실을 내게 말해 주었다. 그들의 관점에서는, 위험한 상황에서 아무렇게나 살다가 빛나는 젊은 시절에 죽어서 자신이 속한 지역사회에서 널리 알려진 장례식을 치르는 것이, 성인이 되어 감옥에서 살거나 혹은 교육을 받지 못하고 기회를 얻지 못하여 평생 동안 쓸모없이 사는 것보다는 더 나은 것으로 본다는 것이다. 가정과 흑인 교회의 품에서 형성된 기독교 신앙의 입장에서 연설을 한 존슨 판사는 단호한 목소리로

---

[15] 역자주 : 빨리 살고 일찍 죽는 것이 시체를 예쁘게 만든다는 생각.

자신의 연설을 끝냈다. "이 세대를 위한 송덕문(eulogy, 頌德文)[16]은 없습니다 : 비록 어떤 사람들은 아주 쉽게 그렇게 하려고 하지만, 우리는 이 세대가 구원받을 수 없다는 주장을 인정하지 않을 것입니다. 우리는 이 귀한 아이들을 비인간적인 폭력과 삶을 파괴하는 마약의 유혹과 취약한 교육 체제에 넘겨줄 수 없습니다. 우리는 이들이 없이는 미래를 기대할 수 없습니다 ; 우리는 그들을 포기할 수 없습니다. 이 세대를 위한 송덕문은 없을 것입니다."

우리는 존슨 판사와 그와 같은 지도자들과 함께 신앙과 우리의 결단을 구현할 수 있는 구조를 찾을 수 있을 것인가? 또한 오늘의 어린이들과 청소년 문제에 헌신하는 또 다른 많은 사람들이 이 사회에서 어린이들과 청소년들이 잃어버린 세대의 일원들이 되도록 내버려 둘 것인가?

우리의 소명과 하나님의 프락시스 : 실천신학적 구조

내가 위에 제기한 질문들과 씨름하면서, 내 마음은 한 문제나 혹은 다른 문제에 대한 부분적 해결책들에 뛰어들려는 경향을 갖고 있음을 발견하게 되었다. 나는 실천신학적 관점에서 보다 큰 그림을 파악하고 우리의 접근이 근거로 삼을 필요가 있는 것이 분명해질 때까지 내가 부름 받았다고 말하는 그것을 추구하는 길을 찾지 못한 것 같았다. 나는 여기서 그런 접근의 줄거리를 만들기 위해 앞 장에서 소개한 신학적인 관점에 의지하려고 한다. 희망하기는, 그런 작업이 우리의 용기와 이 과제에 대한 우리의 신뢰를 쌓는 데 초점을 맞추도록 도움을 주기 바란다. 그래서 그

---

16) 역자주 : 고인(故人)의 공덕을 기리기 위한 찬사.

것이 우리의 의무감을 더욱 깊게 하고, 하나님의 프락시스와의 관계에서 우리의 소명을 볼 수 있는 결과를 가져오기를 희망한다.

성경과 기독교의 입장에서 우리 인간은 하나님과 협력하도록 부름을 받은 존재이며, 우리는 하나님의 창조로부터 진화되었다. 우리가 여기서 사용하는 '소명'(calling)이란 용어는 '소명'(vocation)이라는 말이다.[17] (그리스어로는 명사형인 'Klesis', '부름 혹은 소환'〈calling 혹은 summons〉이고, 동사형으로는 'Kaleo'로서 '나는 부르다, 나는 소환하다'〈I call, I summon〉이다 ; 라틴어로는 명사형으로 'Vocatio'이고, 동사형으로는 'Vocare'이다.) 기독교의 관점에서 인간 존재의 의미는 이것이다. 즉, 우리 인간은 하나님과 계약적 동반자가 되기 위해 하나님에 의해 소명을 받은 존재임을 확인한다는 의미를 가진다. 우리는 하나님의 목적의 일부분이 되는 존재론적인 소명을 가지고 있는데, 그 소명은 우리 존재 자체의 구성요소이기도 하다. 물론 그 자체로도 중요하지만, 그것은 단순히 기독교의 소명에 관하여 가르치는 것은 아니다. 오히려 그것은 인간의 소명에 대한 기독교적인 확신이다.

이렇게 본다면, 소명은 우리가 가지는 일이나 직업보다 훨씬 큰 의미를 지닌 단어이다. 소명은 전문직(profession)이나 전문적 직업(career)보다 더 포괄적인 의미를 가진다. 내가 여기서 사용하는 용어인 소명(vocation)은 하나님이 협력자로 부르는 부르심에 한 개인의 삶 전체로써 응답한다는 의미를 지닌다. 이는 어린이도, 은퇴자들도, 자원 봉사자로 일하는 사람들도, 실업자들도 소명을 가진다는 의미이다. 소명은 하나님의 목적과 봉사에서 우리 각자가 협력자가 되기 위해 그분의 부르심에

---

17) 역자주 : 두 단어 모두 소명, 천직의 뜻을 갖고 있다.

응답하는 것이다. 어거스틴은 "당신은 우리를 당신을 위해 만드셨으며, 우리의 마음은 당신 안에서 쉼을 찾을 때까지 불안합니다."라고 말했다. 소명의 관점에서 "당신은 우리를 당신의 협력자가 되도록 창조하셨기 때문에, 우리가 당신의 목적의 일부분인 우리 삶을 위한 목적을 찾기 전까지는 우리의 마음은 불안합니다."라고 말할 수 있을 것이다.

하나님은 개인주의적인 고립 상태에서 우리가 소명을 이루도록 부르지 않았다. 하나님은 다른 사람들과 함께하는 공동체에서 계약적인 관계로 우리를 부르셨다. 특정한 교회들이나 유대인의 회당들에 속한 교인들은 그런 공동체들에 속한 독특한 방법으로 하나님과 계약적인 관계로 부름을 받는다고 이해할 수 있을 것이다. 우리의 가장 친밀한 계약적 결합은 우리의 친구, 연인, 아내와 남편, 부모, 자녀들인 귀중하고 의미 있는 타인들과 맺어진다. 그러나 모든 하나님의 자녀들과 계약적 연대로, 그리고 더 본질적으로는 모든 하나님의 창조로 하나님이 우리를 부르셨다는 더 깊고 더 넓은 깨달음이 있다. 내가 믿기로는, 이는 하나님이 자신의 '정원'을 돌보라는 청지기의 관계로 아담과 하와를 부르신 가장 깊은 의미라고 믿는다. 우리는 하나님의 피조물들과 계약적인 연대에 있어야 하며, 하나님으로부터 그의 정원을 보호하고 돌보는 책임을 받아 지고 있다.

이제 앞 장에서 돌봄과 하나님의 프락시스를 서술하기 위해 우리가 사용한 성경에 근거를 둔 세 가지의 은유들인 창조하시는 하나님, 통치하시는 하나님, 해방시키시고 구원하시는 하나님을 살펴보기로 하자. 하나님의 돌봄과 행위에서 섭리적 양식인 하나님의 프락시스의 이런 각각의 차원들에서 무엇들을 포함할 수 있을 것인가에 관하여 나와 함께 잠시 생각해 보기로 하자.

창조하시는 하나님

여기서 우리는 먼저 150억 광년 동안 확장되고 아직도 진화되고 있는 우주의 계속되는 창조에 대하여 생각한다. 현대의 천체물리학자들이 우리에게 알려 준 바에 따르면, 현재 엄청난 온도와 우리의 이성으로는 파악할 수 없는 압력으로 새로운 별들과 행성들이 형성되고 있는 확장되는 우주의 층들이 있다고 한다. 과학의 탐구와 거룩한 시선의 영향 아래 소우주적(microcosmic), 아원자적(亞原子, subatomic) 수준(level)과 소우주적, 은하계 우주 간의 수준에서 하나님의 창조하시는 행위의 신비에 대하여 우리는 점점 더 강하게 인식하게 되었다. 이 모든 와중에서, 경이로울 정도로 푸른색과 초록빛, 흰색으로 채색되고, 물과 숲과 구름과 신선한 공기를 가진 아주 작은 행성에서 우리는 생명을 가진 무수한 종(種)들을 발견하게 된다. 그중에서 우리는 자아-반성적인 의식과 대단한 소통의 힘을 가진 재능 있는 하나의 종을 발견하게 되는데, 인간인 이 종은 창조주의 이미지를 따라 부름 받고 진화되었다. 인간이 진화되고 부름을 받는 과정에서 창조주는 엄청난 위험을 감수했을 것이다. 시편의 시인은 "당신은 우리를 하나님보다 조금 못하게 하시고 …… 주의 손으로 만드신 것을 다스리게 하시고"(시 8 : 5-6, 저자 의역)라고 말했다. 창조하시는 하나님은 협력자가 될 수 있는 능력을 가진 이 종을 진화시켰는데, 그 방법은 계속 진행되고 있는 창조의 과정을 형성하는 데 인간이 역동적인 부분을 담당할 수 있는 그런 것이었다. 우리의 창조성은 경이적이면서, 동시에 극도로 위험한, 그리고 확장되고 수정되는, 그래서 때로는 파괴를 가져올 수 있고 위협이 될 수도 있는 방식으로 우리가 살고 있는 지구의 계속되는 창조의 일을 하도록 허락되었다.

통치하시는 하나님

우리는 창조의 과정에서 정당성을 탐지할 수 있다. 요소들은 서로 결합될 수 있으나 그것은 오직 정당하거나 혹은 예측할 수 있는 방식에 의한다. 별들과 은하계의 궤도를 유지해 나가기 위해서는 네 가지의 힘(force)들이 있는 것으로 보인다. 그들은 중력, 전자기(電磁氣)의 힘, 강하고 약한 힘이다. 이런 힘들은 독단적이고 불일치되는 것이 아니고, 의지할 수 있고 확실한 것이다. 비록 자연의 과정에서 자유의 느낌은 있으나, 우리는 창조의 형식에서 의미심장한 정당성에 굉장한 감동을 받는다. 유사하게, 인류 역사의 과정에서도 의미 깊은 정당성이 작업하고 있는 것으로 보인다. 앞 장에서 우리는 세계의 위대한 종교들이 그것들을 증언하고 있음을 지적한 바 있다. 간단히 살펴보면 불교의 여덟 겹의 길(Eightfold Path), 힌두 전통에서 말하는 덕(Dharma), 유대교의 토라(Torah) 혹은 길(Way), 그리고 도교의 도(Tao, 道) 혹은 길(Way)이다. 기독교인들에게는 히브리 경전에 자세히 설명되어 있고, 예수께서 몸소 보여 주신 하나님과 이웃을 사랑하라는 법 혹은 계명은 깊은 도덕법의 의미 깊은 구조에 가장 포괄적으로, 그리고 간결하게 보존되어 있다. 통치하시는 하나님의 모형은 역사의 과정에서 올바른 관계성과 정의를 의도하는 구조라고 말할 수 있을 것 같다.

정의를 의도하는 구조에 따르면, 부패와 정의롭지 않은 공동체들은 내적인 도덕적 붕괴뿐만 아니라, 그들의 경계 너머로부터의 반대도 파괴를 가져온다. 그러나 반대는 본질적인 것이다. 왜냐하면 도덕적으로 타락한 집단들은 그들이 파멸되기 전에 죄 없는 사람들에게 심각한 고통을 가져다주기 때문이다. 부모의 죄가 그들의 자손과 그다음 자손, 그리고 그다음 자손에게 자자손손 돌아오는 진실과 비극적인 인식이 있다. 신학자 제임스 콘(James Cone)이 말했듯이 하나님의 사랑의 다른 쪽에는 하나님의 격노하심이 있다.

해방시키시고 구원하시는 하나님

기독교 신앙에서 개인적인 차원과 창조하시고 통치하시는 하나님의 깊이는 예수 그리스도 안에서 해방시키시고 구원하시는 하나님의 행위 안에 사랑으로 드러나고 계시된다. 하나님은 인류의 유한한 자유와 창의성을 하나님의 창조 과정 속으로 접목시키는 위험을 공유할 뿐만 아니라, 인간이 자유를 오용함으로 초래되는 죄 없는 고통 속에도 참여하신다. 인간을 억압하고 착취하는 데 사로잡힌 우리에게 해방과 온전한 인간에 이르도록 재촉하시며 가까이 오시는 하나님의 고통받는 사랑이 있다. 우리 때문에 하나님 자신이 고통받게 되는 고통받는 하나님의 사랑이 있는데, 그것은 온전함을 이루고, 우리가 하나님과 우리의 소외된 이웃들과 화해할 수 있도록 구원과 회복의 가능성을 우리에게 제공해 준다. 이것이 해방시키시고 구원하시는 하나님의 프락시스이다.

예수의 십자가는 바로 하나님의 해방시키시고 구원하시는 사역에 대한 직접적인 비유이다. 십자가에서 우리는 하나님을 향하여 고집스럽게 저항하며 물러서지 않는 개인적이고 집단적인 삶의 냉혹한 현실이 반영되고 있음을 보게 된다. 죄 없는 그리스도의 육체를 찢은 십자가의 잔인함은 아직도 인간의 잠재성을 엄습하고 갈기갈기 찢어 놓고, 공통의 신뢰를 받고 있는 수백만 명의 어린이들의 영혼을 유혹하는 적대적인 악을 드러낸다. 또 한편으로, 그리스도의 십자가는 하나님의 위대한 사랑의 마음과 하나님을 외면하고 대립하는 우리를 교화시키고, 우리를 구원하시고 화해하시는 하나님의 사랑의 범위를 드러낸다. 십자가는 인간의 잔인성과 소명에 반항하는 희생자들과의 연대에 하나님이 참여하시는 고통의 진정한 상징이다.

우리는 하나님의 프락시스의 세 가지 상호 침투적인 차원들을 개관(概觀)하고 그 내용을 보다 풍부하게 해 주는 것에 대하여 설명하였다. 우리는 창조하시는 하나님, 통치하시는 하나님, 해방시키시고, 구원하시는 하나님의 이미지를 일깨워 주었다. 이제는 우리의 공통의 신뢰를 받고 있는 어린이들을 위하는 돌봄의 사업에 협력하는 특별한 연관성을 가지고, 하나님의 프락시스에서 상호관계적으로 협력하도록 부름을 받은 것에 대하여 살펴보도록 한다.

창조하시는 하나님과의 협력

하나님의 창조 행위에서 가장 축복받은 선물 중에 하나는 우리가 생물학적인 부모가 될 수 있는 경이로운 가능성이다. 그러나 어린이들과의 관계에서 하나님의 창조 사역에 협력한다는 것은 다만 우리의 생물학적 자녀들인 어린이들을 돌보는 문제만으로 끝나는 것은 아니다. 상호관계에서 우리가 하나님과 협력하는 것은 문화의 발달과 관련이 있는데, 그 안에서 각 세대의 모든 어린이들을 양육하고 형성하고 교육한다는 의미이다. 이들은 우리가 공통의 신뢰를 가진 어린이들과 청소년들이다.

현재 우리는 기록된 역사의 어떤 시기보다도 영아기의 발달과 그 발달의 다양한 차원들에 대하여 알고 있으면서도, 우리가 알고 있는 지식이 말해 주고 있는 양육과 돌봄을 주는 환경과 지원을 제공해 줄 수 있는 질적인 시간과 자원들을 확보하기 위한 노력은 점점 더 줄어들고 있다는 사실은 굉장한 모순이라고 생각한다. 20세기를 아동의 세기라고 불러도 반대할 사람은 없을 것으로 보인다. 존 듀이(John Dewey)로부터 피아제에 이르기까지, 프로이트에서 에릭슨으로, 마리아 몬테소리(Maria Montessori)로부터 데이비드 엘카인드(David Elkind)에 이르기까지, 최근에 이르러서는 제롬 케이건(Jerome Kagan), 로버트 엠드(Robert Emde), 주디 던(Judy Dunn), 다니엘 스턴, 베티 콜드웰(Bettye Caldwell)과 그 외의 다수 학자들이 금세기를 대표해 주는 학자군이라고 할 수 있다. 우리는 인간 발달에서 요구되는 과제들과 잠재성들에 대한 지도(地圖)를 자세하게 그려 놓았다. 우리는 어린이들의 잠재성들을 온전하게 실현할 수 있도록 일깨워 주는 경험들, 지원과 자극의 종류와 관련된 명백한 표시들의 묶음들을 가지고 있다. 그럼에도 불구하고, 우리 아이들을 교육하는 데 있어서 어린이 각자는 특정 부모(혹은 한 부모)의 소유와 책임임을 확인하는 사적인 개인주의와 인색한 자본주의를 이상하게 혼합한 접근을 하고 있다. 우리는 공공의 학교교육이 순수하고 기본으로 돌아가는 기획이어야 한다는 사실을 거듭 주장하는 것 같다. 그러나 우리는 모든 수준의 교육에서 소년과 소녀들이 그들의 삶에서 잠재적으로 가장 중요한 일이라고 할 수 있는 부모가 되는 것에 대한 준비를 거의 제공하지 못하고 있다.

예를 들어, 어린이들은 본질적인 요구를 채워야 하는데, 그 첫째는 가정에서의 삶, 그리고 나면 어린이집, 학령 전 학교, 헤드 스타트(head start)[18] 프로그램, 유치원, 그리고 그 이후의 학교교육을 토대로 하는 것

---

18) 역자주 : 빈민구제사업의 일환으로 저소득층 자녀가 충분한 교육을 받지 못해 빈곤의 악순환을 겪는 것을 막기 위해 취학 전 아동을 대상으로 시행하는 미국의 교육 지원 제도.

들이다. 내가 사용하는 본질적 요구(ontic needs)라는 의미는 아동이 잘 성장하기 위해, 존재와 평안을 경험하기 위해 어떤 방식으로든 만족시켜야 하는 필요 혹은 요구를 나타내는 것이다. 본질적 요구들은 소속의 경험을 포함하는데, 그것은 인간은 상호적 신뢰와 사랑의 관계에 있음을 의미한다. 그리고 이런 관계는 독특한 개인으로 보여지고, 인식되고, 소중한 존재의 경험이며, 또한 자신이 누구와도 대신할 수 없는 존재이며, 중요한 사람들이 기뻐하는 존재임을 경험하는 것이다.

둘째로, 본질적 요구들 중에는 안전한 자율성과 힘의 경험과 맥락들이 있다. 어린이가 언어를 구사하고 자아-의식을 가지는 단계에 들어갔을 때, 건강한 발달은 아이들 자신의 감정과 경험의 관점에서 주도성을 확인하고 반응할 수 있는 자유를 필요로 한다. 물론, 자율성은 안전한 한계와 범위의 맥락과 부상되고 있는 양심과 가치들의 결합 안에서 추구되어야만 한다.

셋째로, 어린이들은 공유된 의식(儀式)들과 의미들에 대한 본질적 요구를 가진다. 영아기의 까꿍놀이에서부터 좀 더 심각한 의식인 안녕(떠나는 부모가 다시 돌아온다는 데 근거한 신뢰와 함께)에 이르기까지, 잘 운영되는 어린이집에서 삶의 질을 높이는 의식들에서부터 선하고 악한 인물을 잘 묘사한 이야기들을 공유함으로써 어린이들은 크고 혼란한 세상에서 뜻이 통하고 방향감각을 주는 이미지들(혹은 심상들)을 형성하게 되며, 이 과정에서 의식들과 의미들은 그 근거가 되어 준다. 다른 사람들과 의식들과 의미들을 공유하게 되면 무력함, 상실, 변화에 직면해도 그들에게 강력한 동일감과 안정에 대한 방패가 된다.

넷째로, 어린이들은 피난처, 육체의 평안, 그리고 성 정체성 형성의 기회에 대한 본질적 요구가 있다. 이 요구는 적절한 집과 영양과 우선적인 건강관리에 대한 문제를 제기한다. 이는 또한 어린이의 성적 동일시에 대한 요구를 충족시켜 줄 수 있는 사람들의 역할 모델, 그리고 그와의 확실한 상호작용에 대한 요구에 우리가 직면하도록 한다. 22개월에서 36개월 사이에 있는 남자아이들은 성인 남자와 일관된 상호작용을 위한 생리학적이고 정서적인 요구를 가지고 있다. 정신과 의사들은 이를 '아버지에 대한 배고픔'(Father Hunger)이라고 부른다. 이것을 로버트 불라이(Robert Bly)는 성인 남자의 몸이 진동하는 빈도들을 배우고 싶은 남자아이의 요구로 간주하였다. 마찬가지로, 여자아이들도 그들의 인지적·정서적 목록들의 범위를 넓히고 주도성과 새로 익히는 기술들을 시험하기 위해 양성의 성인과 안전하고 일관된 관계를 유지하려는 요구가 있다.

이런 본질적 요구들의 덩어리들이 어떻게 충족되는가는 양심과 도덕에 대한 감각을 형성하는 데 매우 중요한 관련성을 가진다. 가치의 조건들로서 과도한 수치심과 완전함을 요구한다면 그 결과는 거짓 자아를 만들거나 혹은 더 나쁜 상태인 수치심에 묶인 인성(人性)으로 이끌어 갈 수 있다. 또 한편으로, 아동이 살고 있는 세상에서 변함없는 사랑과 효과적인 돌봄을 줄 수 있는 사람들을 대체할 수 없는 상황에서 극심한 학대를 받고 무시당하는 것은 수치심이 상실된 상태와 반사회적 이상성격자(sociopath)의 교활한 분노를 불러일으킬 수 있다.

미국 사회에는 자신을 낳은 부모로부터 양육받지 못하는 어린이들이 점점 더 증가하고 있다. 이런 어린이들의 대부분은 태어나면서부터 폭력, 학대, 그리고 인간 착취와 빈곤에 둘러싸여 있다. 우리가 만일 하나님의 창조의 사역에 협력한다면, 도시들과 주(state)들의 많은 지역에 어린이집과 학교의 역할을 확장할 필요가 있다. 극단적인 경우에는, 지속적으로 폭력과 학대와 무시의 대상이 되는 환경으로부터 어떤 어린이들은 분리시켜야만 한다. 앞으로 올 미래의 시대에는 교회들과 회당들이 이러한 요구가 필요한 어린이들을 돌보고 교육도 시키는 이스라엘의 키부츠와 같은 센터들을 제공하는 데 앞장서야 할 필요가 있다. 이런 어린이들의 젊은 부모들을 위해서는 21세기 경제에서 실제적인 경제적 생존 능력을 배울 수 있는 기회를 포함한 부모 훈련을 위한 저녁 강습회들이 요청되어야만 한다. 우리가 만일 빈곤과 잘못 준비된 양육의 악순환을 완전히 끊어 버리고, 의료와 기본적인 교육적 돌봄을 소홀히 했던 잘못을 끝내기 위해서는, 미국의 거의 모든 주에 있는 도시들과 군(郡)들에서 마샬 플랜(Marshall Plan)과 같은 정책이 필요할 것이다. 우리는 젊은 부모들과 그들의 자녀들을 돕기 위해 21세기의 경제와 그 외의 도전들에서 맡을 역할들을 준비해 줄 교육적인 기초를 다질 수 있는 엄청난 수단들을 개발시켜야만 한다.

통치하시는 하나님과의 협력

우리가 발전시킨 실천신학적 틀 안에서 작업하기 위해, 통치하시는 하나님과 협력하는 일에 대한 소명과의 관계에서 우리는 경제, 정치 도덕 교육, 그리고 법의 시행을 고려해야만 한다. 첫째, 경제에 대한 대처를 보자. 오늘의 사회에서 우리 어린이들을 둘러싼 폭력의 형태들을 만들어 내는 많은 문제들의 뿌리는 기술과 경제의 의미심장한 변화의 결과들에 기인한다. 컴퓨터에 바탕을 둔 기술들에 직면하면서, 기술이 없거나, 어느 정도의 기술을 가진 노동자들을 고용하는 기술들의 소멸이 너무 급격하게 나타났기 때문에 우리가 그런 상황에 적응할 수 있는 시간이 없었다. 동시에, 정치적인 영역에서도 기술적 변화의 급격함이 추구하는 짧은 기간에 얻는 이익을 위해, 이탈자들을 위하여 대체할 수 있는 다른 일의 자원들과 수입의 교체에 대한 고려 없이 이런 상황들을 합리화해 왔다. 노동자들과 중산층들, 상류층에 이르는 모든 수준의 사람들에게 이런 상황은 극단적으로 분열적이 되었다. 경제의 밑바닥에 있는 사람들에게 그것은 파괴적이 되었다. 우리는 길거리와 길거리 경제에 의존해 사는 사람들, 영구적으로 사회의 최하층으로 남을 복지금액(welfare payment)과 돌보는 어린이들에 따라 지급되는 가족원조에 의존해 살고 있는 사람들에 익숙해져 있다. 이런 지위에 수반하는 구조적·사회적 수치심의 조건들은 차치(且置)하고, 이런 상황은 어린이들에게 가장 견디기 어려운 조건들을 가져다준다.

이런 조건들은 많은 젊은이들로 하여금 저항할 수 없도록 마약과 기타의 약물들에 흥미를 갖게 만드는 요인이 된다. 경제적인 절망상태와 정상적인 노력으로는 미래가 없다는 생각이 많은 젊은이들을 마약 판매, 매춘, 범죄행위들, 그리고 또래그룹의 소속감과 보호를 위해 갱 조직에 의존하도록 한다. 수백억 불 규모의 불법적인 마약 산업은 경제적인 보상을 약속해 줌으로써 많은 똑똑한 젊은이들을 끌어들이게 되는데, 이는 그들 부모가 매일매일 일하는 수고로 얻는 수입을 말 그대로 의미 없는 것으로 만든다. 마약으로 번 돈 혹은 마약 판매상들이 16~17세의 청소년들에게 1~2천 불을 지불한 돈으로 자신의 영역을 지키기 위해 암살자들이 되는데, 이는 아주 어리고 심한 분노로 가득 찬 젊은이들의 손에 너무 쉽게 필요한 무기들과 종종 경찰의 무기보다 더 강력한 화력을 구매하도록 만들어 준다.

이런 끔찍한 상황을 변화시키기 위해서는 적어도 삼중의 책략들이 요구된다. 내가 앞에서 언급한 키부츠와 같은 발달센터의 환경이 청소년의 부모들을 위한 양육과 경제적인 기술들이 결합되면, 어린이들을 위한 자존심과 교육적-경제적 생활력의 기초를 다지는 데 도움을 줄 것이다. 부모들을 위한 일자리를 만드는 의미 있는 접근들을 결부시키면 마약경제에 흡수되는 것에 흥미를 갖는 것을 상대화하고 상쇄시킬 수 있을 것이다. 동시에, 자존심과 가정이 회복된 어린이들은 그들의 미래에 대하여 희망을 가질 수 있는 새로운 지평을 열 수 있도록 자극받을 것이며, 그렇게 됨으로써 마약세계와 매춘에 빠질 수 있는 유혹을 덜 받게 될 것이다.

더 나아가, 통치하시는 하나님과 협력한다는 것은 교회들과 시민단체들과 법 집행 당사자들 사이에 새롭고 심도 깊은 협동이 있어야만 한다는 의미이다. 믿을 만한 이유가 있다고 보여지는 마약 조직들에 의해 야기된 경찰과 공무원들의 부패는 선거로 당선된, 그리고 임명된 공무원들에게 이런 짐으로부터 자신들을 자유롭게 해야 한다는 전례 없는 압박을 요구받는다. 우리는 길거리에서 불법적으로 수입을 얻고 배급하는 길거리의 경제적 추적과 정치적인 혼란의 방향으로 가장 용기 있고 머리 좋은 경찰팀들을 돌려야만 한다. 그들이 사업을 하는 것에 높은 값을 매기고, 불법적인 돈 세탁에 엄청난 값을 치르게 하면, 그들의 작전들은 손상되고 결국에는 폐쇄될 것이다. 이것은 하나님의 통치하시는 프락시스에서 하나님과 함께 우리가 협력한다는 것은 우리의 도시들과 마을들에서 범죄자가 된 희생자들을 위해 10년 이상 탁월한 활동을 할 것을 요구한다는 의미이다.

이 사회에서 마약 왕들과 착취의 왕자들과 대결하려는 공적·정부적 차원의 결의를 실현할 때, 우리는 자연과 역사의 과정에서 올바른 관계성과 정의를 지향하는 구조에 우리 자신이 제휴해야만 할 것이라는 사실을 깊이 믿어야만 한다. 미국의 도시들과 마을들에서 젊은이들의 삶이 황폐화되고 노인의 고통을 허용하지 않으시는 하나님의 격노와 심판에 우리 자신이 함께해야 할 것이다. 우리 행동의 실패가 가져올 결과들은 마치 그림을 보듯이 분명하다 : 경제에 침투하는 부패를 허용하는 국가들, 어린이들과 가난한 사람들의 고통을 보고 그들의 마음을 외면하는 국가들은 예언자들이 도움이 필요한 사람들에게 구두를 파는 것을 비판한 도시들과 같다. 그런 사회에 정의를 실현하려는 의도를 가진 하나님의 심판과 파괴는 아직도 확실하고 분명하다.

해방시키시고 구원하시는 하나님과의 협력

예수 그리스도를 통해 하나님이 인간의 형상을 입고 인류 역사에 들어오면서 나타난 사랑은 창조에 나타난 은총을 넘어서고, 심판에서 표현된 정의와 사회를 갱신하라고 요청하는 것을 훨씬 넘어서는 것이다. 하나님은 우리의 유한성과 취약성에서, 우리의 고통과 소외에서 우리와 동일시하기 위해 상상할 수 있는 가장 기발한 극단의 상황까지 가신다. 인간의 유한한 삶의 조건들에 하나님이 참여하시는 것은 우리를 떠나지 못하게 하는 사랑을 드러내 주는 것인데, 그 사랑은 우리가 하나님의 온전한 형상을 회복하는 것을 포기하지 않을 것이라는 그런 사랑이다. 이것은 우리를 재확인하고 구원하려는 가장 값비싼 노력이 없이는 우리의 상실에 대해 간단히 동의하지 않겠다는 사랑이다. 우리는 이런 하나님의 해방시키시고 구원하시는 사랑에 협력하도록 부름을 받았다.

우리는 12단계의 작업과 중독에서 수치심의 역할에 대한 점증되는 이해를 통해 은총이 없이는 수치심과 소외를 위한 치유는 없다는 것을 배우고 있다. 아무리 기술적으로 그 기본이 잘 되어 있고, 또한 효과적으로 제공된다고 해도, 만일 교육이 사랑과 돌봄이 없이 주어진다면 학습자가 동기 유발이 되고, 변형될 수 있는 힘을 발휘할 수 없다는 것을 우리는 알고 있다. 청소년들은 그들의 허세 안에서 그들이 타인의 확인에 목말라하고 성인의 후원과 지원이 요구된다는 것을 볼 수 있는 두려움이 없는 눈과 따뜻한 돌봄의 마음을 가진 사람들을 필요로 한다는 것을 우리는 안다. 그런 돌봄의 부재에서 이들 청소년들은 성인기를 향해 서로를 양육하려는 간절한 노력에서 또래들과 갱들에게로 기울어질 수밖에 없다. 가치와 생존이 자신들의 신체를 다른 사람들이 이용하도록 주는 것에 의존한 사람들은 무딘 정신과 무가치함과 폭력에 대한 심각한 감정을 가진다는 점을 우리는 알고 있다. 요약하면, 폭력과 빈곤이 종종 주제가 되는 어린이들에 대한 개인적이고 사회적인 짐으로부터 구원받고 해방되는 길은, 하나님의 해방시키시고 구원하시는 활동에 희생적으로, 그리고 온 마음을 다해 협력하는 일에 제휴하는 개인들과 집단들의 출현과 헌신이 없이는 불가능하다는 것을 우리는 알고 있다는 것이다.

만일 우리가 이 시대에서 하나님의 해방시키시고 구원하시는 일의 협력자라면, 교역(ministry)에서 가장 결정적으로 중요한 자리들 중에는 미국의 감옥과 교도소의 급격하게 발전된 체계인 빛나며, 첨단기술(high-tech)로 설치되고, 낮은 온기로 채워진 복도들이 있다. 80년대와 90년대에, 우리의 귀중한 자원들을 죄수 일인당, 그리고 새로운 감옥을 짓는 데 쓰는 것이 학교들과 대학들을 지원하거나 혹은 모든 수준에서의 교육을 지원하는 데 쓰는 것보다 더 많았다. 가장 좋은 보호의 상황에서, 원한을 키우고, 가장 나쁜 경우에는 중범죄자로서의 삶에 입문하도록 기초를 닦아 주는 곳으로서, 감옥들은 우리 사회가 다루기에 실패하고 포기한 젊은이들을 가두어 놓는 봉쇄된 환경이 되어 버렸다. 현재 해방과 구원에 근거한 기독교교육과 교역의 관점에서 우리의 감옥체계보다 더 중요한 활동무대는 없을 것이다. 이슬람 국가(Nation of Islam)가 우리에게 보여 준 것같이, 감옥은 복음적이고 근본주의적 신앙이 특별한 기여를 할 수 있는 환경이다. 그들은 개인들을 결정적인 회심 경험으로 이끌어 가고, 분명한 행동적 지침들과 기도와 삶을 새롭게 형성하는 독특한 접근 모델을 제시한다. 우리는 투옥되어 있는 남녀와 그들의 보호자들의 영적인 중심에 심각한 주의가 없이 감옥에 투옥된 상태로서 갱생적 변형으로 감옥의 삶을 전향시키지는 못할 것이다. 하나님의 해방시키시는 영이 감옥에 갇혀 있던 사도에게 찾아온 것이 우연이 아니듯이, 찰스가(Charles Street)에 소재한 감옥에 있던 말콤 엑스(Malcolm X)에게 찾아온 것도 우연은 아니었다. 감옥에서의 시간은 개인 자신과 자신의 상태에 직면하게 되는 밑바닥의 경험을 하게 해 준다. 그 기간은 회개와 용서와 새로운 시작을 보여 주는 새로운 지평으로 수용되는 비교할 수 없는 시간이 될 수 있다. 하나님의 해방시키시고 구원하시는 사랑과 연대한 우리 교회들의 부분으로서 우선적으로 포괄적인 교도소 교역의 발달에 관심을 기울여야 한다.

수치심과 총에 대한 우리의 중독과 숭배

이 장(章)을 쓰는 동안 미국 의회는 300억 불의 범죄 법안(crime bill)을 가지고 논의하였다. 그리고 드디어 통과되었는데, 그 법안에는 19종류의 공격 무기들을 판매하는 것을 금지하는 조항을 유지하도록 되어 있다. 비록 새 법이 효력을 발생하기 전에 이런 무기들과 탄약을 공급받기를 바라는 경기가 좋은 시장의 상인들을 위해 시작된 이 금지의 가능성이 있는 법안에 대한 토론이 잘 홍보되었다는 사실에도 불구하고, 판매 금지는 실제로, 그리고 상징적으로 중요하다. 국립 소총 연합회(National Rifle Association)의 강력한 총기 로비를 패배시키고 처음으로 얻은 입법권인 브레디 법안(Brady Bill)으로 인해 미국의 총기 정책이 무책임하다는 것을 공식적으로 인정하는 결정적 계기가 만들어지기 시작했다. 왜 미국 남성들(여성들도 부분적으로 그 인구가 증가하고 있음.)에게 총기들과 그것들을 소유하는 것이 물신주의적인 힘을 갖게 되었는가? 왜 총기 소유와 아주 자주 타인들에게 그것을 사용하는 것이 미국인들의 마음과 상상력에 그런 힘을 갖게 되었는가?

이런 질문에 대한 답들은 미국 역사에서 초기 식민지 시대로 되돌아가야 찾을 수 있을 것 같다 : 서부로 계속 이동하는 가족들에게 미국의 원주민들뿐만 아니라 사악한 동료 이주민들로부터 자신들을 보호하기 위해 총기들을 필요로 했다 ; 민병대들과 기타 무장한 시민군은 저항했고, 점진적으로 영국군과 영국이 미국 독립 전쟁 때 고용한 헤시안 군(Hessian troops)[19]을 물리칠 수 있었는데, 그것은 오직 그들이 무기들을 갖고 있었기 때문이었다 ; 헌법은 모든 사람이 무기를 소유하고 유지할 권리를 보장한다. 실제로, 국립 소총 연합회는 남북전쟁에서 남부 동맹군의 사격술에 대한 일종의 상업적 기념으로 시작되었다. 남북 전쟁이 끝나고 갑자기 무기시장이 사라지면서 무기 제조업체들은 전쟁이 다시 일어날 가능성에 대비해 미리 준비하는 것이 좋을 것이라고 격려하면서, 일반 시민들로 하여금 친교와 안전을 강화하고, 사격의 정확성을 높이기 위해 총기 클럽을 만들 것을 강조했다. 내가 상상하기에, 그

---

19) 역자주 : 독일의 용병.

때는 아무도 불법적·합법적 자동화기와 공격용 무기의 거래가 도시의 거리를 맹렬한 포격전에 취약한 곳으로 만들어 줄 것이라는 것을 예측하지 못했을 것이다.

미국인은 왜 총에 집착하는가? 나는 이 집착과 매혹의 힘에는 세 개의 근본적인 성분이 있다고 본다. 그것은 (1) 미국적 개인주의 신화 ; (2) 미국의 개인적인 자경단원(自警團員) '정의'의 전통 ; (3) 인정되지 않은 수치심의 역동성이다. 간단히 그려진 이 생각들에서, 나는 그 세 가지 성분들이 이 사회에서 부분적으로 어떻게 약함에 대한 억압된 공포와 부적절함, 그리고 폭력과 관계되어 있는가를 보여 주려고 한다. 그리고 그것이 어떻게 평등과 긍지와 복수의 상징으로 총을 소유하고 사용하게 되었는가도 보여 주고 싶다. 이런 그림을 제공하는 것은 이 사회에서 개인적이고 사회적인 소외와 계급과 인종과 기타 다른 분열의 원인들에 근거한 억압되었거나 혹은 무시된 개인적이고 사회적인 수치심의 차원들에 초점을 맞추도록 하기 위해서이다.

1. 미국적 개인주의 신화

17세기가 시작되는 때부터 북미(North America)에 온 새 이주자들은 이 땅을 개인적인 기회와 성공을 이룰 수 있는 곳으로 생각했다. 연방주의 신학의 계약적 이미지는 1780년대에 지나치게 움츠러들어서 개인적 권리들에 대한 언어가 미국의 건국문서에 공유된 선과 덕목들에 대한 공적 명확성이 심하게 형평성을 잃게 해 주었다. 종종 확대된 가족, 인종적 연대, 그리고 공유된 종교적 이상(理想)과 같은 요인들이 지니고 있는 본질적인 역할을 가볍게 봄으로써, 이 나라는 개인적 상상력, 에너지, 결단력, 그리고 충동의 승리에 대한 신화가 자리 잡게 해 주었다. 만일 어떤 사람이 이런 상황에서 성공한다면, 그 성공은 개인주의적 어휘로 파악된다. 예컨대, 그 남자 혹은 그 여자, 그리고 다른 개인에 의한 성공이라고 표현된다. 기업과 직업윤리의 천국에서 성공이나 번영에 실패하면 그 사람의 부족함에 대하여 내적인, 종종 외적인 심판으로 몰아간다.

개인주의에 대한 이런 신화가 하나님의 편애의 신학들과 서로 얽히면서 성공한 개인들의 우상화는 하나님의 축복으로 포장되고, 반면에 실패자나 성취하지 못한 사람은 하나님의 사랑을 받지 못한 것으로 이해되었다. 자긍심/수치심의 축은 개인주의 신화의 왜곡이 만들어 낸 것인데, 그것은 깊이 뿌리 내린 원한과 격분에 크게 자극을 받지만 신화가 제공하는 이념적 적법성 때문에 억압된다. 사회적 불평등의 구조가 가져다주는 결과에 솔직하게 이름을 붙일 수 없었는데, 그 이유는 표면상으로는 계급 특권에 대한 유전적인 양식들이 없었기 때문이었다. 지금까지도 질문을 받은 미국인들 중에 80%는 '중산층'이라고 주장하는 것으로 나타난다. 가난한 사람의 재산과 집(그의 성〈castle〉)은 그의 노력은 아직 성공적이며 자동적인 위엄(威嚴)의 근거를 상징하는 것이다. 문이나 혹은 대문에서 총을 겨눌 때, 그는 어떤 사람과도 동등하였다. 관습과 법에 따라 그는 자신의 집과 위엄을 방어할 합법적인 권리를 가졌다. 총에 애착을 갖는 것은 위엄과 재산의 안전에 대한 권리를 가지고 있다는 의식적인 감각과 개인적인 실패나 혹은 희생에 대한 억압된 감각에 기초를 둔다.

2. 미국의 개인적인, 그리고 자경단원(vigilante) 정의의 전통

정의에 따르면, 서부개척지(frontier)와 신흥도시(boomtown)는 성립된 합법적인 기관들과 경찰기관들의 중재 없이 혹은 종교적, 또는 시민 연합의 적절한 영향 없이 사람들이 상호작용하도록 한다. 상호적 보호와 권리의 주장을 위해 무장을 하고, 갱단이나 조직에 가입하는 것은, 위에서 언급한 배경 아래서 일어나는 사회적 발달 과정에서 피할 수 없는 단계를 보여 주는 것이다. 이후에 미합중국이 된 그런 정착에서 변경들이나 신흥도시들이 가지고 있던 상황들은 계속 개발되었다 : 처음에는 영구적인 정착을 이루기 위한 서부로의 이동이 있었고, 다음에는 동부의 해안 도시들에 몰려든 가난한 이민자들과 후에는 걸프만과 태평양 쪽에서 오는 성공적인 물결들이 있었다. 이런 요인들에 인종적이고 종교적인 편견과 경쟁을 더하게 되면서, 폭력적 충돌을 가중시키고 개인적 혹은 집단적 보호와 주장을 위해 무기들에 의존함을 보기 시작하게 되었다. 폭력은 미국 파이와 같은 것이다. 그리고 개인적인 무기들 — 권총, 총신이 짧은 총 혹은 사냥용 총 — 은 변경, 신흥도시, 현재로는 미국의 주요 도시들의 도시폐허에서 위협, 동등화 혹은 복수를 위한 도구로 자리 잡게 되었다.

3. 인정되지 않은 수치심의 역동성

미국 사회에서 수치심은 넓게 숨겨진, 그러나 심각하고 유독(有毒)한 현실이다. 앞에서 내가 말한 바와 같이, 개인적 성취와 성공의 미국적 신화가 지니고 있는 어두운 측면은 억압된 열등감, 부적절함, 그리고 사람들이 최고의 성취가 아니라고 느끼게 되는 인간적 결함이다. 최고의 성취(nonoptimal achievement)가 아니라는 것은 근본적으로 신축성이 있는 개념이다. 백만장자에게 그것은 억만장자가 아니라는 말이다. 비교적 안정된 중상층의 지배인이나 혹은 전문직을 가진 사람에게, 그것은 직업을 잃었거나 혹은 환자 보호에 필요한 보험이 깎일 때 울타리가 되어 줄 유가증권이나 혹은 저축과 연결된다. 이런 개인적 실패에 대한 불

인정은 미국의 소비적 사회의 충동에 연료를 공급하는 것이다. 많은 저소득자들 그룹에게, 월-마트(Wal-Mart), 케이 마트(Kmart) 혹은 이들과 유사한 마트들은 평등과 최고의 성취를 주장할 욕심을 가진 사람들의 사원(寺院)들이다.

어떤 저울에 달아 보아도 최고의 성취를 위한 경쟁의 순위에서 벗어난 사람들은 이 사회에서 깊은 치욕을 짊어진다. 이런 치욕은 '영구적인 하층계급'이라는 단어에서 명백하게 드러난다. 나는 이미 앞에서 미국 도시들의 중심에서 마약과 폭력이 활발하게 증가하는 현상 사이에 관계가 있음에 주의를 환기했다. 엄청나게 발달하는 하이-테크 사회에서 경제적인 기회로부터 제외되었다는 느낌을 갖는 것은 하층계급에 속한 젊은 남성들과 여성들로 하여금 마약과 매춘에 관련된 활동들에 유혹될 수 있는 취약성을 갖게 만든다. 인종, 계급, 빈민가로 변한 생활공간들, 안정된 가정, 교회, 이웃 기관들의 정서적 지원의 결여가 가져오는 모욕감에 직면한 많은 젊은이들은 사회적 수치심이 가지는 포용적인 한계를 넘어서게 한다. 이런 엄청난 수치심의 지표들을 상쇄하기 위해 그들은 부인과 억압의 극단적인 형태, 그리고 명백한 파렴치함(shamelessness)의 태도를 받아들인다. 강압과 폭력의 길을 통하게 되는데 그들은 "당신은 나를 보게 될 것이고 나를 무시하지 못할 것이다 ; 당신은 나에 대한 두려움을 통해 나의 권력과 힘을 곰곰이 생각하게 될 것이다. 총을 발사하여 당신을 죽일 수 있기 때문에 나는 힘이 있는 사람이다. 내가 만일 가치가 없다면, 분명히 당신의 생명은 나에게 가치가 없다."고 말한다. 치명적인 무기로 인한 '예쁜 시체'와 지위에 대한 신화들은 함께한다. 그 둘은 모두 깊이 뿌리 내리고 퍼지는 수치심의 억압에서 발생되는 깊은 절망과 격노를 반영한다. 다시 한번 말하지만, 총기는 억압된 수치심을 다루는 필사적이고 파괴적인 상징이며 도구로 작용한다.

미국 사회에서 총에 대한 매력과 그 사용을 감소시키기 위한 우리의 노력은 사회와 학교와 종교 공동체에서 교육에 대한 임무를 통하여 내가 여기서 소개한 요인들의 종류를 다루기 시작하지 않고는 성공할 수 없다.

결론

몇 년 전, 전 대통령 지미 카터(Jimmy Carter)는 내가 살고 있는 도시인 애틀랜타를 향한 도전을 명료하게 표현하였는데, 그 도전은 이 책에서 내가 소개하기 시작했던 실천신학적 비전에 몇 가지 중요한 점에서 영감을 주었다. 1994년에는 수퍼 볼(Super Bowl)[20]이 열리고, 1996년에는 올림픽이 열리는 애틀랜타는 굉장한 흥분을 경험하고 있다. 애틀랜타 시민들은 이 도시가 '세계적인 도시'라고 말하는 사실을 배우고 있다. 애틀랜타의 도심에 있는 시립병원인 그래디 병원(Grady Hospital)에서 일하고 있는 에모리 대학교(Emory University)의 의사에게 영감을 받은 카터 대통령은 우리 모두에게 냉혹한 도전을 제시했다. 1988년 민주당 전당대회를 준비하면서, 그는 어떻게 미국이 집 없는 노숙자들을 밀어냈고, 어떻게 다리와 버팀 다리 밑에 합판이나 두꺼운 종이로 만든 집인 달동네들과 판잣집 촌을 불도저로 철거하고 제거하여, 텔레비전의 카메라와 외국 기자들이 '인간의 눈물로 인해 우리의 희고 부드러운 섬광과 밝은 도시'를 보게 하였는가를 회상했다. 그는 학교 실패, 길거리에서 살고 있는 집 없는 남자와 여자, 그리고 가정들, 가장 가난한 시민들을 위한 건

---

20) 역자주 : 미식 축구의 결승전으로 미국에서 가장 큰 스포츠 연례행사 중 하나로 이해된다.

강관리에서 비참할 정도로 부족한 현실, 그리고 주택 프로젝트(housing project)에서 폭력과 마약과 관련된 범죄의 소용돌이치는 심층적 차원의 문제에 대한 통계수치를 지적해 주었다. 그러고 난 후, 그는 적어도 90년대에는 어디에서도 착수될 수 있었던 공동체 갱신을 위한 가장 포괄적인 접근에 착수해야 한다는 도전을 우리에게 보여 주었는데, 그것이 바로 애틀랜타 프로젝트(Atlanta Project)이다.

애틀랜타 프로젝트를 제안하고 그 계획을 착수한 사람이 신앙인이라는 것에 놀라지 말아야 한다. 초월하시고 자신의 사역에 우리를 포함하시는 하나님의 프락시스에 깊은 신뢰를 가진 사람들이나 공동체들은 카터가 제안했던 일종의 도시 갱신을 위한 포괄적인 비전을 맡을 권능을 부여받게 될 수 있다. 만일 우리가 하나님의 창조하시고, 통치하시고, 구원하시는 섭리의 부분이 되기 위한 우리의 소명을 보고, 또한 끌어안는다면, 아마도 우리에게 글랜다 존슨 판사가 그토록 깊이 고뇌하며 관심을 보여 주었던 어린이 세대의 교정을 지속할 수 있는 담력과 끈기, 그리고 희망이 주어질 것이다.

제14장

미개한 사회에서의 도덕과 신앙의 형성

아동기의 소멸

현대에서 아동기와 청소년기의 출현을 비교하는 것은 도덕과 종교적 양육, 그리고 시민권을 지향하는 교육적 지원을 제공하기 위한 노력이라고 하겠다. 우리는 미국에서 최초의 식민지 마을 학교들의 형성에서 교회들이 감당한 엄청난 역할과 18세기와 19세기 초 공장과 농장에서 일하던 어린이들 중 많은 수의 아동들에게 교육적인 노력을 시작한 주일학교 운동을 기억할 필요가 있다. 주일학교 운동은 후에 도덕과 시민권을 위한 보편적인 교육에 미국이 헌신하는 데 매개물이 된 소위 보통학교(common school)라고 불리는 교육에 열심을 쏟게 되는 계기가 되었다. 보통학교와 함께 성공회, 루터교, 천주교, 개신교가 설립하고 운영하는 교구학교(parochial school)의 활력이 넘치는 조직이 있었고, 그 외에도 히브리 학교와 다양한 유형의 예시바(yeshiva)[21] 학교가 있었다. 종교적 신앙 공동체들은 이 모든 운동들의 중심적인 동기가 되는 추진력으로써의 역할을 했다.

1950년대에서 1980년대에 이르는 기간은 미국 사회에서 어린이들과 청소년들을 인식하는 최상의 시기로 특징지을 수 있음이 점점 더 분명해지고 있다. 그 시기는 미국의 정책들과 민간의 관습은 평등과 자유, 그리고 얼굴색이나 인종적 뿌리, 성과 사회적 계층에 편견이 없는 미국의 국가적 이상들에 일치하는 우리의 사회적 실천을 가능하게 하는 도전을 했음을 기억하는 것도 가치 있는 일이다. 앞에서 언급한 대로, 이 최근의 세기(世紀)들을 회상해 보면서 나는 역설을 발견한다. 실제로 아동과 청소년의 발달에 관한 포괄적이고 풍부한 관점들을 제공해 준 믿을 만한 폭발적인 연구와 이론이 있었다. 금세기, 그리고 특히 1950년에서 현재에 이르는 시기는 '아동의 세기'라고 불렸고, 그것은 옳은 것이었다. 그러나 바로 이 시기에 이 사회에서는 아동 학대, 아동 방치, 어린이들에게 직접 향하는 분노와 가혹한 통제가 점증되고 있음이 현실임을 인정할 수밖에 없는 시기이기도 했다. 현재 우리는 이 나라에서 도덕적인 발전과 정의와 연민(compassion)의 사회적 양식을 실현하는 데 버팀목이 되었던 보호와 지원 및 도덕과 신앙의 양육이 상실될 수 있는 위험에 연루되어 있는 것을 보고 있다. 이런 침식은 아동기의 소멸에 심각한 위협으로 다가온다. 아래에서 좀 더 자세히 살펴보기로 한다.

10년 이상 아동기와 청소년기에 대한 견문이 있는 학자들은 가중되는 강도와 압박감의 폭넓음, 그리고 학교생활과 연결되는 기술의 조숙한

---

[21] 역자주 : 주로 탈무드를 교육하는 학원, 높은 수준의 탈무드 연구를 하는 대학.

숙달을 자세히 기록해 왔다. 이런 노력에는 어린이들을 아주 어릴 때부터 어린이집과 보육 학교(nursery school)에 배치하는 운동이 수반되었으며, 이는 어린이들이 가질 수 있는 비구조적이고, 목적 지향적이 아닌 시간을 급격하게 줄어들게 하였다. 중산층과 중상층(upper middle class)의 어린이들은 음악, 독서, 컴퓨터 사용법, 댄스, 그리고 조직적인 체육 분야에서 혹독한 가르침을 받았으며, 이는 성공과 성취에 대한 요구를 높여 주었고, 이런 상황은 가치에 대한 기대들과 조건들에 새롭게 한 겹을 더해 주었다. 우리는 이제야 그런 높고 구조화된 기대들이 어린이들의 영혼에 미치는 함의(含意)를 알아보기 시작했다. 뉴욕의 교육자 케이 호프만(Kay J. Hoffman)은 "초기 교육의 지성화의 경향은 위험한 것이다. 나는 더 많은 어린이들이 준비되기 전에 어른과 같이 생각하고, 말할 수 있게 하는 그들에게 부과된 엄청난 압박감 때문에 높은 수준의 불안과 학습과 관련된 문제를 가지고 있는 것을 보고 있다."고 말하였다(인용 : Franks 1993, 32). 작가 루신다 프랭크스(Lucinda Franks)는 "말이 많은 어린이들은 그 단어들을 이해하지 못하고 사용하는데, 그것은 마치 성인 영역의 동전과 같다."고 하였다. 이 작가는 그녀의 연구에서 어떤 의사의 말을 인용하였다. 그 의사는 "어린이들이 성인의 단어들을 사용함으로써 어린이로서의 자신들의 경험을 멀리하게 됩니다. 내가 실험한 어떤 4살 된 아이는 계속 방 밖으로 뛰어나가곤 했는데, 그 아이는 자신의 '집중'을 가지러 가야 한다고 했지요. 그 아이는 그냥 아이가 될 수 없었고, '나는 이 실험을 하기 싫어요.'라고 말할 수 없었습니다. 그 아이는 나를 실망시키는 것이 두려웠기 때문에 아이가 거의 이해하지 못하는 성인의 개념을 따라해야만 했습니다."(Franks 1993, 32)라고 말하였다.

이 책의 앞부분에서 언급한 대로 실패에 대한 두려움, 부모의 기대를 성공적으로 만족시키기 위해서 어린이들은 종종 위니캇과 앨리스 밀러가 말한 '거짓 자아'를 만들어 낸다. 모든 면에서 성공하고 성취하려는 노력의 대가는 우리 아이들이 그들의 마음에서 진리의 장소를 찾는 것을 상실하고, 자발성의 상실과 상상력과 환상의 자연스러운 발달을 부정한다는 의미가 된다. 그토록 무거운 초기 아동기의 교육 프로그램에 성공한 어린이라고 해도, 그 대가는 소진(burnout)과 10~11세의 어린이가 지녀야 할 목적과 의미로부터 심각하게 소외되는 것일 수 있다. 실패했거나 그런 기회들을 제공받지 못한 어린이들은 수치심과 자기-회의가 진정으로 타격을 주는 방식으로 확대될 수 있다.

모든 계층의 어린이들에게 '아동기의 소멸'에서 두 번째로 중요한 요인은 이 사회에서 텔레비전 화면과 컴퓨터 게임의 폭발에 따른 이미지와 정보의 지배적인 기술적 매개체들과 함께 온다. 텔레비전 프로그램들은 강력하게 침투되고, 잠재적으로 이미지들에 영향을 주는데, 종종 감독을 받지 않은 채, 어린이들과 청소년들은 그들이 원하는 텔레비전 프로그램을 찾으려고 밤과 낮으로 채널을 돌리는 일에 노출된다. 교직 경력이 오래된 교사들의 일화적(anecdotal)인 증거가 어쩔 수 없이 시사하는 것은 주의력 부족 장애가 이 나라의 교실들에서 눈에 띄게 확대되고 있으며, 과잉행동과 적대적이고 폭력적인 행동의 실현 양식들이 눈에 띄게 늘어나고 있다는 점이다. 그에 더하여, 놀이터에서 노는 활동들의 내용도 영화 "람보"(Rambo)와 "터미네이터"(Terminator), 그리고 "닌자 거북이"(Teenage Mutant Ninja Turtles) 시리즈와 같은 '전체적 파괴를 가져오는 폭력'에 점점 더 많이 의지하고 있음을 볼 수 있다. 좋은 사람이나 나쁜 사람이나 모두 냉혹하며, 전멸과 완전한 파괴를 위한 전략들과 무기들, 그리고 기술들을 사용하려는 의지를 놓고 볼 때 '좋은 사람'과 '나쁜 사람'을 구분하기는 점점 더 어려워진다.

우리 사회는 부드러우며, 충성스럽고, 공감적인 이해를 바탕으로 하는 관계보다는 인간에 대한 폭력과 경직된 마음을 표현하는 현실의 상태를 승인하려는 대단한 의지를 보여 준다. 범죄자들과 사회를 방어하는 사람들 때문에 잔인함과 폭력이 지속적인 내용이 되는 프로그램과 뉴스 방송의 포화를 가져왔고, 이는 젊은이들로 하여금 허세와 억셈의 결합을 껴안도록 압박한다. 그리고 그 압박은 불안한 절망의 잠재적 상태를 감출 수 있다. 놀이터들에서의 학살들과 무기들이 학교로 비밀리에 들어오면서 요즘의 학교들은 언쟁과 갈등으로 높은 수준의 불안의 값을 치러야 하는데, 이는 그들의 부모 세대들은 다룰 필요가 없었던 불안의 수준이다. 루신다 프랭크스의 주장은 오늘 미국 학교에서 교육받고 있는 많은 학생들에게 적용할 수 있을 것이다.

> 몇 십 년 동안 어린이들은 점점 더 빨리 성장해 왔으며, 새로 부상하는 세대는 이전 세대보다 더 조숙하다. 그러나 특히 오늘의 중산층과 중상층의 수입을 가진 가정들, 특히 미국의 도시에 살고 있는 가정의 12세 이하의 자녀들은 우리가 알고 있었던 아동기를 재창안 — 혹은 우회하는 — 한 것으로 보인다. 그들은 자존심과 독립심, 그리고 강한 의지를 가지고 있으며, 세속적인 지혜를 지니고, 도덕적으로 심각하다. 그들은 도전하고, 권위에 회의를 가지며, 외적 가치를 무시한다. 간단히 말하면, 그들은 성숙하기 오래전에 이미 성숙의 세계로 들어간다. …… 나는 때때로 우리 성인들은 우리 아이들이 부모를 실망시킬까 봐 얼마나 심각한 두려움에 떨고 있는가를 모를 것이라는 생각을 한다. 특히 아이들이 부모들에게 중요하다는 점을 느끼게 하는 부담을 주기 때문에

그런 두려움은 클 수밖에 없다. 어떤 때는 그들의 나서기 좋아하는 것도 허세로 보인다 ; 간단히 말하자면, 그들은 잘못을 하면 안 되는 것이다. ……

마치 식물원에 있는 난(蘭)을 돌보듯이 우리가 그들의 발달 너머에서 배회한 것은 태만의 죄가 아니겠는가? 아이들을 우리의 일상생활에 통합시킴으로써 결국 우리는 그들이 아이다운 일을 할 수 있는 자유를 빼앗은 것은 아닌가? …… 우리의 독립적인 아이들이 우리가 그들을 우주의 중심으로 만들어 준 것에 대해 감사할 것인가, 아니면 우리는 그들이 결코 다시 얻을 수 없는 아동기를 빼앗은 것인가?(Franks 1993, 31, 32)

미개한 사회의 도덕적으로 부식된 환경(Corrosive Environment)

최근 애틀랜타에서 어느 금요일 아침에 친구를 마중하기 위해 공항으로 운전을 하며 가고 있었다. 나는 도심의 교통 상태를 알아보기 위해 AM 750 라디오 발송을 틀었다. 오전 9시에 하는 지역 방송의 토크쇼 호스트는 닐 부어츠(Neal Boortz)였다. 나는 그의 쇼를 이전에도 들은 적이 있어서, 그가 내가 지지하는 정당과는 반대되는 정치적 성향을 갖고 있는 것을 알고 있었다. 그러나 나는 라디오가 켜진 대로 그냥 두었다. 그의 오전 프로그램을 시작하면서, 「애틀랜타 콘스티튜션」(*Atlanta Constitution*)[22]에 실린 이야기를 편향되고 생략된 상태로 소개했는데, 그 이야기는 조지아 주 챔블리(Chamblee)에 있는 3천 명의 고용인들이

---

22) 역자주 : 신문 이름.

딸린 IRS[23]의 사무실에서 두 눈먼 시각장애인이 운영하는 자동판매기 사업을 폐쇄했다는 내용이었다. 부어츠는 '청취자들을 짜증나게' 하려는 의도를 가지고 말했다.

그는 시각장애인들을 언급하면서, 그들이 '시각적으로 손상된' 자들이라고 부르면서 조롱했다. '이 사람들은 장님'이라고 그는 말했다. "그들은 주변의 물건에 걸려 넘어지고, 지팡이를 짚고 걷습니다. 그들은 장님이에요! 여러분, 이해하시겠어요?"

IRS 센터의 상황에 대한 그의 해석에서, 교육부가 능력이 있는 장애인들에게 연방 사무실들에서 사업을 개발할 수 있는 기회를 갖게 하는 정책을 수립했다는 이유로 교육부를 비난했다. 그는 "연방 사무실 청사를 사용하여 누구에게나 시민의 세금으로 특별한 기회를 갖게 하는 연방 정부가 하는 사업은 무엇입니까?"라고 물었다.

그리고 나서 그 이야기의 핵심으로 돌아와서 말하기를, IRS 청사가 지난 회계연도에 청사에서 운영하던 카페테리아 사업에서 16만 불의 손해를 입어서, 그 자동판매기를 처분했다고 지적했다. IRS는 그 손실은 자동판매기 운영권에 책임이 있다고 했는데, 그 이유는 카페테리아와 경쟁을 했기 때문이라고 했다. 여기서 그는 시각장애를 가진 운영자들의 효율성과 성공을 벌준 바보 같은 IRS 매니저들에게 호통을 쳤다.

그가 무엇을 할 생각이었는지를 말하기가 참으로 힘들다 : 그는 모든 사람들에게 반대하고, 모든 것에 반대했다. 그가 언급하는 모든 사람들은 속이 좁고, 바보고, 엽기적이고, 그리고 이 나라의 선한 백성들을 등쳐 먹을 의도가 있는 것 같아 보였다. 그리고 나서 그는 효과적으로 그

---

23) 역자주 : 'Internal Revenue Service'의 약자로 미국 국세청을 칭하는 기관.

의 청취자들을 짜증나게 하려는 희망을 가지고, 전화를 받기 시작했다.

두 번째로 전화를 건 여성은 예의 바르게 말하는 흑인 여성이었는데, 그 여성은 가까운 교외에 있는 지역인 스머나(Smyrna)에 있는 학교를 부수고 들어간 십 대들과 관련된 질문을 겨우 하기 시작하였다. 그 여성이 미처 질문을 마치기도 전에, 부어츠는 증오가 가득한 목소리로 폭발하였다. "캐드린, 당신은 왜 내가 흑인 애들의 이름들은 방송에서 말하면서 스머나에 사는 그 백인 애들의 이름을 언급하지 않느냐고 묻는 겁니까? 나는 당신이 무엇을 하려는지 알고 있어요!"(흑인 십 대가 중학교의 얼음통에서 20불 정도어치의 아이스크림을 훔쳤다는 이유로 3년의 선고를 받았으나, 항고하여 취소 판결을 받아 승소한 문제에 대한 전화가 쉴 새 없이 오고 있었다.) 흑인들이 사용하는 미국 남부 사투리를 조롱하듯 흉내 내면서 그는 말을 이어 갔다. "당신이 말하는 흑인 애들처럼 왜 백인 애들의 이름에 대해서는 논의하지 않느냐고요?" 그리고는 다시 그의 증오로 가득 찬 목소리로 돌아와서는 "나는 당신이 무얼 하려고 하는지 알아요, 캐드린! 당신은 고집불통에, 바보야!"라고 말했다.

나는 충격을 받았다. 이런 일은 처음이었다. 방송에서, 부어츠는 다른 사람에 대한 존중심이 전혀 없다는 것을 보여 주었다 ; 그는 인종 집단에 대한 솔직하고 악의적인 풍자에 관여하였다 ; 그는 문명사회에서 우리가 따르는 공평함과 서로에 대한 기본적인 존중을 상스러운 입으로 경멸하였다. 공항으로 향하는 20분 동안 이 남자의 방송을 듣는 것은 마치 오염된 물질로 목욕을 하는 것과 같았다. 그의 지독하고 추한 화법(話法)은 그와 다른 사람들을 더럽게 무시하는 모든 편견, 모든 작고 비뚤어진 형태에 정당성을 부여했다. 그의 독액(毒液)은 우리가 관점과 관심에서 뿌리 깊이 내려 있는 차이를 정의와 평화로운 해결에 바친 문명사회에 대한 어떤 희망이라도 가지기 위해서는 넘어서는 안 될 선을 넘었다. 우리의 어린이들과 십 대들이 그와 같은 방송을 듣는다. 그들이 서로, 그리고 종종 부모들과 혹은 교사들과의 상호작용에서 방송에서 들은 그 목소리와 종종 욕설과 경멸의 언어를 사용하고, 그들에게 '쿨'(cool)하게 보이는 그 방송인과 같은 공인(public personality)들을 모델로 삼는다.

미국 전역에서 다른 정치적 확신을 가진 토크쇼의 사회자들이 우리를 분열시키는 주장에 근거한 이슈들에 대한 토론을 위해 통과시켜야 한다고 선전하면서 넘어서는 안 될 같은 선(線)을 정기적으로 넘는다. 래퍼들은 그런 모욕들을 향해 강력한 공격적 이미지로 응답하고, 그들이 이 사회에서 억압하는 자로 보는 권위에 대항하는 폭력을 부르고 그것에 일종의 정당성을 부여한다.

미국은 세계에서 공적 소통에 있어서는 가장 주목할 만한 능력을 가진 나라이다. 동시에, 문자 그대로 모든 정치적인 논쟁을 도구적 유일신교나 혹은 개인주의적 논의의 수준으로 낮추는 것을 허용하는 나라이기도 하다. 즉, 초점이 어떤 것이 효과가 있으며, 광대한 불평등의 사회에서 이익을 얻기 위해 경쟁하는 사람들에게 가장 이익이 되는 것은 무엇인가에 맞추어진다는 의미이다. 아주 가끔 우리는 공정성, 공평성, 그리고 우리의 집단이나 혹은 계층의 이익이 가장 낮은 공통분모 너머의 누구라도 초청받을 수 있는 정의의 진정한 원칙들이 논쟁과 토론의 형태로서 작동되는 것을 목격한다. 우리 도시들의 방치된 수치심은 로드니 킹(Rodney King)을 구타한 경찰을 무죄 방면한 사건 같은 것이 로스앤젤레스(Los Angeles)에서의 대 파괴를 촉발할 때까지 쌓여 가게 된다는 것은 이상한 일이 아니다. 우리 어린이들과 청소년들을 향한 메시지는 분명하다. 그 메시지는 중요한 성인들은 사소하고 유치한 방식으로 서로 상호작용한다는 것이며, 거기에는 문제가 될 만한 진정으로 옳은 것과 잘못된 것은 없고, 다만 비열한 행동과 정서적 폭발만이 있다는 것이다.

거의 매일, 어린이들과 청소년들은 살인적 폭력을 사용함으로써 갈등의 해결책에서 명백한 학습을 한다. 뉴스 방송들에서 그들은 종종 지인들이나 가족들과 논쟁하다 총에 맞거나 칼에 찔려 사망한 사람들이 장의사나 병원으로 실려 가는 민간인들의 이미지들을 본다. 우리 아이들은 낙태라는 폭력을 낙태 클리닉에 속한 의사를 살해하는 것으로 답하는 장면을 본다.

세계에서 가장 부강한 경제력을 가진 나라에서, 우리 어린이들과 청소년들은 노숙자와 노숙가정들의 수가 증가하고 있음을 고통스럽게 인식하고 있다. 이들은 이 나라에서 프로 운동선수들에게 엄청난 액수의 돈이 지불되고 있는 것을 보며, 주요 기업의 임원들이 받는 월급과 보수와 같은 회사에서 일하는 사원들의 보수 사이에 굉장한 불균형이 있음을 모르지 않는다. 최근의 연구에 따르면, 「포춘」(Fortune)[24]에서 발표한 CEO들의 평균 수입이 같은 회사들에 근무하는 사원들의 평균 임금의 200배나 더 많은 것으로 나타났다(일본은 17배 정도의 차이가 있다). 동시에, 젊은이들은 우리가 발생시키는 낭비하는 물질들의 양과 전 지구적으로 사용하는 자원의 국가적이고, 지구적인 모형들로 인해 초래되는 생태학적 피해에 점점 더 민감해질 것이다.

내가 주장하는 점은 명백하다 : 많은 영역들에서, 어린이들과 청소년들은 지역적으로, 국가적으로 이 사회에서 단순한 품위의 원칙들을 유지하는 것에 실패한 수만 번의 방법들을 인식하는 것으로부터 피할 수 없

---

24) 역자주 : 미국에서 발간되는 잡지.

을 것이다. 비록 그들이 교회와 학교에서 그들의 광범위한 경험들에 맞서는 가르침과 사례들을 듣고 경험하겠지만, 그들은 냉혹하고 도덕적 편의주의를 동경하고, 취약한 개인들과 집단들에 대한 편견과 이들의 가치를 절하하는 것을 모방하는 형태에 자극받는 것을 훨씬 더 많이 듣고 보게 된다.

마지막으로 그들은 낙태, 학교에서의 기도, 동성애자들의 권리, 그리고 예술작품, 문학 혹은 학교에서의 자아-존중감을 키워 주는 경험을 사용하는 것과 같은 이슈에 갈등을 촉진시키는 방향으로 종교적 헌신의 공적인 표현들을 볼 수 있는 기회들이 경제적으로 가난한 사람들, 다른 종교들에 대한 관용 혹은 생태학적 책임을 위한 정의를 종교적으로 호소하는 것을 듣는 것보다 더 많을 것이다. 진보적·복음적 주류 교회들은 종교의 사유화에 대부분 동의해 왔다. 우리가 워싱턴(Washington, D. C.)에 있는 로비스트들과 정책 연구가들을 지원하는 동안, 우리는 좀처럼 평화와 정의를 위해 혹은 예의 바름에 호소하는 일에 헌신하는 종교의 모델에 대한 지역적이고 국가적인 공적 토론이나, 원인이 되는 일을 지원하거나 혹은 참여하지 않는다.

미개한 사회에서의 신앙과 도덕 교육

12년 전, 디오도어 사이저(Theodore Sizer)는 「호레이스의 타협 : 미국 고등학교의 딜레마」(*Horace's Compromise : The Dilemma of the American High School*, Sizer 1984)라는 탐색적인 책을 발표했다. 인격교육을 다룬 장(章)에서 당시에 내가 보기에는 최소한으로 보이는 제안을 하였다. 그는 "성실함을 갖춘 모든 학교가 학생들이 품위를 갖춘 사람이 되도록 돕는 노력을 해야만 한다. 이는 적절하게 제한된 목적"이라고 말했다. 그는 계속해서 "품위(decency)는 널리 이해되고 수용된 원칙의 만족을 의미한다. 그리고 그와 같은 이유로, 그것은 제한된다."고 말했다. 그러고 난 후, 그는 학교가 촉진시켜야만 할 품위 혹은 예의 바름의 종류를 자세하게 설명하였다.

> 미국의 전통에서 품위는(분명히 우리의 공화국 전통이라기보다는 유대-기독교 전통의 창조물이다) 공평, 관대, 관용을 포함한다. 모든 사람은 공평한 처우를 받아야만 한다. 문제가 있는 사람들 혹은 어떤 이유에서든 약한 사람들은 특별한 돌봄을 받을 만하다 ; 힘 있는 사람들은 힘없는 사람에게 강제로 힘을 쓰지 말아야 한다. 어떤 시민이 이런 가치관을 지원하려 노력하고, 이런 가치관이 학생들의 인격에서 작용하는 부분들이 되도록 설득하려고 어떤 학교에서든 심각하게 언쟁하는 것을 상상하는 것은 어렵다. 동시에, 오늘의 많은 학교들이 목적으로써 품위를 공식적으로 명료하게 표현하고, 학생들이 어떻게 그것을 성취할 수 있는가에 대하여 정확한 요점을 가지고 있는 것을 발견하기가 힘들다(Sizer 1984, 121).

교회들이나 회당들의 지원을 받는 학교들은 품위를 가르치는 노력에 관해서 혹은 공동의 선을 위해 각자를 깊이 배려하고, 공동체의 각 회원을 돌보는 가치관에 대한 그들의 헌신의 종교적 뿌리에 관하여 변명할 필요는 없다. 사이저의 주장은 로렌스 콜버그(Lawrence Kolhberg)가 말했던, 종교적으로 지원받든, 받지 않든 관계없이 '도덕적 환경'을 평가할 기준선으로 생각해 볼 만한 가치가 있다. 얼마나 지속적으로, 얼마나 분명하게, 얼마나 특별하고 조리 있게 우리의 학교들이 우리가 지지하는 가치관을 효과적으로 표현하고, 가르치고 있는가? 얼마나 명확하게 행정부서나 교수단이 이러한 원칙들과 가치관이 교실들, 식당들, 지도적 맥락들, 수업들과 주제의 교수(teaching)에서 필수적 구성요소가 된다는 것에 동의하고 인증을 받았는가? 어떤 수준에서 과외(extracurricular)의 조직들과 활동들이 구성되고, 그리고 상호존중, 서로에 대한 돌봄, 상충되는 문제들에 대한 시민사회의 토론, 우리 학교들의 광범위한 도덕적이고 윤리적인 기초에 대한 충성심의 발달과 부착된 감시를 하고 있는가?

"가치관 이슈들은 모든 교실을 고취한다"(Sizer 1984, 123). 과학교실에서 실험이나 혹은 실연(實演)한 후 처리되는 화학 약품들이 우리가 사용하는 수도공급에는 어떤 결과들을 가져올 것인가? 사회시간에 교사가 미국 원주민 인디언들을 '그들'로 특징짓는 것과 미국 서부의 최초의 정착자들은 유럽인들이라는 말이 갖는 함의는 어떤 가치들을 가르치게 될 것인가? 인디언들을 북미(北美)에 이민 온 수많은 이민자들 중에 최초의 이민자들이라고 설명하면 아주 다른 메시지를 전하게 된다. "생물학 교사가 교실에서 생명에 대해 어떻게 다루는가에 따라 중요한 가치들을 나타낼 수 있다. 예를 들어, 살아 있는 개구리를 사서 학생들이 해부를 하기 위해 양으로 무게를 잰다면 어떻게 될 것인가. 개구리를 죽이고 싶지 않은 학생들이 받는 충격과 사양을 조롱하는 것은 어린 학생에게 심각한 영향을 줄 것이다. 생명은 얼마나 성스러운 것인가?"라고 사이저는 쓰고 있다.

> 관용과 아량과 같은 덕목들을 가르치는 것은 문학적 우아함과 음악적 스타일과 같은 이해하기 힘든 예술을 가르치는 것보다 더 쉽지도 않고,

더 힘들지도 않다. 그것이 조금이라도 이루어졌다면, 그것은 본보기 혹은 좀 더 잘 표현하자면 그런 가치관을 실천하는 기관들이나 학교들에 둘러싸이거나, 끈질긴 영향 때문이라고 하겠다. 이런 과정은 명백함에 도움을 받는다 ; 학교의 방법들을 반복적으로 설명할 필요가 있다. 이런 방법들이 확실한 것인지, 확실하지 않은 것인지에 따르는 이슈에 대하여 토론해야만 한다. 예컨대, 학교는 학생들이 일으키는 독특한 문제를 어떻게 다루어야 할 것인가와 같은 것을 들 수 있다. 설명은 끊임이 없어야 한다 : 이것이 우리가 이 학교에서 정의하는 관용이다. 이것이 여기서 품위가 의미하는 것이다. 이와 같은 것들이 우리가 존중하는 태도들의 종류이다. 이런 종류의 활동들은 견디기 힘든 것이다. 물론 이런 설명은 그것에 따르는 토론과 함께 그 자체가 아주 좋은 형태의 질문인 동시에 좋은 이야기의 형태이다. 그것은 학생들과 교사들을 그들의 공동체에 대한 '왜들'(whys)로, 모든 상황에 적용할 수 있는 품위와 예의 있는 생활에 관한 질문들에게로 밀어내 줄 것이다(Sizer 1984, 124).

미국의 학교들에서 도덕과 신앙 발달의 최소한의 발단으로 사이저가 제안한 품위는 심각하게 주의를 기울일 가치가 있으며, 특히 내가 우리의 '미개한 사회'로 특징지었던 도덕적으로 부식된 환경의 배경에 비추어 볼 때 그러하다. 그러나 종교적으로 지원받는 학교들은 목표들로 세웠던 발단을 훨씬 넘어서는 기회들과 부름이 있다. 교회와 신앙의 전통들에 서 있는 학교들에게 그것은 어떤 의미가 있는가? 국가로서 우리가 다양성과 다원주의를 포용하려고 노력하는 시기에, 기독교적 유산에 충실하다는 것은 무엇을 의미하는가? 교회의 지원을 받는 학교들은 우리가 기독교적 기초와 정체성에 초점을 맞출 때 적어도 세 개의 이슈군(群)

에 직면하는 것으로 나는 보고 있다.

(1) 학생들을 위해 종교교육과 영성 형성에 주된 관심을 가진다고 할 때 우리는 학교의 사명을 어떻게 정의해야 할 것인가? 이 질문에 대답하기 위해서 예배와 영적의식의 집회들이 가지고 있는 역할과 장소에 대한 세밀한 생각이 요구된다 ; 교육과정에서 종교와 종교에 관한 교수(teaching)의 역할, 장소, 그리고 태도에 대해 세밀하게 생각할 필요가 있다 ; 그리고 아마도 가르치면서, 또한 영적 방향과 목회적 돌봄을 주는 사람인 학교와 관계가 있는 교목(校牧), 신부 혹은 목사의 역할의 명료화가 요구된다.

(2) 전체 학생의 중요한 부분인 학생들과 그들의 가족들이 지니고 있는 종교적·문화적 다양성을 학교는 어떻게 존중해야만 하는가? 그들의 종교적 관심, 헌신 혹은 소속을 보면서 정책으로 어떤 수단을 선택하고 유지하는 관리를 할 수 있는가?

(3) 학교는 어떻게 학생들이 이 세상에 사는 동안 윤리적 결정과 선택이 공동 의제로 대두되어 복잡한 이슈들이 관여되어 있는 종교적으로 다원적인 사회에서 책임 있는 시민의 신분을 갖추도록 그들을 준비시켜야 하는가? 어떻게 우리는 그런 사회에서 지도력에 덕목과 힘을 부여하고 형성할 수 있는가? 우리는 어떻게 우리 사회의 경제, 통치, 사회적 관계의 형태, 인종, 계층, 종족, 그리고 종교적 소속으로 분열되어 있는 몇 가지 차원들과 관계된 직접적인 실험적 학습을 할 수 있는 기회들을 제공할 수 있는가?

첫 번째 논제인 학생들의 종교적·영적 형성의 관점에서 학교의 사명을 정의하는 일부터 시작해 보기로 하자. 찰스 테일러(Charles Taylor)는 매우 넓은 범위와 한계를 지닌 현대 철학자이며, 1989년 「자아의 근원」

(Sources of the Self)이라는 권위 있는 저서를 출간했다. 이 책에서 그는 눈부신 지적(知的) 역사의 입장에 서서, 서구 사회에서의 도덕 형성의 근원들을 파헤쳤다. 그 책에 소개된 하나의 예리한 논제는, 우리 사회는 핵심적 윤리의 선(善)들을 중심으로 만들어졌는데, 윤리적 선들은 성경적 전통에서 표현된 것으로부터 온 하나님의 이해에 뿌리를 두고 있다는 사실을 우리는 이해해야만 한다는 것이다. 테일러는 우리는 자비, 정의, 개인의 권리, 그리고 공동의 선을 위한 집합적 돌봄 ― 이들은 우리 사회의 핵심 가치들이다 ― 을 바탕으로 하는 우리의 문화에 대한 책임을 유지할 것인가의 여부에 대해 예리한 질문을 제기한다.

지금 우리가 후기 기독교(적) 시대(post-Christian era)에 살고 있음을 테일러의 책이 말해 줄 필요는 없다. 그리고 세계와 우리 사회에서 일어나고 있는 피비린내 나는 갈등들이 국수주의(nationalism)와 자기 민족중심주의(ethnocentrism) 혹은 인종 차별주의(racism)와 종교의 과장된 고집의 혼합이 가져오는 것임을 테일러가 우리에게 말해 줄 필요는 없다. 미국의 주류 교단들은 이렇게 부상되는 사실들에 적절하게 주의를 기울이지 않아 왔다. 생각건대, 우리는 아직도 이 사회가 마치 기독교 사회인 것처럼 ― 그것이 가장 중요한 요점이다 ― 생각하며 계속 교회생활을 영위하고, 학교들을 운영한다. 유대인 교육자들과는 달리, 우리는 전형적으로 교회들 ― 본선, 주류, 보수적인 교회들 ― 이 한두 세기가 지나면 박물관이 될 것이라는 것에 대한 심각한 인식을 갖고 있지 않다. 뿐만 아니라, 우리의 어린이들과 청소년들이 영적인 공허함과 허기로 인해 ― 충분히 호기심을 불러일으키는 ― 지하 감옥들과 용들(Dungeons and Dragons), 스타 트랙(Star Trek), MTV[25]에서 제공하고 있는 초월적

---

25) 역자주 : 음악 채널.

이고 죽음의 신비하고 혼란한 상징들, 그리고 대중문화의 다른 표현들에게로 향하는 것을 우리는 충분히 생각하지 않았다.

우리는 교회가 지원하는 학교들이 학생들의 종교적 · 영적 형성을 위해 제공할 수 있는 기회와 책임을 좀 더 과감하게 고려해야만 한다. 학문적으로, 이것은 기독교적이고 성경적 전통들을 깊이 있고, 발전적으로 만나는 길을 정의한다는 의미이다. 종교에 대한 학문적인 연구에서, 기독교와는 다른 전통들을 대표하는 학교 공동체의 구성원들이 지니고 있는 전통들과 상호작용하고 존중하는 기회를 가지고 다른 종교적 전통을 귀중하게 생각하는 자세로 연구를 해야만 한다. 학교의 공동생활의 관계에서 보면, 위의 입장은 학교생활에서 의식과 예배 장소의 중요성을 강조해 준다. 학교교육은 뇌의 우반구[26]를 무시하는 경향이 있다. 우반구의 기능은 하나님과 이웃을 사랑하는 일에 대한 헌신의 기초가 되는 영적 상상력과 깊은 정서적 형태들을 형성하는 데 자극제의 역할을 한다. 우리의 다양한 전통들에는, 학생들과 교사들의 영적 잠재력과 열망을 설명하는 데 필수불가결한 자원들이 있다.

두 번째 논제로 어떻게 학생들과 그의 가족들의 종교적 · 문화적 다양성의 범위와 다양성을 가진 교수단의 질문에 대해 존중할 수 있는가의 문제를 생각해 보기로 하자. 어떤 주류 전통들은 오랫동안 자신들의 전통들을 지키고, 헌신적이고, 그리고 지식을 갖추면서, 그들과 다른 전통들에 원칙적이고 진정 어린 개방을 유지해 온 것은 잘 알려져 있다. 이러한 사실은 '타인'들과 상호작용을 해야 할 때 비공격적이고, 비방어적인 자세를 갖출 수 있도록 준비할 수 있는 가능성을 만들어 주는 '우리가 누구

---

26) 역자주 : 뇌의 우반구는 심미적 · 정서적인 차원 등을 관장하는 곳이다.

인가에 대해 확신'이 있을 때 가장 잘 나타난다. 이런 것들이 내가 '공적 교회'(public church)라고 부르는 데 필요한 덕목들이다. 이러한 덕목들은 우리의 학교들이 다중문화적(multicultural), 다중종교적(multireligious) 교육을 위해 독특하게 가치 있는 어떤 것들을 제공할 수 있는 자료를 줄 수 있다. 종교적으로 지원받는 학교들은 교과서에 따라 단순히 전달되는 기독교나 혹은 교단의 유산을 추적하는 것으로 오직 교육의 탁월성을 목표로 하는 곳이 되는 것은 의미가 없다. 종교적으로 지원받는 학교들의 학부형들이 매력을 느끼는 주요한 특징 중에 하나는, 그들의 자녀들이 엄격하지 않고, 비교리적이지만, 그럼에도 불구하고, 종교적 형성에는 결정적인 그런 종류의 교육을 받게 된다는 희망이다. 이를 위해서는 교수단과 행정부서가 (이사회와 지원하는 교회들도 마찬가지로) 일제히 학교생활의 부분인 종교교수와 예배에의 참여를 위한 준비에 대해 변명하지 말아야 한다는 점을 명확히 하는 것은 중요해 보인다. 확실한 정체성과 목적이 있는 곳에는 이방인을 환영하고, 다른 전통들에 서 있는 사람들을 존중하며, 신앙 전통을 중심으로 — 그리고 만일 필요하다면 그에 반대하는 — 공동체 안에서 개인들이 성장하고 발달할 수 있는 공간을 제공하는 분명한 양식들이 있다.

　이러한 주제들은 세 번째 논제들을 설명하도록 이끌어 간다. 어떻게 우리 학교들이 학생들을 종교적으로 다원적이고, 윤리적으로 도전받는 사회에서 책임 있는 시민의 신분을 준비시킬 수 있는가? 사회학자인 리처드 세넷(Richard Sennett)은 몇 년 전에 다음과 같이 서술했다. "부드러운'(soft) 사람들이 '거친'(hard) 사회에서 살아가기 위해 준비하는 것은 아주 중대한 일이다(Sennett 1971). 도덕과 신앙 발달과 관련해서, 우리 학교들이 다음과 같은 질문에 대해 생각해 보는 것은 중요하다. 즉,

우리는 그들이 21세기 사회에서 성인기로 옮겨 갈 때 어떤 종류의 덕목들, 인식들, 신앙, 기술을 형성할 수 있도록 어떤 도움을 줄 수 있는가?"에 대한 물음이다. 이런 맥락에서, 교회가 지원하는 학교들에서 교육받는 학생들 중에 우리가 양육하기를 원하는 특징적 무리(cluster)를 탐구해 보려 한다. 첫 번째 무리들은 몇 개의 역설적인 이미지들과 관련이 있다 : 우리는 젊은 여성들과 남성들을 아래의 두 영역으로 나누기로 한다.

거친 마음(tough-minded)을 가진 공상가들
그리고
숙련되고 자원이 풍부한 이상주의자들

다시 말하면, 나는 우리가 목적들과 의미들과 가치들에 주의를 기울일 수 있게 양육된 시야와 마음을 가지고 오늘의 사회 체제를 이해하고, 영향을 주고, 상호작용할 수 있는 혹독하고 광범위한 표준이 결합하기를 바라는 것이다. 나는 우리가 젊은이들이 우리의 체제들을 인정하고 이해할 수 있는 능력을 형성하기를 바랐으면 한다. 그러나 동시에 그들이 사람들과 창조에 대한 목적과 책임, 자비에 대한 질문들을 흐리게 만드는 매혹, 갈망 혹은 위협에 저항할 수 있기를 바란다. 과학과 수학분야의 교육을 생각해 보자 ; 인문과학의 기초가 되는 철학, 경제학, 그리고 정치이론, 사회학과 심리학의 분야들을 섭렵하는 일들은 모두 젊은이들에게 요구되는 양육을 위해 필요하다. 그리고 또한 문학과 그들 자신의 종교적 전통들과 다른 종교적 전통들에 대한 철저하고 실험적인 연구가 요구된다. 우리들의 위대한 종교적 전통들이 지닌 영성은 수렴적 연구와 실습을 통해 가장 잘 제공될 수 있다. 초월성을 찾아가는 훈련들과 기술들

은 우리가 가지고 있는 전통들에서 놀라울 정도의 유사성을 가지고 있다. 거기서부터 시작한 다음 세계에 대한 이미지를 넓히고 의식의 실습들과 윤리적 가르침들, 그리고 삶의 성스러운 차원에 대한 설득과 존중의 방식들은 거친 마음을 가진 공상가들과 자원이 풍부한 이상주의자들에게 본질적인 것이다.

우리가 양육하기를 원하는 두 번째 무리들은 아래의 특성들을 포함한다.

친밀한 관계성과 결합된 개성화된 정체성 ;
정서적 통합성과 결합된 높은 인지적 조작 ;
지속적인 변화에 대한 준비성과 결합된 전통에 기초하기

나는 여기서 하나하나에 대한 깊이 있는 설명은 하지 않으려 한다. 먼저 "개인주의가 아닌 개성화(individuation)와 친밀한 관계성"이 함께한다는 것은 여성주의자와 남성-중심의 인간 발달의 이론가들이 동의하는 성인의 성숙 과정에서 만나는 도전 중에 하나를 대표한다. 이런 긴장된 이상들을 가진 양측은 균형 잡힌 삶에서 요구된다.

다음으로 "정서적 통합과 결합된 높은 인지조작"에 관하여 생각해 보자 : 이런 결합은 그레고리 베이트슨(Gregory Bateson)이 말했던 '이중학습'(deutero learning)으로, 학습할 것을 학습한다는 의미이다. 이들은 우리가 살아가고 있는 체제의 모체를 축으로, 그리고 그 안에서 이해하고 조작하는 데 전제가 되는 것이다. 그러나 우리의 대인 관계적이고 국제적인 삶이 인지적 세련됨과 정서적 파편들로 짝을 이루는 것에 이해를 같이하는 것이 얼마나 비극적인가? 아동기에 받은 학대나 혹은 무시받은 경험이 해결되지 않고, 거짓 자아로 마스크를 쓴 수치심, 가정과 사회에서 보이지 않게 된 사람들의 결정된 공격성, 그리고 권력과 통제에 대한 일방적인 집착과 같은 이 모든 것들은 우리 교육의 과정에서 정서적인 치유와 통합에 주의를 기울여야 할 필요가 있음을 지적해 주는 것이다.

끝으로, "지속적인 변화에 대한 준비성과 결합된 전통에 기초하기" 역시 어떤 역설적인 고리를 갖고 있다. 그런데, 우리가 만일 '개방성'이라고 부르는 것을 충분히 성찰하지 않는다면, 그것은 오직 역설적으로만 드러난다. 그것이 만일 덕목일 수 있다면, 개방성은 검약, 용기, 신앙 혹은 사랑과 같은 일차적인 것이 아니고, 이차적인 덕목이다. 당신이 오직 개방성만 갖고 있다면 그것은 별로 의미가 없다. 열리지 않는 창문은 창문을 닫아 놓은 것처럼 소용이 없다. 엄밀히 말하면, 개방성은 통합이나 구조가 있는 개인이나 체제의 특성으로서 의미를 찾게 된다. 계속적인 변화를 다룰 준비성인 개방성은 보고, 존재하고, 가치관의 체계, 신념과 지식의 구조의 방법에 기초한다는 것에 근거한다. 그러므로 나는 우리 학생들이 전통과 변화와의 관계에서 계속적이고, 구별되는 응답과 주도성의 준비에서 풍부한 기초를 소유하기를 희망한다.

신앙의 변화를 위한 교수

마지막으로, 나는 적어도 우리 어린이들과 청소년들이 내가 언급했던 타인들을 만나고, 문제의 핵심이 있는 것에로 나아갈 수 있는 특성이 있기를 희망한다 : 나는 교회와 관계있는 학교에 재학하는 학생들이 하나님의 목적의 일부분이 되는 자신들의 삶의 목적을 찾는 과정을 시작하기를 바란다.

나는 우리가 가르치는 각각의 소녀와 소년이 그들이 하나님의 선물로 받은 자녀로서 칭찬받고 존중받는 경험을 하는 교육 공동체의 부분이 되기를 바란다.

우리 어린이들과 청소년들이 그들의 정체성을 형성하고 신념과 가치를 구성할 때, 나는 그들이 자연과 역사, 그리고 그들의 삶의 과정에서, 그리고 과정을 통하여 활동하시는 하나님의 뿌리 깊은 이미지들을 형성할 수 있기를 바란다.

나는 우리의 젊은이들이 사랑과 충성에 대한 인간의 표현, 그리고 정의를 위한 인간의 돌봄이 우주의 낱알에 역행하지 않고, 오히려 중심에 가까이, 바로 하나님의 마음에 가까운 이미지와 신뢰에 도달하기를 바란다.

나는 그들이 직업이나 하고자 하는 일 혹은 하나님과의 관계에서 뿌리 내린 존재로서 살아가는 방법에 대해 생각하는 일을 시작하기를 바란다. 나는 그들이 하나님과 관계 맺고 협력해야 하는 '존재론적 소명' — 그들의 삶의 선물과 함께 찾아온 소명 — 을 갖고 있음을 알고, 이해하기를 원한다.

나는 그들이 종종 애매하고, TV 카메라 때문에 놓칠 때도 있고, 가끔은 산사태와 같이 떠들썩한, 하나님의 창조에서, 명령에서, 해방-구원의 역사에서 그들이 하나님의 목적의 일부가 되는 삶의 목적을 찾을 수 있도록 자라나는 감각을 발달시켜 가기를 바란다.

나는 그들이 직면하는 세상은 악의 세력과 인간의 이기심, 그리고 욕심과 어리석음이 충만하지만, 그것은 더 큰 현실의 한 면임을 그들이 신뢰하기 시작하기를 바란다.

나는 그들이 이 세상에서 선(善)이 미치는 영향력이 강한 넝쿨손임을 이해하고 구별하는 일을 시작하기 바란다. 나는 그들이 매일 이 세상을 지탱하고 새롭게 하는 거룩한 자비의 맥박과 호흡을 느끼는 일을 시작하기 바란다.

나는 그들이 성(聖)과 속(俗)을 구분하는 일이 가진 독단성을 깨닫고, 하나님의 영은 기대하지 않았던 장소들과 변형적인 방식으로 나타나신다는 것을 이해하기 바란다.

나는 그들이 우리가 살고 있는 세상의 무례함에서 비롯되는 자신들의 — 그리고 우리 모두 — 환멸과 냉소주의와 절망에 반대할 수 있는 일을 시작하기를 바란다. 나는 인간이 신앙을 가지고 있다면, 그들과 우리를 위해 진리는 강하고, 사랑은 정복되지 않는 것이며, 정의는 — 진리와 사랑의 사회적 결합으로써 — 강건하고 탄력적이며, 하나님에 의해 지탱될 것이라는 증대하는 희망과 확신을 갖기를 원한다.

참고문헌(BIBLIOGRAPHY)

Allport, Gordon
1955   *Becoming : Basic Considerations for a Psychology of Personality*. New Haven : Yale University Press.

Angelou, Maya
1970   *I Know Why the Caged Bird Sings*. New York : Random House.

Aries, Philippe
1962   *Centuries of Childhood*. Translated by Robert Baldock. New York : Alfred A. Knopf.

Augustine
1950   *The City of God*. Translated by Marcus Dods. New York : Modern Library.

Bakan, David
1966   *The Duality of Human Experience*. Chicago : Rand McNally.

Barbour, Ian G.
1989   "Creation and Cosmology." In *Cosmos as Creation : Theology and Science in Consonance*, edited by Ted Peters. Nashville : Abingdon Press.
1990   *Religion in an Age of Science*. Vol. I. New York : Harper & Row.

Bellah, Robert
1970   *Beyond Belief.* New York : Harper & Row.

Benedict, Ruth
1946   *The Chrysanthemum and the Sword.* Boston : Houghton Mifflin.

Berry, Thomas
1988   *The Dream of the Earth.* San Francisco : Sierra Club Books.

Bettelheim, Bruno
1977   *The Uses of Enchantment : The Meaning and Importance of Fairy Tales.* New York : Vintage Books.

Birch, Charles, and John B. Cobb Jr.
1981   *The Liberation of Life.* Cambridge : Cambridge University Press.

Bonhoeffer, Dietrich
1965   *Ethics.* Edited by Eberhard Bethge ; translated by N. H. Smith. New York : Macmillan.

Bohm, David
1980   *Wholeness and the Implicate Order.* London : Routledge Kegan Paul.

Bonino, Jose-Miquez
1976   *Christians and Marxists.* Grand Rapids : William B. Eerdmans.

Boys, Mary C., ed.
1989   *Education for Citizenship and Discipleship.* New York : Pilgrim Press.

Bradshaw, John
1988   *Healing the Shame That Binds You.* Deerfield Beach : Health Communications.

Brewer, Connie
1991   *Escaping the Shadows, Seeking the Light.* San Francisco : Harper-SanFrancisco.

Bridges, William
1980 *Transitions : Making Sense of Life's Changes.* Reading : Addison-Wesley.

Brinton, Craine
1967 "Enlightenment." In *The Encyclopedia of Philosophy*, edited by P. Edwards. Vol. 2, pp.519-525. New York : Macmillan.

Brock, Rita Nakashima
1988 *Journeys by Heart : A Christology of Erotic Power.* New York : Crossroad.

Broucek, Francis J.
1991 *Shame and the Self.* New York : Guilford Press.

Browning, Don S.
1991 *A Fundamental Practical Theology : Descriptive and Strategic Proposals.* Minneapolis : Fortress Press.

Brueggemann, Walter
1989 "The Legitimacy of a Sectarian Hermeneutic." In *Education for Citizenship and Discipleship*, edited by Mary C. Boys. New York : Pilgrim Press.

Cady, Linell E.
1991 "Resisting the Postmodern Turn : Theology and Contextualization." In *Theology at the End of Modernity*, edited by Sheila Greeve Davaney. Philadelphia : Trinity Press International.

Capps, Donald
1984 *Pastoral Care and Hermeneutics.* Philadelphia : Fortress Press.

Cassirer, Ernst
1951 *The Philosophy of the Enlightenment.* Translated by Fritz C. A. Koelln and James P. Pettegrove. Princeton : Princeton University Press.

Chopp, Rebecca S.
1986   *The Praxis of Suffering : An Interpretation of Liberation and Political Theologies.* Maryknoll : Orbis Books.

Cone, James
1970   *Liberation : A Black Theology of Liberation.* Philadelphia : J. B. Lippincott.

Darwin, Charles
1965   *The Expression of the Emotions in Man and Animals.* Chicago : University of Chicago Press.

Davaney, Sheila Greeve, ed.
1991   *Theology at the End of Modernity.* Philadelphia : Trinity Press International.

Davies, Paul
1984   *Superforce : The Search for a Grand Unified Theory of Nature.* New York : Simon and Schuster.
1988   *The Cosmic Blueprint : New Discoveries in Nature's Creative Ability to Order the Universe.* New York : Simon and Schuster.

Dunn, Judy
1987   "The Beginnings of Moral Understanding : Development in the Second Year." In *The Emergence of Morality in Young Children*, edited by Jerome Kagan and Sharon Lamb. Chicago : University of Chicago Press.

Durkheim, Emile
1915   *The Elementary Forms of the Religious Life.* Translated by J. W. Swain. London : Allen & Unwin.

Ellis, Havelock
1936   "The Evolution of Modesty." In *Studies in the Psychology of Sex*, 3rd rev. ed. Vol. 1, part 1. New York : Random House.

Emde, Robert, William F. Johnson, and M. Ann Easterbrooks
1987   "The Do's and Don'ts of Early Moral Development : Psychoanalytic Tradition and Current Research." In *The Emergence of Morality in Young Children*, edited by Jerome Kagan and Sharon Lamb. Chicago : University of Chicago Press.

Erikson, Erik H.
1962   *Young Man Luther*. New York : W. W. Norton.
1963   Reprint. *Childhood and Society*. New York : W. W. Norton. Original edition, 1950.
1977   *Toys and Reasons*. New York : W. W. Norton.
1982   *The Life Cycle Completed*. New York : W. W. Norton.
1987   *A Way of Looking At Things*. Edited by Stephen Schlein. New York : W. W. Norton.

Fowler, James W.
1980   "Faith and the Structuring of Meaning." In *Toward Moral and Religious Maturity*, edited by James W. Fowler and Anton Vergote. Morriston : Silver Burdett.
1984   *Becoming Adult, Becoming Christian : Adult Development and Christian Faith*. San Francisco : Harper & Row.
1985   Reprint. *To See the Kingdom : The Theological Vision of H. Richard Niebuhr*. Lanham : University Press of America. Original edition, Nashville : Abingdon Press, 1974.
1986a   "Faith and the Structuring of Meaning." In *Faith Development and Fowler*, edited by Craig Dykstra and Sharon Parks. Birmingham : Religious Education Press.
1986b   "Dialogue Toward a Future in Faith Development Studies." In Dykstra and Parks, *Faith Development and Fowler*.
1987   *Faith Development and Pastoral Care*. Philadelphia : Fortress Press.
1989   "Faith Development in Early Childhood." In *Early Childhood and the Development of Faith*, edited by Doris Blazer. Kansas City : Sheed and Ward.
1991   *Weaving the New Creation : Stages of Faith and the Public Church*.

San Francisco : HarperCollins.

1995 Reprint. *Stages of Faith : The Psychology of Human Development and the Quest for Meaning.* San Francisco : Harper & Row. Original edition, 1981.

Fowler, James W., and Sam Keen

1980 *Life-Maps : Conversations on the Journey of Faith.* Edited by Jerome Berryman. Waco. : Word Books.

Franks, Lucinda

1993 "Little Big People." *The New York Times Magazine*, October 10, 28-34.

Freud, Sigmund

1900 *The Interpretation of Dreams.* Translated by James Strachey. New York : Avon.

Friedrich, Karl J., ed. and trans.

1949 *The Philosophy of Kant.* New York : The Modern Library.

Goldberg, Carl

1991 *Understanding Shame.* Northwale : Jason Aronson.

Gutiérrez, Gustavo

1973 *A Theology of Liberation : History, Politics, and Salvation.* Maryknoll : Orbis Books.

Habermas, Jürgen

1987 *The Philosophical Discourse of Modernity : Twelve Lectures.* Translated by Frederick G. Lawrence. Cambridge : MIT Press.

1989 *The Structural Transformation of the Public Sphere : An Inquiry into a Category of Bourgeois Society.* Translated by Thomas Burger. Cambridge : MIT Press.

Hauerwas, Stanley

1988 *Christian Existence Today : Essays on Church, World, and Living in*

Between. Durham : Labyrinth Press.

Hick, John
1966   *Evil and the God of Love*. San Francisco : Harper & Row.

Hillman, James
1975   *Re-Visioning Psychology*. New York : Harper Colophon.

Hodgson, Peter
1989   *God in History*. Nashville : Abingdon Press.

Hunter, James Davison
1991   *Culture Wars : The Struggle to Define America*. New York : Basic Books.

James, William
1961   Reprint. *The Varieties of Religious Experience*. New York : Collier Books. Original edition, New York, London, Bombay, and Calcutta : Longmans, Green and Co., 1902.

Jones, William R.
1973   *Is God a White Racist?* New York : Doubleday.

Jung, Carl
1933   *Modern Man in Search of a Soul*. New York : Harcourt, Brace, and World.

Kagan, Jerome
1984   *The Nature of the Child*. New York : Basic Books.

Kagan, Jerome, and Sharon Lamb, eds.
1987   *The Emergence of Morality in Young Children*. Chicago : University of Chicago Press.

Kaufman, Gordon D.
1993   *In Face of Mystery : A Constructive Theology*. Cambridge : Harvard University Press.

Kegan, Robert

1982   *The Evolving Self : Problem and Process in Human Development.* Cambridge : Harvard University Press.

1994   *In Over Our Heads : The Mental Demands of Modern Life.* Cambridge : Harvard University Press.

Kohlberg, Lawrence

1981   *Essays on Moral Development.* Vol. 1 : *The Philosophy of Moral Development.* San Francisco : Harper & Row.

1984   *Essays on Moral Development.* Vol. 2 : *The Psychology of Moral Development.* San Francisco : Harper & Row.

Kohut, Heinz

1977   *The Restoration of the Self.* New York : International Universities Press.

1984   *How Does Analysis Cure? Contributions to the Psychology of the Self.* Edited by Arnold Goldberg, with Paul E. Stepansky. Chicago : University of Chicago Press.

Lewis, Helen Block

1971   *Shame and Guilt in Neurosis.* New York : International Universities Press.

Lindbeck, George

1984   *The Nature of Doctrine : Religion and Theology in a Postliberal Age.* Philadelphia : Westminster Press.

Lynd, Helen Merrell

1958   *On Shame and the Search for Identity.* New York : Harcourt, Brace, and World.

Magid, Ken, and Carole A. McKelvey

1987   *High Risk : Children Without a Conscience.* New York : Bantam Books.

McFague, Sallie
1987   *Models of God : Theology for an Ecological, Nuclear Age*. Philadelphia : Fortress Press.
1991   "Cosmology and Christianity : Implications of the Common Creation Story for Theology." In *Theology at the End of Modernity*, edited by Sheila Greeve Davaney. Philadelphia : Trinity Press International.
1993   *The Body of God : An Ecological Theology*. Minneapolis : Fortress Press.

Mahan, Brian James
1989   "The Ethics of Belief : An Interpretation and Evaluation of William James's Notion of Spiritual Judgment." Ph.D. diss., University of Chicago.

Marty, Martin E.
1981   *The Public Church*. New York : Crossroad.

May, Gerald
1982   *Will and Spirit : A Contemplative Psychology*. San Francisco : Harper & Row.

Metz, Johannes B.
1979   *Faith in History and Society*. New York : Crossroad.

Miller, Alice
1981   *The Drama of the Gifted Child : The Search for True Self*. Translated by Ruth Ward. New York : Basic Books.
1990   *The Untouched Key : Tracing Childhood Trauma in Creativity and Destructiveness*. Translated by Hildegarde Hannum and Hunter Hannum. New York : Doubleday.

Miller, Judith, and Laurie Mylroie
1990   *Saddam Hussein and the Crisis in the Gulf*. New York : Times Books.

Moltmann, Jürgen

1967 *The Theology of Hope : On the Ground and the Implications of a Christian Eschatology*. New York : Harper & Row.

1973 *The Crucified God : The Cross of Christ as the Foundation and Criticism of Christian Theology*. New York : Harper & Row.

More, Thomas

1992 *Care of the Soul : A Guide for Cultivating Depth and Sacredness in Everyday Life*. San Francisco : HaperCollins.

Morrison, Andrew

1989 *Shame : The Underside of Narcissism*. Hillsdale : The Analytic Press.

Nathanson, Donald L.

1992 *Shame and Pride : Affect, Sex, and the Birth of the Self*. New York : W. W. Norton.

──, ed.

1987 *The Many Faces of Shame*. New York : Guilford Press.

Niebuhr, H. Richard

1960 *The Responsible Self*. New York : Harper & Brothers.

Nietzsche, Friedrich

1959 *The Portable Nietzsche*. Edited and translated by Walter Kaufmann. New York : Penguin Books.

Peacocke, A. R.

1979 *Creation and the World of Science*. Oxford : Clarendon Press.

Piaget, Jean

1962 *Play, Dreams and Imitation in Childhood*. New York : W. W. Norton.

1967 *Six Psychological Studies*. New York : Random House, Vintage.

1970 "Piaget's Theory." In *Carmichael's Manual of Child Psychology*. 3rd ed. Edited by Paul Mussen. Vol. 1. New York : John Wiley and Sons.

1976   *The Child and Reality*. New York : Penguin Books.

Piaget, Jean, and Barbel Inhelder
1969   *The Psychology of the Child*. New York : Basic Books.

Piers, Gerhart, and Milton B. Singer
1971   *Shame and Guilt : A Psychoanalytic and a Cultural Study*. New York : W. W. Norton.

Placher, William C.
1989   *Unapologetic Theology : A Christian Voice in a Pluralistic Conversation*. Louisville : Westminister/John Knox Press.

Polanyi, Michael
1958   *Personal Knowledge : Towards a Postcritical Philosophy*. Chicago : University of Chicago Press.
1967   *The Tacit Dimension*. Garden City : Anchor Books.

Ricoeur, Paul
1967   *The Symbolism of Evil*. Translated by Emerson Buchanan. Boston : Beacon Press.

Rizzuto, Ana-Maria
1980   *The Birth of the Living God*. Chicago : University of Chicago Press.

St. Clair, Michael
1986   *Object Relations and Self Psychology : An Introduction*. Monterey : Brooks/Cole.

Scheff, Thomas J., and Suzanne M. Retzinger
1991   *Emotion and Violence : The Role of Shame-Rage*. New York : Free Press.

Schneider, Carl
1992   *Shame, Exposure, and Privacy*. New York : W. W. Norton.

Schüssler Fiorenza, Elisabeth, and David Tracy, eds.
1984 *The Holocaust as Interruption. Concillium*, vol. 175. Edinburgh : T & T Clark.

Segundo, Juan L.
1976 *The Liberation of Theology.* Maryknoll : Orbis Books.

Selman, Robert L.
1974 "The Developmental Conceptions of Interpersonal Relations." Publication of the Harvard–Judge Baker Social Reasoning Project, vols. 1 & 2.
1976 "Social Cognitive Understanding." In *Moral Development and Behavior*, edited by Thomas Lickona. New York : Holt, Rinehart & Winston.

Sennett, Richard
1977 *The Fall of Public Man.* New York : Alfred A. Knopf.

Shengold, Leonard
1989 *Soul Murder : The Effects of Childhood Abuse and Deprivation.* New York : Fawcett Columbine.

Sizer, Theodore R.
1984 *Horace's Compromise : The Dilemma of the American High School.* New York : Houghton Mifflin.

Smedes, Lewis B.
1993 *Shame and Grace : Healing the Shame We Don't Deserve.* San Francisco : HarperSanFrancisco.

Sobrino, Jon
1978 *Christology at the Crossroads : A Latin American Approach.* Maryknoll : Orbis Books.

Soelle, Dorothee
1975 *Suffering.* Philadelphia : Fortress Press.

Stern, Daniel N.
1985   *The Interpersonal World of the Infant : A View from Psychoanalysis and Developmental Psychology.* New York : Basic Books.

Stroup, George
1982   *The Promise of Narrative Theology.* Atlanta : John Knox Press.

Taylor, Charles
1989   *Sources of the Self : The Making of the Modern Identity.* Cambridge : Harvard University Press.

Toennies, Ferdinand
1963   *Community and Society : Gemeinschaft and Gesellschaft.* Translated by Charles P. Loomis. New York : Harper & Row.

Tomkins, Silvan S.
1987   "Shame." In *The Many Faces of Shame*, edited by Donald L. Nathanson. New York : Guilford Press.

Tracy, David
1981   *The Analogical Imagination : Christian Theology and the Culture of Pluralism.* New York : Crossroad.

Tronick, E. et al.
1978   "The Infant's Response to Entrapment Between Contradictory Messages in Face-to-Face Interaction." *Journal of Child Psychiatry* 17 : 1–13.

Washington, Joseph
1967   *The Politics of God.* Boston : Beacon Press.

Wink, Walter
1992   *Engaging the Powers : Discernment and Resistance in a World of Domination.* Minneapolis : Fortress Press.

Winnicott, Donald W.

1971   *Playing and Reality.* New York : Basic Books.

Wooden, Kenneth

1976   *Weeping in the Playtime of Others : America's Incarcerated Children.* New York : McGraw-Hill.

Wulff, David M.

1991   *Psychology of Religion : Classic and Contemporary Views.* New York : John Wiley and Sons.

Wurmser, Leon

1981   *The Mask of Shame.* Baltimore : Johns Hopkins University Press.

신앙의 변화
Faithful Change

포스트모던 시대의 삶에서 만나게 되는 사적·공적 도전들

초판인쇄 2016년 4월 25일
초판발행 2016년 4월 30일

지은이 제임스 파울러
옮긴이 사미자
펴낸이 채형욱
펴낸곳 한국장로교출판사
주　　소 03128 / 서울 종로구 대학로3길 29 한국교회100주년기념관 별관
전　　화 (02) 741-4381 / 팩스 741-7886
영업국 (031) 944-4340 / 팩스 944-2623
등　　록 No. 1-84(1951. 8. 3.)

ISBN 978-89-398-4134-5 / Printed in Korea
값 15,000원

편집장 정현선
교정·교열 이슬기 김효진　　**표지·본문편집** 최종혜
업무부장 박호애　　**영업부장** 박창원

※ 이 출판물은 저작권법에 의해 보호를 받는 저작물이므로 무단전재와 무단복제를 할 수 없습니다.